suhrkamp taschenbuch 4107

Der renommierte Literaturkritiker Volker Hage führt an ausgewählten Beispielen das breite Spektrum journalistischer Beschäftigung mit Literatur vor Augen, einer Tätigkeit, die sich keineswegs nur auf das Rezensieren von Büchern beschränkt, sondern ebenso Textformen wie Porträt, Interview, Glosse, Leitartikel, Debattenbeitrag oder Nachruf umfaßt. Ein solcher Leitfaden – nicht zuletzt für Studenten und Journalistenschüler – hat bisher gefehlt.

Volker Hage, 1949 in Hamburg geboren, arbeitet dort als Literaturredakteur beim »Spiegel« (zuvor bei der »Frankfurter Allgemeinen« und der »Zeit«). Gastprofessuren in Deutschland und den USA. Autor und Herausgeber zahlreicher Bücher. Zuletzt: *Zeugen der Zerstörung. Die Literaten und der Luftkrieg* (2003), *John Updike* (2007), *Letzte Tänze, erste Schritte. Deutsche Literatur der Gegenwart* (2007), *Philip Roth. Bücher und Begegnungen* (2008), *Walter Kempowski. Bücher und Begegnungen* (2009), *Schiller. Vom Feuerkopf zum Klassiker* (2009).

Volker Hage

Kritik für Leser

Vom Schreiben über Literatur

Suhrkamp

suhrkamp taschenbuch 4107
Erste Auflage 2009
Originalausgabe

Quellennachweise am Schluß des Bandes
Suhrkamp Taschenbuch Verlag

Satz: Hümmer GmbH, Waldbüttelbrunn
Druck: Druckhaus Nomos, Sinzheim
Umschlag: Göllner, Michels, Zegarzewski
ISBN 978-3-518-46107-5

1 2 3 4 5 6 – 14 13 12 11 10 09

Marcel Reich-Ranicki gewidmet mit Dank:
für die anstrengenden Lehrjahre
und die anregenden Jahre der Freundschaft

Inhalt

Vorbemerkung

Die literarische Welt ist ohne Kritik nicht zu denken. Das gilt auch für den Journalismus, der sich mit Romanen und Erzählungen, mit Gedichten und Theaterstücken, mit Schriftstellern und Verlegern befaßt. Aber es gibt vielerlei Möglichkeiten, über Literatur zu schreiben, und die klassische Rezension ist nur eine davon, wenn auch die geläufigste. Allerdings beschränkt sich kein Kulturteil auf Literaturkritik im engen Sinn. Interviews, Porträts, Nachrufe und Geburtstagsartikel, Glossen, Berichte von Tagungen oder Lesungen, Nachrichten aus der Literaturbranche und Personalien finden dort genauso ihren Platz. Und das ist nur ein Ausschnitt aus der Palette des Literaturjournalismus.

Die Idee zu diesem Buch entstand vor einigen Jahren. Ich war damals Gastprofessor am Literaturinstitut Leipzig und sollte den Studierenden von den Aufgaben eines Literaturredakteurs berichten und ihnen erläutern, was es heißt, berufsmäßig über Literatur zu schreiben. Ein Ziel des Seminars war es, den Schriftsteller-Nachwuchs zum Schreiben von Beiträgen für Zeitungen oder Magazine zu animieren. Es waren Übungen in den unterschiedlichen journalistischen Formen geplant – doch schon bei der ersten Frage in die Runde stellte sich heraus, daß den Studierenden außer Rezension und Interview nur wenige journalistische Gattungen einfielen. Also fertigte ich eine Liste möglicher Textsorten an – die Keimzelle dieses Kompendiums.

Wenn man 60 wird, darf man zurückblicken. Seit mehr als vier Jahrzehnten verfasse ich Buchkritiken, seit nahezu 35 Jahren arbeite ich als Literaturredakteur. Die Beispiele aus meiner Arbeit, die hier das Betätigungsfeld des Journalisten illustrieren sollen, erheben nicht den Anspruch der Mustergültigkeit. Nicht so sehr vorbildlich als typisch sollen diese Beispiele sein – und hoffentlich auch unterhaltsam. Diese Sammlung ist als Lesebuch angelegt, nicht als Lehrbuch.

Die Texte im ersten Teil stellen allgemeinere, textfernere Überlegungen an, gehören aber doch zur Praxis: Zum Aufgabenbereich eines Kritikers zählen eben auch der Vortrag oder der Beitrag zu einer Festschrift. Im zweiten und dritten Teil finden sich Beispiele aus dem Kernbereich des Literaturjournalismus: Rezensionen, Porträts, Interviews. Was darüber hinaus zum journalistischen Geschäft gehört – vom Nachruf über die Glosse, Reportage und Polemik bis hin zum Leitartikel –, präsentiert der vierte Teil. Der fünfte Abschnitt versammelt schließlich Textformen, in denen der Literaturkritiker seine Fachgrenzen überschreitet, etwa indem er als Filmkritiker einspringt (wenn es sich um die Verfilmung eines literarischen Stoffes handelt).

Am Schluß steht statt eines Nachworts ein Beitrag, der für die »FAZ«-Serie »Erinnerungen an mein erstes Lieblingsbuch« entstand und den ich im Alter von 30 Jahren geschrieben habe – vor genau 30 Jahren. Der zeitliche Abstand hat einen ganz eigenen Reiz. Das gilt auch für andere Themen und Anlässe, die heute historisch geworden sind. Viele Beiträge im vorliegenden Band sind während meiner Redakteursjahre bei der »FAZ« oder der »Zeit« entstanden, zwischen 1975 und 1992. Bestimmte Formen des Literaturjournalismus sind eher für Tages- und Wochenzeitungen geeignet als für den »Spiegel«, für den ich seit Ende 1992 als Literaturredakteur tätig bin. Und umgekehrt: eine Titelgeschichte über Friedrich Schiller oder Thomas Mann ist in dieser Ausführlichkeit eigentlich nur im »Spiegel« möglich – auf den Nachdruck eines dieser Beiträge mußte freilich aus Platzgründen verzichtet werden. Auch andere Bereiche des Redakteuralltags können hier nicht dokumentiert werden: interne Kommunikation (Hausmitteilungen), Briefe an Autoren und

Mitarbeiter oder kleine Texte wie Vorspänne, Unterzeilen und Bildlegenden.

Hin und wieder habe ich an Originalfassungen für den Nachdruck in diesem Buch kleinere Korrekturen und Verbesserungen vorgenommen (sofern sie nicht das Urteil betreffen). Den Charakter der ursprünglichen Erscheinungsform – mitsamt Titeln und Unterzeilen – habe ich dagegen möglichst beibehalten, auch manche Eigenheit des jeweiligen publizistischen Forums, wie etwa die Gepflogenheit des »Spiegel«, den einzelnen Personen aktuelle Altersangaben beizufügen.

Die kurzen Erläuterungen zu Beginn der verschiedenen Textsorten dienen lediglich der Orientierung. Dem Anspruch einer Definition des jeweiligen Genres können und wollen sie nicht genügen. Überhaupt ist diese Sammlung ein Produkt der Praxis, keine gelehrte Abhandlung, keine Theorie der Kritik – davon gibt es im akademischen Bereich wahrlich genug.

Kritik für Leser: Aufgabe des Rezensenten sei es, so schrieb 1949 der Schriftsteller und Redakteur Leonard Woolf, »Lesern das Buch zu beschreiben und ihnen eine Einschätzung seiner Qualität zu ermöglichen, damit er entscheiden kann, ob es ein Buch ist, das er vielleicht lesen möchte oder nicht«. Anders sah es der britische Kritiker Harold Nicholson. Er schrieb 1939 im »Daily Telegraph«, er wende sich auch an die Autoren der Bücher, die er rezensiert: »Ich möchte ihnen sagen, warum ich ihre Arbeit schätze oder nicht schätze, und ich bin sicher, daß auch der Durchschnittsleser aus einem solchen Dialog eine gewisse Information für sich gewinnen kann.«

Wen auch immer man als Adressat seines Textes vor Augen haben mag: Zu den besonders vergnüglichen Seiten des Schreibens über Literatur gehört jedenfalls die Suche nach Zitaten, die einerseits charakteristisch sind für das Buch, von dem die Rede ist, und andererseits die eigene Argumentation stützen und veranschaulichen.

Der Schriftsteller John Updike, der selbst ein großartiger Kritiker war, war sogar der Meinung: »Eine gute Kritik ist unter anderem eine kleine Anthologie.« Soweit muß man vielleicht nicht gehen, aber bestimmt ist es nicht die schlechteste Strategie, das, was mit eigenen Worten nicht besser gesagt werden kann, im Originalton zu übernehmen. Etwa diese Definition von Friedrich Schlegel: »Die echte Rezension sollte die Auflösung einer kritischen Gleichung, das Resultat und die Darstellung eines philologischen Experiments und einer literarischen Recherche sein.«

Aber wie gesagt: Der Literaturjournalismus lebt nicht von Kritik allein, und dieses Buch möchte die Vielfalt seiner Möglichkeiten zeigen.

Hamburg, Juli 2009 V. H.

Teil I
Das Handwerk des Kritikers

Der nackte Text

Bevor wir lesen

Niemand fängt vorne an. Bevor man zu lesen beginnt, läßt man das Auge wandern. Wie umfangreich ist das, was da auf mich zukommt? Gibt es Absätze und Zwischenzeilen im Text? Einzelne Kapitel im Buch? Was verrät mir der Titel, die Unterzeile? Gibt es eine Gattungsbezeichnung? Wer hat das geschrieben? In welchem Verlag ist es erschienen? Dann begibt man sich ein paar Schritte, ein paar Sätze in den Text hinein: Zieht mich das an? Zieht mich das weiter? Gibt sich da jemand Mühe mit mir, dem erwünschten Leser?

Ein Buch hält man eine Weile in der Hand, bevor man den ersten Satz liest. Man biegt die Deckel auseinander, man fährt mit dem Mittelfinger kräftig zwischen den aufgeschlagenen Seiten am Falz entlang, man befreit das eingeklemmte Lesebändchen und bringt es weiter hinten in Wartestellung. Rituale der Vorlust. Man betrachtet das Photo des Autors oder der Autorin, vertieft sich noch einmal in den Klappentext und die kleine Vita. Und dann liest man immer noch nicht den Anfang, sondern mittendrin ein paar Zeilen, ziemlich am Ende einen Absatz (nicht den Schluß, Gott bewahre!), schaut noch einmal in die Luft, blättert die ersten Seiten ganz geruhsam um, betrachtet lange den Namen des Schriftstellers und den Titel. Nun vielleicht …

Ein Buch kommt selten allein. Bevor man ein Buch zum erstenmal liest, ist es längst umstellt von den unterschiedlichsten Informationen, denen sich kein Leser entziehen kann. Äußerlichkeiten? »Anhängsel des gedruckten Textes«, nennt das der Literaturwissenschaftler Philippe Lejeune, »die in Wirklichkeit jede Lektüre steuern.« In Frankreich ist man aufmerksamer für solche Details. Der Kritiker Gérard Genette hat diese »Anhängsel« mustergültig zusammengetragen: in seinem 1987 veröffentlichten Buch »Seuils« (Schwellen), das unter dem Titel »Paratexte« auch in deutscher Übersetzung erschienen ist. Es gibt erschöpfend (und wohltuend unakademisch) Auskunft über die Wirkung von Pseudonymen, über Geschichte und Funktion des Waschzettels und Klappentextes, über die Spielarten des Vorworts, der Widmung, des Mottos.

Die Vorstellung, daß es den Text pur gibt, wird jeder, der solche Illusion noch hegt, nach dem Studium dieses Wälzers fahren lassen müssen. Ein Text präsentiere sich selten »nackt«, schreibt Genette, »ohne Begleitschutz einiger gleichfalls verbaler oder nichtverbaler Produktionen wie einem Autorennamen, einem Titel, einem Vorwort und Illustrationen«. Damit fängt es aber erst an. Auch wenn das Buch erschienen ist, nimmt es kein Ende mit den Paratexten: Genette zählt zu ihnen ebenso Interviews und Kommentare der Autoren (etwa auf Lesungen), Selbstinterpretationen in Briefen und Tagebüchern.

Manche Autoren beteiligen sich mit Fleiß an der Herstellung von Paratexten. Sie suchen lange nach dem richtigen Titel (»Ein schöner Titel ist der wahre Zuhälter eines Buches«, wußte der Franzose Furetière schon vor 300 Jahren), sie schreiben selbst ein Vorwort oder heimlich den Klappentext. Oder sie finden noch ganz andere Wege. Zum Beispiel James Joyce. Nicht genug damit, daß er seinem Roman den Titel »Ulysses« gab (obwohl doch niemand im Buch so heißt), er beabsichtigte überdies, mit Kapitelüberschriften die Parallele zur »Odyssee« zu unterstreichen – bis er auf die Idee kam, daß es vielleicht ausreicht, ein paar guten Freunden (zufällig einflußreichen Literaturkritikern) von diesem Plan zu erzählen. So kennt diese Kapitelüberschriften heute fast jedes Kind, auch wenn sie im Roman gar nicht vorkommen: ein geschickt inszenierter Paratext.

Natürlich kann sich der Leser den Einflüsterungen, der Aufmachung, der Präsentation eines Buches zu entziehen versuchen. Ganz gelingen wird es kaum. Es sei denn, eines fernen Tages wird es wirklich Praxis, Bücher auf dem Bildschirm abzurufen – angeschlossen an alle Texte dieser Welt ... Dann wird vielleicht ein Text wie der andere aussehen. Keine Paratexte mehr, nur noch Buchstabensalat. Irgendwo im System: der pure, der nackte Text. Grauenvoll.

Dieser Text erschien im Oktober 1990 in der »Zeit«, also lange vor der aktuellen Debatte über die Gefahren und Möglichkeiten des digitalen Erfassens von Büchern oder ganzen Bibliotheken, zu einer Zeit also, als E-Books und Volltext-Angebote im Internet – ob nun legal oder in Form von Raubkopien – noch in weiter Ferne lagen.

Literatur am Montag

Aus der Praxis des Kritikers: Rede vor Literaturstudenten

Wie wird man Literaturkritiker? Vielleicht zählen einige von Ihnen längst dazu, vielleicht hat der eine oder die andere unter Ihnen Buchkritiken publiziert, mehr bedarf es schließlich nicht. Es gibt keine Instanz, keine Zunftregel, die festlegen würde, wer sich als Rezensent fühlen darf – wie es ja auch keine strengen Bedingungen für den Journalisten gibt: Wer, und sei es gelegentlich, in Zeitungen oder Zeitschriften, im Rundfunk oder Fernsehen veröffentlicht oder auftritt, zählt dazu. So einfach ist das. Zunächst einmal.

Kritisches zu literarischen Werken kann jeder äußern, zumindest jeder Leser.* Beurteilen heißt ja nichts anderes als: beschreiben und unterscheiden, charakterisieren und bewerten, und immer wieder vergleichen. Und doch wird es selten vorkommen, daß ein Laie, er mag noch so belesen sein, einer Zeitung eine Kritik, sagen wir, eines neuen Romans von Martin Walser zuschickt und sie auf Anhieb gedruckt sieht. Nicht nur, weil die Rezension aller Wahrscheinlichkeit nach längst bei einem festen Mitarbeiter bestellt ist, der Leser also zu spät kommt, sondern weil sein Text kaum je den Ansprüchen genügen wird, nämlich den Ansprüchen an Professionalität, Überzeugungskraft und Lesbarkeit – und wenn doch, dann wird der Redakteur möglicherweise anfragen, ob er dem Mann oder der Frau demnächst einmal

* Und mittlerweile ist das auf den Internetseiten etwa von Amazon auch gang und gäbe. Jeder, der sich berufen fühlt, kann dort seine Meinung zu Büchern jeder Art abgeben.

ein Buch zuschicken und eine Rezension in Auftrag geben darf, also den Kreis seiner Mitarbeiter erweitern.

Aber ist jeder Rezensent schon ein Kritiker? Und kann das Besprechen von Büchern überhaupt ein Beruf sein? Zumal heute, wo in vielen Zeitungen die Literaturseiten durch Tips und Vorschaukalender ersetzt werden? Doch ich will hier nicht schon zu Beginn Endzeitstimmung verbreiten, keine »Rezensenten-Dämmerung« (Enzensberger) an die Wand malen – in den großen Blättern und Magazinen spielt die Literatur immer noch eine wichtige Rolle, und es steht Platz für Kritiken, Interviews, Porträts zur Verfügung.*

Ich spreche hier vornehmlich aus der Praxis, und auch auf die Gefahr hin, Sie als Literaturstudenten zu enttäuschen, muß ich gestehen, daß mich die Beschäftigung mit der akademischen Theorie der Kritik kaum klüger gemacht hat. Nur selten hatte ich das Gefühl, für meine Arbeit Nutzen aus dieser Lektüre ziehen zu können – oder von der Sache selbst sonderlich beeindruckt sein zu müssen. Schon in den Titeln und Überschriften solcher Arbeiten drückt sich oft eine sachfremde Sehnsucht nach Systematisierung, nach einer Formel, einer endgültigen Richtschnur aus. Derlei kann nach meiner Erfahrung nur enttäuscht werden. Und doch werden weiterhin wissenschaftliche Arbeiten über »Literarisches Leben in der öffentlichen Kommunikation« entstehen, über »Theoretische und praktische Aspekte zeitgenössischer Literaturkritik im medialen Kontext«. Zuviel der Ehre, denke ich manchmal.

Andrerseits: eine Literaturwissenschaft, die sich mit der Kritik überhaupt nicht beschäftigt, würde zweifellos einen Teil ihrer Aufgabe verfehlen (auch wenn ich

* Auch hier hat das Internet neue Möglichkeiten geschaffen: Kritiker können, zumeist freilich ohne Honorar, ihre Rezensionen ins Netz stellen. Der Vorteil, der eigentlich ein Nachteil ist: Kein Redakteur redet hinein, niemand rät zu Kürzungen oder redigiert den Text.

der Meinung bin, der wesentliche Forschungsgegenstand sollte die Literatur selbst sein). Daher bin ich dieser Einladung gern gefolgt und freue mich über die Gelegenheit, vor Ihnen über den redaktionellen Alltag eines Kritikers sprechen zu dürfen.

Ich wünsche mir als erstes, daß Sie alle eine wesentliche Voraussetzung eines zukünftigen Kritikers oder Rezensenten erfüllen – nämlich regelmäßig die Literaturseiten zu lesen. Ich habe nie verstanden, warum jemand unbedingt als Rezensent auftreten möchte, der nicht selbst von früh auf gern oder zumindest neugierig Kritiken gelesen hat. Natürlich gibt es auch in unserem Gewerbe einsame Größen, die Anregungen kaum brauchen, die mit großer Kraft und Leidenschaft in die Arena treten, ja manchmal sogar ihre Zeit ein wenig überdauern.

Ein Kritiker, wie er im Buch steht: Sainte-Beuve

Lassen Sie mich Ihnen von einem Kollegen berichten, der für mich das unerreichbare Urbild einer jeden Kritikerexistenz darstellt. Sainte-Beuve, die Vornamen Charles und Augustin werden nur selten mitgenannt, lebte von 1804 bis 1869 und war schon zu Lebzeiten weit über Frankreichs Grenzen hinaus bekannt, in Paris selbst eine Legende. Er hatte einen peniblen Arbeitsrhythmus und war von beneidenswerter Produktivität. In den letzten zwanzig Jahren seines Lebens erschien Woche für Woche eine Kritik von ihm – ausgenommen nur jene Zeit, in der er eine Professur innehatte.

Die wöchentliche Kritik Sainte-Beuves erschien jeweils am Montag – mit den Worten des Schriftstellers Stefan Zweig, der 1923 über den Kritiker ein bewunderndes Porträt schrieb: »Sein ganzes Leben war zugeschnitten auf diesen einen Artikel an jedem Montag: und eben dieser Montag auch der siebente Schöpfungstag, der

Ruhetag, der einzige, den sich der hartnäckige Arbeiter gönnte.«

Denn so ging es laut Zweig bei Sainte-Beuve weiter: Am Dienstag begann er sich auf den nächsten Artikel vorzubereiten, las, ließ sich von den Büchern seiner Bibliothek anregen, jagte seinen Sekretär los, um fehlende Werke aus der Nationalbibliothek zu holen und begab sich in Klausur, die nur jeweils für einen längeren Abendspaziergang mit diesem Sekretär unterbrochen wurde, einem Spaziergang, auf dem er seine Überlegungen und Thesen mündlich ausbreitete. Endlich wurde geschrieben, dann Korrektur, danach alles laut gelesen, mit dem Sekretär als Zuhörer, dreimal, viermal, wenn es nötig war – bis alles gut und richtig, schön und überzeugend klang.

Am Sonntag in der Früh ging die endgültige Fassung an die Druckerei zurück, danach wurde Sainte-Beuve gesellig: nachmittags durften die Freunde erscheinen. Der Montag, der Erscheinungstag der Kritik, war gewissermaßen Feiertag. Am nächsten Tag ging alles von neuem los.

Der Biograph Wolf Lepenies hat die Lebensweise von Sainte-Beuve in einer 1997 publizierten Monographie kaum anders beschrieben, allerdings wird der Kritiker hier noch geselliger dargestellt: Demnach empfing er auch während der Woche Gäste und dinierte regelmäßig und ausführlich des Abends – was die Arbeitsleistung ja nur noch größer erscheinen läßt. »Es bleibt unvorstellbar«, so Lepenies, »wie eine literarische Produktion dieser Intensität und dieses Umfangs über Jahrzehnte aufrechterhalten werden konnte.« Seine umfangreichen Porträts und Buchkritiken, eher Essays als Rezensionen, sammelte Sainte-Beuve in Büchern als »Causeries du Lundi«, Plaudereien am Montag.

Die Praxis der meisten Rezensenten sieht heute in der Tat anders aus. Grob lassen sich drei Arten des Kritikerdaseins unterscheiden:

1. der freie Kritiker muß dafür Sorge tragen, Abnehmer für seine Produkte zu finden, und zwar möglichst nicht nur einen Abnehmer pro Artikel, denn dann würde er vom Schreiben allein schwerlich leben können, d. h., er oder sie muß telefonieren, Faxe schicken,* Listen mit Wünschen an verschiedene Redaktionen senden, um bei der Verteilung der zur Rezension anstehenden Bücher berücksichtigt zu werden, muß sich übergreifende Themen ausdenken;

2. der Gelegenheitsmitarbeiter, der eigentlich einem anderen Beruf nachgeht, der vielleicht Lehrer oder Assistent an einer Universität ist, hat etwas mehr Spielraum, auch ökonomisch, kann dafür aber nur einen Teil seiner Zeit und Kraft dem Rezensieren von Büchern widmen – oft ist das der Spezialist, der sich besonders gut bei Goethe-Ausgaben, Krimis oder in der Romantik auskennt oder der durch Auslandsaufenthalte und eigene Forschung die Literatur und Sprache eines bestimmten Landes gut kennt (das kann natürlich auch der Auslandskorrespondent der eigenen Zeitung oder ein Kollege aus einem anderen Ressort sein);

3. der Literaturredakteur, der zuständig ist für die Vergabe der Neuerscheinungen, für die Auswahl der Bücher und der Rezensenten, der über den Umfang und das Erscheinungsdatum einer Kritik entscheidet – und auch über die Frage, was er am liebsten selbst besprechen möchte, ohne deswegen alle wichtigen Bücher der Saison bei sich zu horten und zu hoffen, irgendwann auch diese Bücher noch alle lesen und vorstellen zu können.

* Inzwischen, so rasch wandelt sich alles, wird kaum noch jemand per Fax seine Manuskripte versenden, die Überlegenheit der E-Mail liegt – gerade für das Herumschicken unbestellter Texte – auf der Hand.

Nun werden Sie vielleicht fragen: Was hat das alles mit Bewertung und den Kriterien der Literaturkritik zu tun? Eine ganze Menge. Denn zum Bewerten von Literatur gehört auch die Auswahl der besprochenen Bücher. In der Entscheidung, ob ein Buch überhaupt besprochen wird, steckt ein Werturteil, natürlich erst recht in der Frage, wie groß, wie schnell die Kritik veröffentlicht wird. Gerade von einem Nachrichtenmagazin wird erwartet, daß es bei einem neuen Buch etwa von Peter Handke, Günter Grass oder Christa Wolf rascher oder zumindest ebenso rasch wie die Konkurrenz reagiert.

Kriterien haben immer auch etwas mit der Suche, der Sehnsucht nach Fairneß und Gerechtigkeit zu tun: man will einem einzelnen Werk gerecht werden, man will aber auch den Neuerscheinungen insgesamt und untereinander gerecht werden, also das Wichtigste unverzüglich und umfangreich präsentieren, das weniger Wichtige knapper und nicht ganz so aktuell, das Unbedeutende gar nicht oder mit einem beispielhaften Verriß. So jedenfalls die Idealvorstellung.

Wenn nach Kriterien gefragt wird, so steckt allzuoft das Bild einer einsamen, monadischen Kritikerexistenz dahinter, eines Einzelkämpfers, der daheim im stillen Kämmerlein um die richtige Einschätzung eines bedeutenden literarischen Werkes ringt. Wie aber kommt dieser Einzelkämpfer, wenn es ihn denn gibt, überhaupt zu seinem Buch? Darf er sich die Bücher selbst aussuchen? Und wenn er einer der Glücklichen ist, dem die Bücher von der Redaktion nicht einfach ins Haus geschickt werden, mit Umfangswunsch und Abgabetermin, sondern wenn er mitreden darf: Wie ist es dazu gekommen, wie hat er sich einen Namen gemacht? Warum bedenkt ihn eine Redaktion mit Aufträgen, gar mit wichtigen Werken? Darf er auch den Umfang seiner geplanten Kritik mit dem zuständigen Redakteur aushandeln, also einen wichtigen Aspekt der Wertung, nämlich die endgültige Präsentation auf der Zeitungsseite, mitbestimmen?

Jetzt kippen wir das Bild und sehen den Redakteur vor uns, der einen Haufen von Rezensionsexemplaren auf dem Tisch hat: Welches Buch soll er welchem Mitarbeiter anvertrauen? Ein Kritiker zum Beispiel wünscht sich immer wieder die Bücher eines bestimmten Autors: Soll man ihm die jeweilige Neuerscheinung ins Haus schikken, weil er doch inzwischen ein Fachmann für diesen Autor geworden ist und sich im Gesamtwerk bestens auskennt? Oder sollte man ihm das neue Buch seines Lieblingsautors gerade vorenthalten, weil er mittlerweile befangen ist, immer dieselben Ansichten über dessen Stil verbreitet? Und wonach entscheidet ein Redakteur überhaupt, welche Bücher er an welche Mitarbeiter verschickt? Kennt er alle Bücher schon?

Leider gibt es – eine Frage, die oft gestellt wird – keine Entlastung durch Gutachter, wie es bei Verlagen als Vorlektorat üblich ist, also freie Mitarbeiter, die nur fürs Lesen und eine erste Einschätzung bezahlt werden. Es wäre freilich auch ein recht zeitraubendes Verfahren, außerdem müßte dann wieder nach den Kriterien dieser Probeleser und Vorkoster gefragt werden. Dem Dilemma, vor das man sich angesichts der Masse der Neuerscheinungen gestellt sieht, ist kaum zu entkommen, machen wir uns auch da nichts vor. Die gewünschte Gerechtigkeit kann schon hier Schaden leiden – je nachdem, wieviel Zeit und Energie für die erste Auswahl bleibt. Dabei ist alles gefragt, was neben der nicht zu ersetzenden gründlichen Lektüre kleine Entscheidungshilfen geben mag: Erfahrung, Fingerspitzengefühl, Gespräche, auch, keine Frage, Gerüchte, Legenden, die sich um ein Buch bisweilen schon bilden, bevor es das Licht der Welt erblickt; bei Übersetzungen aus dem Ausland natürlich auch die dortige Reaktion der Kritik.

Das alles kann und soll der Rezensent lesend überprüfen, wenn nötig korrigieren, zumindest im Hinterkopf haben: Denn nur der kompetente und informierte Leser kann am Ende entscheiden, ob eine Kritik lohnt oder ob die Vorschußlorbeeren wieder einmal zu groß waren, ob das Buch die Erwartungen einlöst, die man auf Grund der früheren Werke eines Autors hatte usw. Das heißt aber auch: Ein fähiger Rezensent gibt der Redaktion jederzeit Rückmeldung, läßt sich in die Verantwortung einbinden, auch um den Preis, einen Auftrag sausen zu lassen, den Umfang der eigenen Kritik selbst zu beschneiden, eventuell eine kürzere Rezension oder gar Kurzkritik vorzuschlagen. Das wird ihm relativ leichtfallen, solange er nicht nach Zeilen bezahlt wird, also zu den Pauschalisten oder Redakteuren gehört.

Versetzen Sie sich aber in die Lage eines Rezensenten, der davon lebt, Artikel zu publizieren, möglichst in renommierten Blättern (die zumeist auch besser zahlen): Davon hängt sein Einkommen ab, sein Prestige, seine Karriere als freier Kritiker. Machen wir uns nichts vor: Es verlangt viel an Selbstdisziplin, es grenzt schon fast an Entsagung für die gerechte Sache, wenn einer stets bereit ist, sich zurückzunehmen, sich nicht gelegentlich von dem Gedanken leiten zu lassen, daß auch er selbst bedeutender erscheinen könnte, wenn er über bedeutende Gegenstände schreibt (und er selbst bestimmt ja mit seiner Kritik die Bedeutung eines Werks, eines Autors mit), wenn einer sein Urteil stets ganz frei von Eitelkeiten dieser Art hält. Man muß hinzufügen, daß eine wache Redaktion auf der Hut ist – ein Mitarbeiter, der stets die Bücher, die ihm anvertraut werden, für die wichtigsten hält, über die besonders umfangreich zu schreiben ist, wird sich im Geschäft nicht lange halten können.

Denn, das zumindest kann ich Ihnen versichern: Unser Geschäft mag seine Macken und Tücken haben, seine Eitelkeiten und Größenphantasien – am Ende kontrolliert man sich gegenseitig doch ganz gut. Nichts ist schöner, als einem vergessenen Autor Gerechtigkeit widerfahren zu lassen, eine Neuentdeckung zu machen, als erster auf einen jungen Autor hinzuweisen, einem anderen Kritiker zu widersprechen, ihm Fehler in der Argumentation nachzuweisen, seine Einschätzung in einem Gegenartikel zu korrigieren. Es mag wichtige Autoren geben, die eine Zeitlang übersehen werden, irgendwann wird jemand kommen, der genau daraus eine Story macht – oder eben das Gegenteil findet statt: der Denkmalsturz eines vom Literaturbetrieb Gefeierten, die engagierte Schmährede gegen den Liebling der Saison.

Eines der wesentlichen Mittel, die eigenen Kriterien immer wieder zu befragen und neu zu justieren, ist dieser Austausch über Redaktionen und Regionen, ja auch über Generationen hinweg. Literaturkritik muß es schließlich nicht nur mit den neuesten Büchern zu tun haben; es gibt immer wieder Anlässe, sich mit älteren Autoren zu beschäftigen: etwa Jubiläen, das Erscheinen von Briefausgaben oder Werken aus dem Nachlaß.

Oder einer findet heraus, daß ein hochgelobtes Buch der Saison nicht etwa zum ersten Mal ins Deutsche übersetzt worden ist, wie allgemein angenommen, sondern schon vor mehr als 15 Jahren auf deutsch erschienen, damals aber nicht beachtet worden war. Dann kann er triumphierend die Kollegenschaft schelten: »Die deutschen Literaturbetriebsnudeln hatten ein bemerkenswertes Debüt kollektiv verschlafen.« Das mag ja so sein, doch angesichts der Flut jährlicher Neuerscheinungen ist das auch nicht gerade eine überwältigende Entdeckung.

»Ein schlecht bezahlter armer Teufel«

Bleiben wir noch einen Augenblick im Redaktionsbüro. Stellen Sie sich den Alltag des Redakteurs vor, wie er, statt im Kino zu sitzen oder daheim in Ruhe Bücher zu lesen, sein Zimmer betritt, wo sich schon wieder neue Buchpakete mit Rezensionsexemplaren stapeln, stellen Sie sich vor, wieviel Zeit aufzuwenden ist, um nur die rund 100 halbjährlichen Novitäten-Prospekte der Verlage zu studieren, um am Telefon Verlegern, Lektoren und Mitarbeitern der Presseabteilungen freundlich zuzuhören, Terminvorschläge für Besuche in der Redaktion entgegenzunehmen, um Post von Lesern zu beantworten, Manuskripte anzuschauen, gleichzeitig die Bemühungen der Konkurrenz zu registrieren, also täglich Zeitungen zu lesen, Artikel zu bestellen, zu redigieren, zu betreuen, für Fotos zu sorgen – und wenn das alles getan ist, hat der Redakteur selbst noch kein einziges Buch gelesen, keine einzige Rezension geschrieben.

Und dennoch hat der fest angestellte Redakteur gegenüber dem freien Mitarbeiter eine Menge Vorteile. Man muß es vielleicht nicht gleich so bissig formulieren wie Hans Magnus Enzensberger: Der Kritiker heute müsse begreifen, »daß Unabhängigkeit für ihn kein Desiderat sein kann, sondern nur ein Hindernis«; als »freier Mitarbeiter« sei und bleibe er nur ein »schlecht bezahlter armer Teufel«. Denn: »Sein einziger Ausweg ist der Aufstieg in die Dienstbarkeit. Nicht das, was er schreibt, kann ihm Geltung verschaffen, sondern immer nur die Macht der Institution, des Konzerns, des ›Hauses‹. Auf sein Urteil kommt es weniger an als auf die Auflage, die Einschaltquote, die er erreicht.«

Daran stimmt zweifellos, daß die Arbeit in einer Redaktion immer noch die beste Voraussetzung dafür ist, um als Rezensent einigermaßen Gewicht zu erhalten: ohne regelmäßigen Auftritt, ohne ein beachtetes Forum verpufft auf Dauer jede noch so beachtliche kritische Anstrengung.

Selten aber arbeitet so ein Redakteur einzig und allein als Literaturkritiker. Es sind daneben ja viele andere Formen der Berichterstattung über Literatur denkbar und erwünscht. Das kann der Bericht über eine Dichterlesung oder Podiumsdiskussion für den Lokalteil sein (oft die Arbeit für Praktikanten), oder auch eine Glosse, ein Kommentar, ein Porträt, ein ausführliches Interview.

Es gibt Kritikerkollegen, die die persönliche Begegnung mit Künstlern scheuen, ja, ausdrücklich ablehnen. Sie sind ausschließlich am Endprodukt interessiert, an den Werken und Büchern. Andere – ich selbst gehöre dazu – erfahren auch gern etwas über die Entstehungsbedingungen. Ein kleiner Testfall für die Lust an einer solchen nicht allein interpretierenden, akademischen Beschäftigung mit der Dichtung: Wer Thomas Manns »Roman eines Romans«, die ausführlich erzählte »Entstehung des Doktor Faustus« nicht mit Neugier und Eifer verschlingt, wem die Beschreibung der Wege und Umwege bei der Produktion eines Kunstwerks überflüssig und eitel anmuten, wer nur den Roman »Doktor Faustus« (1947) als würdigen Gegenstand der Betrachtung gelten läßt, der ist vielleicht doch kein so leidenschaftlicher Literaturjournalist. Es gehört schon eine Portion Neugier dazu, Sucht nach dem Neuen, also auch, meine ich jedenfalls, Vergnügen an aller Art von Information über Entstehung und Rezeption eines Werks, auch über die Lebens- und Arbeitsumstände des Autors.

Für mich ist die Kritik nur ein Teil meines Berufs, ein unentbehrlicher, vielleicht der grundlegende, aber nicht unbedingt der entscheidende und umfassendste. Für mich ist der Beruf des Literaturredakteurs auch nach mehr als einem Vierteljahrhundert (Rezensionen für überregionale Zeitungen schreibe ich seit mehr als dreißig Jahren) eine Tätigkeit, die nie auch nur die Spur von Langeweile aufkommen läßt, im Gegenteil, man muß sich diese lange Weile, die für das Lesen nötige Muße nehmen und gegen das Getöse des Büros behaupten, also sich absetzen. Erst wenn man daheim in seinem Sessel oder auch unterwegs in einem Zugabteil sein Buch aufschlägt, kommt der Augenblick, wo man zum Eigentlichen findet, wo einen die Literatur wie in alten Tagen aus dem Alltag entführt.

Insofern wird es Sie nicht wundern, daß mir eine Überlegung des französischen Literaturtheoretikers Roland Barthes immer besonders gut gefallen hat, nämlich daß ein Text bei ihm die beste Lust dann errege, »wenn es ihm gelingt, sich indirekt zu Gehör zu bringen; wenn ich beim Lesen oft dazu gebracht werde, den Kopf zu heben, etwas anderes zu hören«.

Ähnlich haben sich auch Schriftsteller geäußert, die ja zumeist große Leser sind. »In der Stunde, wo unsere Phantasie und Assoziationsfähigkeit auf voller Höhe ist«, stellte Hermann Hesse fest, »lesen wir ja überhaupt nicht mehr, was vor uns auf dem Papier steht, sondern schwimmen im Strom der Anregungen und Einfälle, die uns aus dem Gelesenen zukommen.«

Oder Max Frisch: »Was zuweilen am meisten fesselt, sind die Bücher, die zum Widerspruch reizen, mindestens zum Ergänzen: – es fallen uns hundert Dinge ein, die der Verfasser nicht einmal erwähnt, obschon sie immerzu am Wege liegen, und vielleicht gehört es überhaupt zum Genuß des Lesens, daß der Leser vor allem den Reichtum seiner eigenen Gedanken entdeckt.«

Oder auch Peter Handke: »Die besten sind jene Bücher, die einen immer wieder dazu bringen, innezuhalten, aufzuschauen, in die Gegend zu schauen, tief einzuatmen, sich von der Sonne bescheinen zu lassen – auch wenn diese gar nicht scheint.«

Vielleicht hätten wir da schon, ganz nebenbei, ein wichtiges Kriterium, von dem freilich, soweit ich sehen kann, in den vielen Traktaten und Theorien über die Literaturkritik eigentlich nie die Rede ist. Wer sonst nach Kriterien fragt, geht gewöhnlich von theoretischen Überlegungen aus und will dann wissen, nicht selten mit skeptischem

Unterton, was von all der schönen Theorie in der Praxis noch übrigbleibt. Ich gehe von der Praxis aus und frage mich, inwieweit die Forderungen nach Gerechtigkeit, nach Offenlegung der Maßstäbe, nach Vergleich- und Überprüfbarkeit tatsächlich die Arbeit bestimmen. Kein Kritiker wird sie ignorieren, doch im Schreiballtag können diese Forderungen und Vorgaben nicht der Leitfaden sein; es geht um neue Bücher, nicht um deren Einordnung in den Kanon der Weltliteratur.

Unumgänglich ist aber die Kenntnis der großen ästhetischen Theorien von Hegel bis Adorno, auch einzelner essayistischer Schriften. Bestimmte Schlüsselsätze sollte man schon deswegen kennen und einordnen können, damit man nicht etwa ähnliche eigene Gedanken eines Tages für neu und originell hält.

Nehmen wir einen Satz wie: »Zerfallen ist die Identität der Erfahrung, das in sich kontinuierliche und artikulierte Leben, das die Haltung des Erzählens einzig gestattet.« Was Theodor W. Adorno da 1954 formulierte, ist bis heute Inbegriff jener grundsätzlichen Skepsis gegen literarische Unbekümmertheit angesichts historischer Erfahrungen, einer Skepsis, die im vergangenen Jahrhundert die Diskussion bestimmt hat. Oder Walter Benjamins Beobachtung: »Es ist nämlich schon die halbe Kunst des Erzählens, eine Geschichte, indem man sie wiedergibt, von Erklärungen freizuhalten.«

Die großen Theoriedebatten des 20. Jahrhunderts, in die sich oft genug die Schriftsteller selbst eingeschaltet haben, wie etwa die Realismusdebatte oder der Zürcher Literaturstreit sind Lehrstücke für den Kritiker, Grundlagenwissen und immer wieder Bezugspunkt bei der Einschätzung aktueller Literatur. Und was natürlich niemand außer acht lassen darf, der sich als Rezensent oder gar als Literaturkritiker etablieren möchte: die Geschichte der eigenen Zunft, die Erkenntnisse der Klassiker der Kritik – und die historischen Beispiele wichtiger Kritiken, wie sie etwa Hans Mayer in der vierbändigen Sammlung »Deutsche Literaturkritik« präsentiert hat. Gotthold Ephraim Lessing, Friedrich Nicolai und Friedrich Schlegel, Ludwig Börne, Alfred Kerr und Alfred Polgar: Von ihnen sollte man einiges gelesen haben, bevor man selbst loslegt.

»Ehrfurcht vor der Gestaltung«

Ich nehme an, daß es mehr Schriftsteller gibt, die wissen, wie schwer es ist, eine gute Kritik zu schreiben, als Kritiker, die wissen, wie schwer es ist, einen brauchbaren Roman zu produzieren. Denn ich bin davon überzeugt, daß das Vorurteil, jeder Kritiker habe ein unpubliziertes Manuskript in der Schublade, eben nur ein Vorurteil ist. Leider! Ein wenig Einblick in die konkreten Probleme des Erzählens, des Schreibens von Literatur könnte gar nicht schaden, Kriterien schärfen, vielleicht auch hier und da Verständnis schaffen, was nicht Nachsicht und Milde bedeuten muß. Insoweit darf der Kritiker auch ein wenig Künstler sein: »gerade genug«, wie Stefan Zweig in seinem Sainte-Beuve-Porträt geschrieben hat, »um das Geheimnis der Werkstatt zu kennen, die Krisis der Schöpfung, die Ehrfurcht vor der Gestaltung«.

Was Zweig dann weiter über den Kritiker ausführt, zeigt nicht zuletzt, wie hoch die Erwartungen einmal waren: »Nicht minder aber als dem Künstler muß er in anderer Sphäre seinem Bruder im Geiste, dem Gelehrten, gleichen, dem stillen Sammler der Tatsachen, dem gewissenhaften Vergleicher; mit beiden Urinstinkten des Erkennens ist es ihm auferlegt, gleichzeitig zu wirken: er muß fühlen können, aus Instinkt fühlen, und doch wieder dies Magische erklären können, wie eben der Gelehrte die gleich dunklen Phänomene der beseelten Natur erklärt. Immer ist von ihm in jeder Hinsicht ein Doppeltes verlangt: Enthusiasmus und ruhige Erkenntnis, Liebe und Gerechtigkeit, Künstlertum und Wissenschaft, Demut vor dem Werk und gleichzeitig Richteramt über das Geschaffene. Und diese Unstimmigkeit in eine stete, unablässig neu erkämpfte Harmonie zu lösen, ist des Kritikers eigentliche Kunst: sie ist, vollendet geübt, so selten in allen Epochen wie die große Kunst selbst.«

Das wäre nun eigentlich ein wunderbarer Schlußpunkt – der Vortrag würde allerdings zu harmonisch enden. Denn die meisten Autoren halten und erwarten von der Kritik längst nicht so viel. Nicht wenige tun gar so, als sei sie bereits abgeschafft. Die Schriftstellerin Virginia Woolf sah schon 1939 den vollständigen Niedergang voraus: »Der Rezensent ist bereits ein verlorenes Anhängsel am Schweif des politischen Drachens. Bald werden die Umstände seine Existenz ganz unmöglich machen.« Für Enzensberger war es 1986 dann soweit: »Nicht, daß es unter Rezensenten Trottel und Schwätzer gibt, ist der springende Punkt, sondern daß die Form der Rezension als solche offenbar nicht mehr zu retten ist. Der literarische Journalist lebt von der Substanz, die der Kritiker ihm hinterlassen hat; wenn sie aufgezehrt ist, bleibt nur Gequassel übrig.« Dem schloß sich 1995 Wolfgang Hilbig weitgehend an, in einer Vorlesung unter dem schön doppeldeutigen Titel »Abriß der Kritik«: »Das einzige Engagement des Betriebs besteht darin, sich die letzten Reste an Aufmerksamkeit zu ergattern; die Mittel zu diesem Zweck werden immer beliebiger. Und auf diesem Gebiet, daran besteht kein Zweifel, hat die Kritik freilich die Nase vorn.«

Trifft das zu? Ist alles beliebig geworden, zu Gequassel ausgeufert? Nun ja, vielleicht gibt es derzeit nicht allzu viele herausragende Kritikerpersönlichkeiten, vielleicht nimmt die Beliebtheit von Buchtips und Kürzestkritik zu, auch mag die Literaturkritik für den Buchmarkt längst nicht die entscheidende Rolle spielen – doch merkwürdig bleibt, daß das Interesse an ihr, der Kritik, auch das theoretische, nicht abnehmen will. Es werden Symposien abgehalten zum Thema »Literaturkritik – Anspruch und Wirklichkeit«. Und immer noch finden sich in den Zeitungen und Magazinen hervorragend formulierte, klug argumentierende, von Bildung und Neugier zeugende Rezensionen, Kritiken, Überblicksartikel und Essays. Gewiß gibt es im Alltag auch viel Routine, wobei die Frage erlaubt sein muß, ob das nicht gelegentlich auch an der Literatur selber liegen kann und von ihr provoziert wird. Aber das ist ein anderes Thema.

Novelle, Krimi und Debüt

Die Selbstzweifel der Literaturkritik gehören mittlerweile zum Geschäft – das wird nur gelegentlich vom selbstbewußten Auftritt einzelner Kritiker überdeckt.

Das gilt am Ende auch für die Frage nach den Kriterien. Denn egal, ob der Rang eines Werks durch Umfang, Art und Präsentation der Rezension oder durch Autorität und Argumentation des Kritikers bestimmt wird, vollkommene Gerechtigkeit wird sich nie herstellen lassen. Das ist schon deshalb nicht möglich, weil im allgemeinen die unterschiedlichsten Temperamente nebeneinanderstehen: In jeder Literaturbeilage finden sich zwei Dutzend Urteile über ebenso viele Bücher von ebenso vielen Rezensenten, von Mitarbeitern also, die nicht jedesmal ihre Kriterien vorher aufeinander abstimmen können – um Vergleichbarkeit der Maßstäbe zu garantieren, müßten im Grunde alle Bücher zumindest in einem Blatt von ein und demselben Kritiker besprochen werden, ein Ideal, dem allenfalls ein Sainte-Beuve annähernd gerecht werden konnte. Im Zeitungsalltag heute unvorstellbar. Hinzu kommt, daß jeweils qualitativ unterschiedliche, nur schwer vergleichbare Bücher besprochen werden: ein Thriller neben einer Novelle, ein routinierter Krimi neben einem literarischen Debüt, ein Klassiker neben einem amerikanischen Roman usw. Auf jeder dieser Etagen, in jedem dieser Traditionsräume gibt es eigene Maßstäbe, ein spezifisches Gefälle der Qualität – ohne daß das jedesmal Erwähnung finden kann.

Die Frage, ob es überhaupt jenseits der Beschreibung und Analyse von Texten und Büchern ein »Kriterium für die Rangdifferenz« gibt, hat sich in einem Beitrag »Über Literaturkritik« der Journalist Gustav Seibt gestellt, von Haus aus Historiker und zeitweise ins Kritikerfach übergewechselt, und er vertritt die gut begründete Meinung, daß, wer behauptet, diese »Pilatusfrage der Kritik« beantworten zu können, in der Regel kein Vertrauen verdiene. Sein Fazit: »Es gibt vermutlich für die Aufnahme und Kritik von Literatur keine absoluten Werte, sondern nur Zwischenergebnisse von lebenslangen Lektüre-Erfahrungen, an die freilich höchste Anforderungen an Kanonbeherrschung, Sprachkenntnisse und philologische Kompetenz zu richten sind. Im fortwährenden Lesen um des Lesens willen erzeugt die Literatur gleichsam aus sich heraus die Erfahrungswerte, die im Idealfall soziale Prägungen und ästhetische Gewohnheiten hinter sich lassen.«

Im übrigen kann einer scheinbar noch so klare Kriterien im Kopf haben: Wenn er sich nicht auszudrücken versteht, hilft das alles wenig – weil es eben nicht allein auf Verläßlichkeit und Originalität des Urteils, sondern ebenso auf Versiertheit der Formulierung, auf die Überzeugungskraft und die Lesbarkeit der Literaturkritik ankommt. Eine genaue Formulierung kann manche Theorie ersetzen, ein treffendes Zitat lange Erklärungen überflüssig machen. Wer aber über klare Gedanken, gute Beobachtungsgabe, Lust am Schreiben und über die richtige Mischung aus Einfühlungsvermögen und kritischer Distanz gleichermaßen verfügt, sollte auch zu formulieren verstehen.

Gut geschrieben, nicht nur gut gemeint: das ist eine Forderung an die Literatur ebenso wie an ihren traditionsreichen Schatten und Begleiter, die literarische Kritik. Am Ende vielleicht sogar die entscheidende.

Zitierte und weiterführende Literatur:

Adorno, Theodor W.: Standort des Erzählers im zeitgenössischen Roman. In: ders.: Noten zur Literatur I. Frankfurt a.M. 1973 (30.-33. Tausend)

Barner, Wilfried (Hg.): Literaturkritik – Anspruch und Wirklichkeit. DFG-Symposium 1989. Stuttgart 1990

Barthes, Roland: Die Lust am Text. Frankfurt a.M. 1986 (9. Tausend)

Benjamin, Walter: Der Erzähler. Betrachtungen zum Werk Nikolai Lesskows. In: ders.: Gesammelte Schriften, II/2. Frankfurt a.M. 1989[2]

Enzensberger, Hans Magnus: Rezensenten-Dämmerung. In: ders.: Mittelmaß und Wahn. Frankfurt a.M. 1988

Handke, Peter: Die Geschichte des Bleistifts. Frankfurt a.M. 1982

Hilbig, Wolfgang: Abriß der Kritik. Frankfurter Poetikvorlesungen. Frankfurt a.M. 1995.

Hage, Volker/Mathias Schreiber: Marcel Reich-Ranicki. Köln 1995

Lepenies, Wolf: Sainte-Beuve. Auf der Schwelle zur Moderne. München 1997

Mayer, Hans (Hg.): Deutsche Literaturkritik. Vier Bände. Frankfurt a.M. 1978

Reich-Ranicki, Marcel: Die Anwälte der Literatur. Stuttgart 1994

Schlegel, Friedrich: Schriften zur Literatur. München 1985[2]

Seibt, Gustav: Sehr erprobte Form. Über Literaturkritik. In: ders.: Das Komma in der Erdnußbutter. Essays zur Literatur und literarischen Kritik. Frankfurt a.M. 1997

Trilling, Lionel: Was ist Literaturkritik? In: ders.: Kunst, Wille und Notwendigkeit. Literaturkritische und kulturphilosophische Essays. München/Wien 1990

Woolf, Virginia: Rezensieren. In: dies.: Die schmale Brücke der Kunst. Berlin 1994
Zweig, Stefan: Sainte-Beuve. In: ders.: Das Geheimnis des künstlerischen Schaffens. Gesammelte Werke in Einzelbänden. Frankfurt a. M. 1984

Vorträge, Einführungen in Autorenlesungen, die Moderation von oder Teilnahme an Podiumsdiskussionen gehören zu den Aufgaben eines Kritikers jenseits des Publizierens. Diese Rede wurde im Januar 2002 in Berlin vor Literaturstudenten gehalten.

Warum so kritisch?

Zur Verteidigung des Sekundären

Es war eine kurze Meldung im Kulturteil: In Irland habe die Gewinnerin des wichtigsten nationalen Literaturpreises Titel und Preissumme wieder zurückgeben müssen. Die Autorin hatte einen Roman unter Pseudonym publiziert und – offenbar schlimmer noch – ein falsches Foto von sich auf dem Buchumschlag veröffentlichen lassen. Dort war, wie es in der Nachricht hieß, »eine dunkelhaarige Schönheit« zu sehen – während die Verfasserin in Wirklichkeit blond sei, aus Polen stamme und erst seit acht Jahren in Irland lebe.

Der Meldung war leider nicht zu entnehmen, welche dieser Verfehlungen den Ausschlag dafür gegeben hat, daß der Unglücklichen Ehre und Geld wieder entzogen wurden. Mag sein, daß die Ausschreibungsbedingungen es so erforderlich machten. Dennoch bleibt etwas an dieser Angelegenheit bedenkenswert, nämlich die eigene Reaktion: Schadenfreude. Da ist jemand bei einem Täuschungsgeschäft erwischt worden! Doch worin eigentlich besteht die Täuschung? Solange die Autorin glaubhaft versichern kann, daß sie ihr Buch mit dem schönen Titel »Märchen der irischen Intelligenzia« selbst verfaßt hat, ist die Auszeichnung doch eigentlich zu Recht an sie gegangen. Schließlich – so sollte man jedenfalls denken – wird mit einem Literaturpreis ein Werk gewürdigt, nicht Aussehen oder Herkunft des Verfassers oder der Verfasserin.

Damit sind wir mitten in einer Diskussion, die immer wieder die Gemüter bewegt: Interessieren wir uns nicht zu sehr für das Nebenbei der Literatur und zu wenig für die Literatur selbst? Verlieren wir nicht das Eigentliche, das Werk, aus den Augen, während wir unser Augenmerk und unseren Eifer immer stärker auf die Umstände richten, unter denen es entstanden ist, auf die Person des Urhebers, auf Erfolg und Mißerfolg? Kurzum: Ist die Literatur nur noch Anlaß, ja geradezu Vorwand, um über alles mögliche, nur eben nicht die Literatur zu reden?

Seit 1990 bei uns George Steiners Schrift »Von realer Gegenwart« erschienen ist, geht ein Gespenst um im deutschen Blätterwald: die Bezichtigung des Sekundären – und somit die Selbstbezichtigung. Beeindruckt zeigten sich vor allem Feuilletonisten von Steiners strengen Thesen, etwa dieser: »Die große Masse literarisch-journalistischer Arbeiten und Rezensionen, literarisch-kritischer Essays, das Gros an Kunst- und Musikkritik ist völlig ephemer. Es modert schon am Morgen danach und fällt der Vergessenheit anheim.« Fasziniert lauschten sie Steiners Traum von einer Republik, aus der alle Rezensenten und Kritiker verbannt sein würden, in der nur noch die Kunst und die Künstler das Sagen hätten. Verzichtet werden soll in dieser phantastischen, von Steiner phantasierten Welt auf alle Metatexte, also »auf Texte über Texte (oder Gemälde oder Musik), auf akademisches, journalistisches oder akademisch-journalistisches [...] Gespräch über Ästhetik«.

Noch bevor dieses bissige Buch in Deutschland herauskam, machte sich einer unserer wichtigsten Autoren, Botho Strauß, zu seinem Fürsprecher. In der »Zeit« erschien sein Essay »Der Aufstand gegen die sekundäre Welt«, der dann – als Nachwort – der deutschen Ausgabe von Steiners Schrift beigegeben wurde und mittlerweile auch in dem Strauß-Essayband »Der Aufstand gegen die sekundäre Welt« (1999) enthalten ist. Strauß sieht in unserer Gesellschaft eine »umfassende Mentalität des Sekundären« walten, die tief eingedrungen sei in die Literatur.

Sollen wir also auf das ganze Theater verzichten und

die Kunst endlich sich selbst überlassen? Sollen wir ihren Weg zum Empfänger nicht länger mit unseren Kommentaren befrachten und unseren Analysen stören? Schluß mit all dem Gerede über Literatur? Keine journalistische Begleitmusik mehr, keine Interviews, Gespräche oder Rezensionen, keine Diskussionsrunden und Symposien? Schluß mit allen »sekundären Diskursen«?

In einem Punkt täuscht sich Strauß: mit seiner Behauptung nämlich, daß den Thesen Steiners »gegenwärtig noch die Seminare und Redaktionen in Reih und Glied entgegenstehen«. Wie gesagt, Redakteure und Literaturwissenschaftler nehmen sich dieser Thesen geradezu wollüstig an. Ja, es fällt auf, daß gerade sie, die sich doch bedroht und getroffen fühlen müßten, zur Verbreitung dieser Thesen nur zu gern beitragen. Kaum war das Buch »Von realer Gegenwart« auf dem Markt, erschienen in allen größeren Zeitungen ausführliche Besprechungen. Steiners Kritik am Kunst- und Literaturbetrieb hält zumindest etwas in Bewegung – diesen Betrieb. Der hat nun endlich Grund und Anlaß, über sich selbst zu diskutieren. Mancher wird meinen, das sei ihm ohnehin das liebste.

Vielleicht geht es ihm, geht es uns zu gut? Die Literaturteile und -beilagen der Zeitungen sind umfangreich, es gibt (auch wenn die Auflagen nicht riesig sind) eine Menge hervorragender Literaturzeitschriften, in kaum einem anderen Land der Welt wird fremdsprachige Literatur so intensiv wahrgenommen wie bei uns. Es gibt Literaturtage, Literaturwochen, Literaturhäuser, Literaturtelefone und viele, viele Literaturpreise. Die Dichtkunst wird gefördert, bezuschußt, beredet und diskutiert wie nie zuvor.

Aber gibt es diese Kunst überhaupt noch? Oder droht sie uns, bei all dem Aufwand, den wir mit ihr treiben, schlichtweg verlorenzugehen? Wirkt das Klima der Erwartung, der Förderungsbereitschaft, der Wahrnehmungs-

und Debattierlust möglicherweise lähmend auf die Literatur zurück? Meine Hoffnung bleibt, daß ein wahrer Schriftsteller seinen Weg unabhängig von Markt und Medien geht, unbeeindruckt, unbeeinflußt, unbehelligt. Aber es mag sein, daß das naiv ist. Zu den Entstehungsbedingungen von Kunst gehört längst auch das hektische Erwartungsfieber von Publikum und Kritik. Dieses Klima der Aufnahmebereitschaft, um es freundlicher auszudrücken, führt gewiß dazu, daß sich Dichterzirkel, Schulen, Gruppen nicht mehr bilden: Der Zusammenschluß von Autoren setzt ja eine feindselige Umgebung voraus, gegen die man sich stemmt und einander gegenseitig zum Widerstand ermutigt.

Noch die – von heute her gesehen – übermächtige und vieles an den Rand drängende Gruppe 47 war ein Literatenverbund, der in den fünfziger und sechziger Jahren gegen viel Unverständnis, Borniertheit und Kleingeisterei anzurennen hatte. Daß einige Exponenten, die mit dieser Gruppe groß geworden sind, inzwischen ihrerseits der nachfolgenden Literatur gegenüber borniert auftreten, steht auf einem anderen Blatt.

Ich habe nie viel von der Behauptung gehalten, daß die Menge an Literaturpreisen, Stadtschreiberämtern und Stipendien die Schuld daran trägt, daß wir angeblich keine bedeutsame Literatur haben. Ich finde auch: Das steht einem Kritiker, der durch die Beschäftigung mit Literatur sein Auskommen findet, nicht zu. Freilich ist leicht einzusehen, daß noch so große Budgets die gewünschte Literatur nicht aus dem Boden stampfen können.

Daß auch Kritiker gelegentlich eitel sind, daß sie gern im Fernsehen auftreten oder auf Literaturseminaren schöne Reden halten, steht außer Frage. Bedenklich wird es dann, wenn das Gerede über die Literatur und ihre Akteure die Literatur selbst vernachlässigt. Man kann verzweifeln, wenn man an eine Aktion wie die des »Stern«

denkt, der mit dem Teleobjektiv Jagd ausgerechnet auf Patrick Süskind machte, den stillsten unter den zurückgezogen lebenden Schriftstellern unserer Tage. Aber ist das denn Teil des Gesprächs über Literatur? Das sind unangenehme Auswüchse, leidige Begleiterscheinungen.

Es gibt in Zeitungen und Zeitschriften immer noch genügend Platz für literarische Essays, die diesen Namen verdienen. Und sind nicht sogar manche Rezensionen, gedruckt oder gesendet, kleine Mosaiksteine einer kontinuierlichen ästhetischen Debatte, ohne unter diesem Namen aufzutreten? Daß die klassische Buchkritik allseits verachtet und ersetzt werde durch eine, wie zu lesen war, »tangentiale Schleimspur, die das Private öffentlich macht«, scheint mir derzeit noch eine arg übertriebene Behauptung zu sein.

Darf der Kritiker aber den Dialog mit dem Autor selber suchen? Ist es statthaft, mit dem Urheber über dessen Werk zu plaudern? Viele meiner Kollegen schlagen beim bloßen Gedanken daran entsetzt die Hände über dem Kopf zusammen. Bloß keine falsche Nähe! Keine Verbrüderung! Ich denke da weniger puristisch. Ich halte das Gespräch mit dem Künstler in vielen Fällen für sinnvoll, bisweilen geradezu für unentbehrlich. Gewiß ist die Vorstellung sonderbar, ein Kritiker, der mit seiner Rezension nicht vorankommt, könnte beim Schriftsteller anrufen und sich eine Passage des zu besprechenden Buches deuten lassen. Auch könnte es einen Kritiker allzu milde stimmen, wenn er bei Theaterproben und den dort geführten Diskussionen anwesend ist, wenn er also den Weg der mühsamen Entscheidungen bis hin zum künstlerischen Endprodukt verfolgt. Er wird dann womöglich zu leicht die Notwendigkeit bestimmter Kompromisse einsehen oder das Scheitern des doch ursprünglich groß gewollten Theatereignisses bemänteln.

Nicht die gute Absicht, sondern nur das fertige Produkt zählt und ist Gegenstand der Kritik. Aber es gibt schließlich noch andere Formen der Kulturberichterstattung. Der Journalist ist nicht nur Kritiker, er ist auch Reporter, Porträtist, bestenfalls – im bescheidensten Sinne – Erzähler. Und in dieser Eigenschaft kann und sollte er mit Künstlern sprechen, sie befragen und zu Formulierungen anregen, zu denen es ohne die Begegnung gerade dieser zwei Persönlichkeiten und Temperamente vielleicht nie gekommen wäre. Ich spreche nicht vom landläufigen Kurzinterview, sondern von einer echten Begegnung – sie kann ergiebiger sein als die zehnte und elfte Rezension über das neue Buch des betreffenden Schriftstellers.

Natürlich wissen wir alle, daß der Urheber nicht der beste Interpret seiner Schöpfung sein muß. Das heißt aber noch lange nicht, daß der Künstler dem Kritiker bei der Analyse des eigenen Werks stets unterlegen wäre. Daß der Theoretiker in jedem Fall den besseren Blick und Überblick hat, ist eine fromme Lüge. Und mancher scheut vielleicht auch nur die Begegnung aus Angst vor der Blamage.

Die Kritik ist unersetzlich, gewiß. Das Werk steht im Mittelpunkt, gut. Aber es wird erlaubt sein, sich außerdem für Fragen der künstlerischen Kreativität, für produktionsästhetische Belange zu interessieren. Das Mißverständnis des Nur-Kritikers: Er unterstellt, daß jemand, der der Psychologie des künstlerischen Prozesses Beachtung schenkt, sich tiefere Kenntnisse über das Wesen der Kunst anmaßt. Vielleicht ist er nur auf etwas anderes neugierig? Natürlich ist die Haltung eines Kritikers zu respektieren, der sich von allem fernhält, vom Austausch mit Verlegern, Lektoren und Schriftstellern, der sich aus allem heraushält und nur in seiner Klause sitzt, von Büchern umgeben, den aktuellen Marktnotierungen und Aufgeregtheiten des Betriebs gleich weit entrückt.

Doch das ist bloß ein schöner Traum. Wer den Betrieb lange genug kennt, wer nicht jedem Fest fernbleibt, nicht jedem Veranstaltungsabend im örtlichen Literaturhaus ausweicht, sich nicht jedem Telefongespräch mit Kollegen entzieht, der weiß, daß es in dieser relativ kleinen Welt des Literarischen, dort, wo sie raunt und redet, unweigerlich auch zu Bekanntschaften und Freundschaften kommt. Nicht jeder Hinweis eines Lektors auf ein demnächst erscheinendes Buch, nicht jede Empfehlung eines Verlagssprechers muß reine Propaganda sein. Und wäre der Eremit in seiner Klause tatsächlich in jedem Fall der bessere – also der informiertere, gerechtere, kritischere – Kopf für die Wahrnehmung eines Romans oder Gedichtbands?

Peter Bichsel war es, der 1982 in seiner Poetikvorlesung die Behauptung aufstellte: »Es gibt bestimmt auf dieser Welt Wichtigeres zu tun, als über Literatur zu schwatzen. Man kann es höchstens trotzdem tun.« Derlei kann wohl nur ein Schriftsteller sagen. Tatsächlich verhält es sich doch umgekehrt: Man kann über alles schwatzen, aber nicht so einfach über Literatur. Wann immer wir über Möglichkeiten des Erzählens reden, über das literarische Sprechen, nähern wir uns der Frage, warum wir überhaupt reden und was das eigentlich ist, das in unserer Rede und unserem Gerede vorkommt, was sich in unseren Gedanken und inneren Monologen abspielt. Oder wie es Bichsel auf den Punkt gebracht hat: »Daß es das Erzählen gibt, daß es uns vordemonstriert wird, das läßt uns unsere eigenen Geschichten herstellen.«

Dennoch: braucht der Leser den Kommentar, den Text *über* den Text? Was jeder von uns benötigt, denke ich, sind Hinweise. Wer ein Werk findet, ist Hinweisen nachgegangen. Ich meine das im einfachsten Sinn. Es muß keine großartige Studie, keine gewaltige Interpretation sein: ein Nebensatz, eine Fußnote genügen manchmal auch. Oder die mündliche Empfehlung, die Erinnerung an das Buch, das der Großvater vorgelesen hat, der Tip einer Buchhändlerin, ein Platz auf der Bestseller- oder Bestenliste, sogar eine Anzeige in der Zeitung. Auf dem Weg eines Buches zum Leser sind Kritik, Kommentar und Porträt nur Wegweiser unter anderen – und nicht einmal die effektivsten.

Nur das Werk zählt. Aber das Werk pur und nackt gibt es nicht. Vor jeder Begegnung ist es schon bekleidet, sonst würden wir es nicht finden. Ohne Raster, ohne noch so vage Vorinformation keine Begegnung – es sei denn, man läßt nach Art des Bibelstechens den Zufall walten und greift blind in eine unbekannte Bibliothek oder ins Internet.

George Steiners Idee von einem Staat, in dem die Kunst dem Empfänger rein und unbelastet von Para- und Metatext begegnet, ist das pure Hirngespinst. Die Provokation dieser Idee liegt in der Radikalität und im Zeitpunkt ihrer Veröffentlichung – angesichts der großen Unüberschaubarkeit, des riesigen Angebots, der grenzenlosen Verfügbarkeit kultureller Ereignisse und Erscheinungen. Leicht nachvollziehbar ist Steiners Entsetzen darüber, daß das Kommentieren niemals zu einem Ende kommt. In den »Welten des interpretatorischen und kritischen Diskurses«, klagt er, zeuge ein Buch das andere, bringe ein Essay den anderen hervor, setze ein Artikel den nächsten in die Welt. Ja, so ist es. Und wer kennt angesichts dieser Flut nicht auch das Bedürfnis nach Eindämmung, nach einer neuen strengen Ordnung des Geschriebenen, kurz: nach Reduktion all der Komplexität?

Der Germanist Gerhard Kaiser hat in einem Diskussionsbeitrag Steiner entgegengehalten, daß kein apokalyptischer Fanfarenton »dem Gerede und dem enervierenden Wechsel der intellektuellen und literarischen Moden« beikomme. Er vertraue statt dessen darauf, »daß unter dieser Geräuschdecke die unendliche, beharrliche und intensive Arbeit der hermeneutischen Auslegung weitergeht und ihre Chance behält – zugunsten der Werke, die im Neigungswinkel immer neuer historischer und individueller Erfahrungen immer neue Facetten und Durchblicke darbieten«.

Jedes Gespräch über Literatur ist ein Tasten, ein erster Schritt, ein Vorschlag, selbst der verstiegenste Monolog ein Angebot zum Dialog, zur Erwiderung und Revision. Peter Bichsel fragte sich in seiner Poetik-Vorlesung, was er mit auf jene berühmte einsame Insel mitnehmen würde, die Bibel vielleicht oder einen »Blindband zum Schreiben«? Seine Antwort: »Beides liegt mir nicht fern, aber ich würde auf jene Insel kein einziges Buch mitnehmen, denn ohne tägliche menschliche Kommunikation hört beides auf, das Lesen und das Schreiben. Ich muß zum mindesten mitteilen können, *daß* ich gelesen habe.«

Nur so kann ein Kritiker überhaupt den Mut aufbringen, ohne Netz und doppelten Boden seine Ansicht und Analyse als Rezension in die Zeitung zu bringen. Daß ihm dabei manches verschlossen bleibt, ist der Preis: Dem Zeitgenossen kann das ganz Fremde, das ganz Andersartige kaum auf Anhieb vertraut sein, sonst wäre es eben nicht wirklich fremd und anders. Wenn er achtsam ist, wird der Kritiker die Qualität des ihm Unzugänglichen zumindest umschreiben können.

Das Kommentieren kommt an kein Ende, weil der Kommentar zu einem literarischen Text niemals erschöpfend sein kann. Jede Annäherung enthüllt neue Geheimnisse. Oder wie es der französische Philosoph Jean-François Lyotard erlesen formuliert hat (für schöne Formulierungen sind französische Philosophen immer gut): »Der Kommentar des schönen Werkes wiederholt in und an sich die Geste der überflutenden Fülle, die dem Werk innewohnt.«

Die Klage darüber, daß wir von einem Buch ins andere gießen, wie schon Laurence Sterne gesagt hat, ist ja nicht ganz neu. Sie reicht von Montaigne über Heidegger bis zu Susan Sontag, die in den sechziger Jahren »Gegen Interpretation« (so der Titel eines Aufsatzes) auftrat und sie, die Interpretation, die »Rache des Intellekts an der Kunst« nannte. Was die amerikanische Autorin damals schrieb, könnte so auch bei George Steiner stehen: »Die Welt, unsere Welt, ist leer und verarmt genug. Weg mit all ihren Duplikaten, bis wir wieder unmittelbarer erfassen, was wir haben.«

Es bleibt die Frage, warum das Buch »Von realer Gegenwart« derart viel Interesse gefunden hat. Eine erste Antwort: Viele von uns, gerade die Interpreten, haben das bedrohliche Gefühl (und finden es in dieser Schrift bekräftigt), daß die Zeit der Kunst abläuft, daß nur noch Epiloge von Erben und Epigonen zu erwarten sind. So viele Auf- und Überbauten – und das Fundament wankt? Zwar tröstet Steiner mit der Möglichkeit, daß Epiloge, daß Nachworte auch Vorworte und Neuanfänge sein können, aber die Grundbefindlichkeit des Buches ist doch ein Gefühl des Abschieds: Es lohnt nicht mehr, so wird suggeriert, sich auf all die dekonstruktivistischen Manöver der Interpreten einzulassen, vielleicht nicht einmal mehr auf die allerneuesten literarischen Texte.

Das ist nun auch das Stichwort, das Strauß aufgreift: Steiner erlebe und reflektiere »wie wir alle« den Rest, »die zweite, die wahrhaft sekundäre Hälfte: die Epoche ›nach dem Wort‹, den Epilog«. Und doch überrascht am Ende die feurige Parteinahme für Steiner, denn zu offensichtlich findet derjenige, für den Strauß sich da einsetzt, weder Zugang zur Moderne noch gar zur Post- und Nachmoderne. Steiner kann, wie Reinhard Baumgart in einer Kritik angemerkt hat, nur mit solchen Werken etwas anfangen, »die bruchlos, endgültig, selig in sich selbst ruhend, keine Offenheit und erst recht keine Leerstellen oder Fehler kennen oder riskieren, in denen jedes Detail stimmig in Bezug zum Ganzen steht, unveränderbar und also auch unkritisierbar scheint«.

Die Trennung zwischen Werk und Notiz, zwischen dem Öffentlichen und Privaten, ist nicht mehr so deutlich und einsichtig wie ehedem. Es gibt Literaturtheoretiker wie Klaus Theweleit, die die Ansicht vertreten, der Begriff des Intimen sei, wenn nicht verschwunden, so doch unbrauchbar geworden für den Umgang mit Literatur, seit es die Tagebücher Kafkas und dessen Briefe an Felice zu lesen gibt. Und Rüdiger Safranski wiederum, ein Interpret Theweleits, nimmt dessen Schriften zum Anlaß, um zu demonstrieren, »wo ernstzunehmende Literatur heute vor allem entsteht: in jenem Grenzbereich zwischen literarischem und diskursivem Schreiben«.

Notiz und Notat, Skizze und Tagebuch, Entwurf und Fragment sind akzeptierte Schreibformen. Und in dieser Praxis der Schrift treffen sich eben doch bisweilen die Primärproduzenten mit den Sekundärschreibern, die im emphatischen Verstande Schöpfenden mit den, wie Steiner sagt, »Parasitären«. Freilich: Es gibt die Schriftsteller, und es gibt jene, die über sie und ihre Werke schreiben. Steiner ist grundsätzlich darin zuzustimmen, »daß das Gedicht, das Gemälde, die Sonate gegenüber dem Akt der Rezeption, des Kommentars, der Wertung Priorität hat«.

Doch das Gespräch über Literatur betreiben heute ja nicht allein die Interpreten und Theoretiker, sondern auch die Schriftsteller selbst nehmen daran teil. Die von Steiner beklagte »Vorherrschaft des Sekundären und Parasitären« würde also auch sie und ihre »Geschichten des Bleistifts« (Peter Handke) treffen. Kunst ist in weiten Bereichen ein Sprechen über und mit sich selbst. Das muß man nicht mögen, aber man kann nicht so tun, als gäbe es irgendwo eine Hintertür, durch die hindurch man zu einer neuen Unmittelbarkeit geführt wird. Das alles ist auch ein großes, ernstes Spiel, ein Spiel mit verschiedenen Ebenen, mit Täuschungen und Anverwandlungen.

Und jene unglückliche Autorin aus Irland hat genau gewußt, wie sie die Erwartungen von Jury und Publikum treffen konnte: Allein für ihre gelungene Metafiktion hätte sie im Grunde den Preis verdient.

Auch dieser Text geht ursprünglich auf einen Vortrag zurück: auf die Eröffnungsrede der »Literaturdialoge« in Wolfenbüttel im November 1991. Hier erscheint er in gestraffter Form. Das Kürzen und Überarbeiten von Redebeiträgen für eine spätere Veröffentlichung ist ein übliches Verfahren; es liegt im Ermessen des Autors, ob er dabei den Vortragscharakter beibehalten bzw. hervorheben möchte oder nicht.

Die Person des Autors

Plädoyer für das Gespräch

Es ist ein altes Spiel. Einer schreibt Bücher, Romane, Erzählungen, Gedichte – und ein anderer kommt und nimmt sich das Recht heraus zu fragen: Warum haben Sie das getan? Was haben Sie sich dabei gedacht? Wer sind Sie eigentlich? Haben Sie das alles erfunden? Das Spiel kam mit Goethe und Eckermann in Mode, so richtig zur Entfaltung allerdings erst im 20. Jahrhundert, dem Jahrhundert der Tests und Fragebogen, der Psychoanalyse und Ideologiekritik – und des Tonbandgeräts.

Zu diesem Spiel gehört, daß die Schriftsteller es angeblich nicht mögen. Thomas Mann behauptete von sich, eine »ausgesprochene Abneigung« gegen Interviews zu hegen, er habe es sich zur Regel gemacht, »Interviews für Zeitungen zu unterlassen«. Kein Wort davon ist wahr. Thomas Mann war in seiner Zeit einer der am häufigsten Befragten, immer wieder kamen die »Ausfrager« – und er ließ sie vor. »Im ganzen ist es so«, schrieb er 1934 in einem Brief, »daß ich die ausfragenden Journalisten enttäuscht habe, indem ich ihnen nicht sagte, was sie gern hören wollten, – und daß sie dann mit dem, was ich gesagt habe, soweit sie irgend konnten, das gemacht haben, was sie gern gehört hätten.«

Tun die Schriftsteller gut daran, sich auf dieses Spiel einzulassen? Wie Thomas Mann sind die meisten zeitgenössischen Schriftsteller dazu bereit – wenn auch immer wieder mit Vorbehalten und Einschränkungen. John Updike hat einmal im Vorwort zu einer Sammlung mit Interviews der »Paris Review« von der Befürchtung gesprochen, daß die mehr oder weniger unkonzentriert auf ein Tonband gesprochenen Worte eines Schriftstellers als Ersatz für das gelten könnten, »was er oder sie mit so viel Mühe und Liebe und Hoffnung auf Unsterblichkeit niedergeschrieben und zum Druck gegeben hat«. Schriftsteller nähmen Worte ernst, sagt Updike. Und sie würden sich hinter ihnen verbergen: »Der Schriftsteller, sogar der Lyriker, schlüpft, wenn er an seinem Pult sitzt und den Stift ergreift, in eine Verkleidung, die ihn frei macht zu sprechen. Unser Appetit auf Interviews rührt zum Teil von der Hoffnung her, daß die Verkleidungen fallen und die mühsam aufgebaute Schriftstellerperson weggestoßen wird – und daß die ›reale‹ Person so schändlich enthüllt dasteht wie die formlose Schnecke ohne ihr wohlgestaltes Schneckenhaus.«

Doch: Nicht nur die literarischen Texte sind Versteckspiele und Inszenierungen, sondern auch die Entwürfe von der eigenen Person sind nichts als Andeutungen, Verkleidungen, Spiegelungen. Schriftsteller, und nicht nur sie, schirmen sich ab; sie erfinden, um sich zu tarnen. Sie erfinden auch sich selbst. »Jeder Mensch«, heißt der berühmte, immer wieder variierte Satz von Max Frisch, »erfindet sich eine Geschichte, die er dann, oft unter gewaltigen Opfern, für sein Leben hält.«

Alles vergeblich also? Sinnlos die Beschäftigung mit dem, was die Dichter über sich erzählen? Ganz und gar nicht. Literatur setzt sich hier auf eine andere Art fort. »Entblößung und Verbergung gleich extrem«, lautet die Maxime, die Martin Walser an seine Figur Meßmer delegiert hat. Entblößen und Verbergen – dieses Spiel, ein endloses Spiel, kann nur dem müßig vorkommen, der Literatur als ein geschlossenes System ansieht.

Es ist ein altes Spiel, und auch die alten Fragen sind immer wieder zu stellen: Ist ein Stück Literatur autobiographisch gefärbt? Was ist Wirklichkeit, was Fiktion?

Ja, es scheinen gerade die einfachen Fragen zu sein, die, richtig gestellt, zu den interessanten Antworten führen, zu Ausflüchten und Aggressionen. Wie verändert sich einer, der sein Leben schreibend zubringt? Wie geht das konkret vor sich, Tag für Tag? Welches Verhältnis hat man zu dem, was da geschrieben steht? Wie funktioniert das alles? Wie hält man das aus? Woher holt man die Kraft und den Stoff und die Lust? Porträts sind Erzählungen über Schriftsteller, freilich so verläßlich wie möglich dokumentiert, am besten mit dem Tonbandgerät. Sie folgen keiner vorgefaßten Strategie, haben keine übergeordnete Methode – es sei denn die Maxime, den anderen seine Geschichte erzählen zu lassen. Die Fragen im vorbereitenden Gespräch dienen lediglich als Anstoß, dann wieder zum Insistieren und Intervenieren. Deshalb sind sie in guten Porträts nur selten wiedergegeben. Sie haben, nachdem der Befragte den Faden aufgenommen hat, ihre Schuldigkeit getan.

Porträts sind künstliche Arrangements: allein schon durch die Mischung aus Referat und Zitat, auch durch das Einbeziehen von Zitaten aus anderen Quellen, etwa aus Büchern der Autoren, aus Vorträgen und Essays.

Was ist wahr, was Legende? Wer immer sich der Biographie einer anderen Person nähert, muß sich diese Frage stellen – auch und gerade, wenn er sich dabei vornehmlich auf Selbstäußerungen des Porträtierten stützt. Arnold Zweig wollte einst ausgerechnet über den Fachmann in Fragen der Verdrängung, Verleugnung und Abwehr, über Sigmund Freud, eine Biographie schreiben. Aus Wien erhielt er im Jahr 1936 eine unverhohlene, wenn auch freundliche Abfuhr. »Nein«, schrieb Freud, »ich liebe Sie viel zu sehr, um solches zu gestatten. Wer Biograph wird, verpflichtet sich zur Lüge, zur Verheimlichung, Heuchelei, Schönfärberei und selbst zur Verhehlung seines Unverständnisses, denn die biographische Wahrheit ist nicht zu haben, und wenn man sie hätte, wäre sie nicht zu brauchen.« Nein, die Wahrheit ist nicht zu haben. Für den nicht, der – autobiographisch – über sich spricht, für den nicht, der sich – biographisch – von außen nähert, für beide nicht, wenn sie sich auf eine Begegnung einlassen.

Der Schriftsteller bleibt ein Rätsel, vielleicht auch sich selbst. »Man sucht den Autor«, hat Joyce Carol Oates einmal notiert, »und findet – natürlich – einen Fremden.« Wo also steckt er, der Autor? Ist der Schreibende mehr oder weniger als die Person, die da vor einem sitzt und erzählt? Schreiben ist ein nie ganz aufzuklärendes, geheimnisvolles, ein hartes Geschäft. Nur so rechtfertigt sich die Aufmerksamkeit, die wir den Schriftstellern widmen: wenn sie sich verausgaben in einem peinigenden Kampf, der zumeist ein Leben lang anhält. Denn Schreiben, so verstanden, ist eine andere Art des Lebens. Sie manifestiert sich, wie jedes Leben, aber hier um so vieles deutlicher und exemplarischer, in Erfindungen, in Geschichten, in Bildern – »anders bekommen wir unsere Erlebnismuster nicht zu Gesicht« (Max Frisch).

Romane, Erzählungen, Gedichte, Theaterstücke: alles erfunden. Die Geschichten, die Schriftsteller über sich erzählen: ebenso? Erfindung und Selbsterfindung: ein altes Spiel – auch im Porträt. Alles erfunden? Nein, natürlich nicht. Nicht alles.

Gekürzte Fassung eines Vorworts zu einer Sammlung von Schriftstellerporträts. Wenn Autoren bzw. Herausgeber eigene oder fremde Texte für eine Publikation zusammenstellen, sollten die Prinzipien der Auswahl begründet und einige grundsätzliche Überlegungen zum Stoff oder Genre angestellt werden.

All die schönen Stellen

Anmerkungen zu Ordnung und Überfluß

»Seinem Werk muß der Schriftsteller eine Ordnung geben, nicht der Welt, die ihn umgibt.«

André Gide

Über Einzelheiten des Handwerks redet man unter Kollegen selten. Ich weiß also nicht, wie es anderen Kritikern ergeht, wenn sie ein Buch zu lesen beginnen: Erst einmal auf sich wirken lassen? Oder sich gleich Notizen und Gedanken machen?

Ich gehöre zu jenen, die schon bei der ersten Lektüre Stellen anstreichen, Anmerkungen an den oberen oder unteren Rand der Seiten notieren. Da stehen dann unzitierbare Gefühlsausbrüche wie »Grausam!«, »Das darf doch nicht wahr sein«, »Bescheuerte Dialoge«, oder aber: »Toll!«, »Sie kann das einfach«, »Herrlich, diese Szene«, »Endlich traut er sich«. Irgendwann habe ich, noch als Student, damit begonnen, in den Büchern – oder den Lese-Exemplaren – regelrechte Register anzulegen (meist auf einer leeren Seite am Schluß): zu einzelnen Romanfiguren, zu Motiven, Schauplätzen, zur Chronik der Ereignisse, alles mit Seitenangabe.

Daraus hat sich im Laufe der Jahrzehnte ein System entwickelt. Es gibt Kürzel, Symbole (etwa für Stellen, die mich erheitern), Ausrufungszeichen, Kreuze, bestimmte Versalien für Perspektivwechsel, für Anschlußfehler, stilistische Schnitzer – oder ein umkringeltes »zit!« für Sätze, die in der Rezension zitiert werden sollen, weil sie besonders gut den Ton des betreffenden Buches verdeutlichen. Und es gibt natürlich die sorgfältigen Unterstreichungen jener Formulierungen, die mir besonders treffend, klug, einleuchtend erscheinen, von Sätzen, die vielleicht nur mir gefallen, die zu eigenen Gedanken und Erfahrungen passen.

Wenn sich während des Lesens herausstellt, daß ich über den Roman oder den Erzählungsband am Ende gar nichts schreiben möchte, dann verschwinden meine Hervorhebungen und vorlauten Bemerkungen mitsamt dem Exemplar im Buchregal oder im Keller (jedenfalls nicht in einer Kiste für den Weihnachtsbasar, denn es wäre mir unangenehm, nähme jemand ein Exemplar mitsamt Anstreichungen mit, die gewissermaßen einen intimen Dialog zwischen Buch und Leser darstellen).

Im anderen Fall mache ich mir Notizen auf einem Extrablatt, schreibe jene Zitate heraus (zumindest in Kurzfassung oder mit Stichwörtern), die ich vielleicht verwenden könnte.

Besser als ein loses Blatt Papier eignet sich für diese Exzerpte natürlich ein Schreibheft, in dem diese Funde bewahrt werden – falls man später noch einmal zu dem rezensierten Buch zurückkehren oder es in einem anderen Zusammenhang zitieren möchte. Diese Hefte sind wie ein Speicher von Ideen und Zitaten, die man verwendet oder eben nicht verwendet hat.

Inzwischen schreibe ich meine Exzerpte nicht mehr per Hand in irgendwelche Schreibhefte, sondern lege im Computer ein entsprechendes Dokument an. So entsteht im Laufe der Jahre eine Zitatsammlung, die vor sich hin dämmert und kaum noch zu überblicken ist. In den Schreibheften ließ sich blättern, gab es Zufallsfunde – nun entschwindet alles im großen digitalen Speicher.

Man kann ins Staunen geraten, wie viele Zitate doch im Laufe eines Kritikerlebens herausgeschrieben und niemals genutzt werden. Eine Sammlung dieser Stellen müßte eine merkwürdige Anthologie ergeben: »Was ich nie zitiert habe«. Einmal aber habe ich mir das Vergnügen gemacht, ein wenig in den alten Schreibheften zu blättern, einige digitale Dokumente aufzurufen – und nach Stellen zu suchen, die ich gern einmal irgendwo eingebaut hätte. Aber es zeigt sich schnell: das wäre ein bizarres Potpourri, ohne jedes System, ausufernd und ganz sinnlos. Und schon Laurence Stern hat in seinem »Tristram Shandy« davor gewarnt, Bücher zu machen, »wie die Apotheker neue Mixturen machen, indem wir aus einem Gefäß ins andere gießen«.

Natürlich könnte man ordnen und gruppieren. Äußerungen über das Schreiben etwa gibt es zuhauf in diesen Exzerpten, Zitate, die sich irgendwann einmal als nutzbar erweisen könnten, wie: »Heute geht das Kauen von Vorgekautem durch alle Mäuler. Vor allem bei den Jungen, den frischen Talenten. Sie suchen den schnellen Erfolg und gehorchen bereitwillig dem öden Ruf nach Leichtigkeit in der deutschen Literatur.« (Botho Strauß, »Die Unbeholfenen«)

Oder: »Es liegt einfach in der Natur eines Romanschriftstellers, Privatleben öffentlich zu machen.« (Philip Roth, »Mein Leben als Mann«)

Manchmal erinnere ich mich weder daran, warum ich ein Zitat eigentlich notiert habe, noch, in welchem Zusammenhang es in dem Roman steht: »Andreas fragte sich, was sie hier suchte. Er war fast doppelt so alt wie sie, und er konnte sich nicht vorstellen, was sie daran fand, einem kranken Mann Tee zu kochen und kindische Geschichten vorzulesen.« (Peter Stamm, »An einem Tag wie diesem«) Was habe ich mir bloß dabei gedacht?

Immer ein Thema: Liebes- und Eheleben. Damit könnte man Bände füllen, und im besten Fall stehen diese kleinen Auszüge für sich wie kleine Miniaturgeschichten: »In sentimentaler Erinnerung an jene gemeinsam erlebten Offenbarungen damals, als das gemeinsame Erleben in einer Ehe für sie beide neu gewesen war, stiehlt sich Jacks Hand im Kino auch heute noch manchmal zu Beth hinüber, findet auf ihrem Schoß ihre leicht aufgedunsene, heiße Hand und hält sie fest, während die Explosionen irgendeines viel späteren, auf simplere Erwartungen hin kalkulierten Reißers ihre Gesichter überfluten und die unverfrorenen Grobheiten und eiskalt berechneten Schocks in dessen kindischem Script ihr Alter verhöhnen.« (John Updike, »Terrorist«)

Und so könnte es gerade weitergehen mit dem Thema Alter: »Dieses Gefühl, schneller zu werden, leichter zu werden, braucht er. Das ist seine Aufwärts-Illusion. Der Gipfelstürmer-Wahn. Mehr Kräfte haben, als er hat. Das ist doch sein Prinzip. Es muß sich übertreffen. Das ist sein Genuß.« (Martin Walser, »Angstblüte«)

Aber genug. Da liegen noch viele ungehobene Schätze. All die schönen Stellen, die noch nicht zitierten Zitate: Mögen sie ruhen, bis ein anderer Zusammenhang sie irgendwann aufruft und erweckt – oder eben nicht.

Beitrag für eine Festschrift zum 60. Geburtstags des Literaturkritikers Martin Lüdke (2008).

Teil II
Formen der Kritik

Rezension

Die Buchkritik ist das Hauptgeschäft des Literaturkritikers und zugleich die Königsdisziplin. Sie erörtert Form und Inhalt genauso wie Stilfragen, und abhängig vom Platz, der zur Verfügung steht, trifft sie eine mehr oder weniger umfangreiche Wertung, vergleicht das Buch gegebenenfalls mit den Büchern anderer Autoren und ordnet es in den Werkkontext seines Verfassers ein. Hier zwei Formen: eine positive Kritik über einen Band mit Erzählungen und der Verriß eines Romans.

Im Reich der Sinne und der Wörter

Robert Gernhardts Erzählungssammlung »Kippfigur«

Hinter dem Titel seiner berühmten Serie von Bildgedichten »Hier spricht der Dichter« steckt eine gehörige Portion Wahrheit. Auch Robert Gernhardt selbst hat es wohl lange nicht gewußt. Jetzt, wo er sich den Fünfzig nähert (am 15. Dezember 1937 wurde er in Reval geboren), offenbart sich der Reichtum seines verwinkelten und verzweigten Talents. Die Bildgeschichten »Gernhardts Erzählungen« kamen 1983 in einem großen Band heraus, im Jahr danach ein Paperback »Letzte Ölung« mit ausgesuchten Satiren, 1985 dann die Sammlung »Hier spricht der Dichter«. Und es drängt ihn nicht nur zum Sammeln verstreuter Luststücke, sondern auch zum literarischen Neubeginn.

So ein Mann hat es bei uns natürlich nicht leicht. Was hat er in den heiligen Hallen der Literatur verloren? Gernhardt hat ja nicht nur bei »Pardon« und »Titanic« mitgearbeitet, sondern auch dem Spaßvogel Otto als Ghostwriter gedient – in einträchtiger Gemeinschaftsarbeit mit den Freunden von der selbsternannten »Neuen

Frankfurter Schule«. Er ist Maler, Cartoonist, Satiriker und Witzemacher. Kein Wunder, daß seine poetischen Anfänge in den späten siebziger Jahren – etwa »Die Blusen des Böhmen« – und frühen Achtzigern – »Wörtersee« – zwar ein Verkaufserfolg (beim »Zweitausendeins«-Versand) waren, literarkritisch jedoch kaum registriert wurden. Und auch der erste Roman, 1982 unter dem nicht eben bescheidenen Titel »Ich Ich Ich« vorgelegt, wurde noch vornehmlich mit dem Epitheton »witzig« gelobt und abgebucht – was ja nicht falsch, doch eben nur die halbe Wahrheit ist. Das Buch erweist sich auch als ein sehr ernstzunehmender Künstlerroman.

Seither sind von unserem Produktiven aus Frankfurt am Main (wo er seit 1964 lebt) noch ein Essayband »Glück Glanz Ruhm«, hier und dort einzelne Gedichte, ein Theaterstück »Die Toscana-Therapie« und nun der Band »Kippfigur« mit dreizehn Erzählungen erschienen.

Kippfigur: das ist eine Zeichnung, der je nach Laune des Auges mal das eine, mal das andere Bild zu entlokken ist, etwa: ein Kelch, der im nächsten Augenblick zu zwei Gesichtern changiert, die sich anschauen. Gernhardt spielt damit auf den Charakter seiner Geschichten an: Sie lassen sich allesamt von der heiteren Seite nehmen und können doch jäh ins Bodenlose wegkippen oder schleichend wegrutschen.

Ein Vorspiel im Himmel – wie es sich für ein deutsches Literaturwerk gehört: Gott und der Teufel sind in die Jahre gekommen. Gemütlich sitzen sie zusammen bei Cognac (der Teufel) und Rotwein (Gott) und blicken hinab auf die Erde. Was sehen Sie? Einen jungen Mann, der ein Mädchen begleitet. »Jetzt schau dir mal diese Ratte an!« sagt Gott, der dem jungen Mann Verführungsabsicht unterstellt. »Ratte? Nu na, nu na ...« beschwichtigt der Teufel: »Der ist doch eigentlich ganz nett.« Vielleicht wolle er dem Mädchen daheim nur einen Bildband von Hockney zeigen? Der Teufel ist es leid, den Menschen

Schlechtes nachzusagen. Aber wie es so kommt: Der liebe Gott behält recht.

Ein teuflisches Vorspiel, ein täuschendes Vorspiel. Denn tatsächlich ist es so komisch, daß sich mancher, dem sich Literatur nicht auf Lachen reimen darf, abwenden wird. Selbst schuld. Was in der »Kippfigur« vorgeführt wird, sind auch Erzählebenen, Erzählspiele, sind Verwirrspiele. Sanft wird der Leser hineingezogen in die unerträgliche Leichtigkeit des Scheins von Freundschaften und Liebe. Plötzlich findet man sich wieder in den Labyrinthen alltäglichster Aussichtslosigkeiten.

Ein Journalist braucht unbedingt bis zum Abend ein Zitat aus einem Buch der Marieluise Fleißer, findet den Band aber nicht in seiner Wohnung. Wohlgemut geht er zur nächsten Buchhandlung, Fehlanzeige, weiter zur zweiten, zur dritten. Dort immerhin ein Tip: nebenan in der Frauenbuchhandlung werde man den Titel gewiß haben. Da die Zeit knapp wird, rennt der Mann in den Laden, findet auch sofort das Buch, doch schon wird ihm bedeutet, schleunigst das Geschäft zu verlassen, das Frauen vorbehalten sei. Was macht einer in der Situation? Unser Kollege spricht draußen auf der Straße eine Dame an, erklärt ihr die Sache, drückt der Frau einen Zwanzigmarkschein in die Hand – vergebens: sie wird sofort enttarnt als »feile Handlangerin ausgefallener männlicher Buchwünsche«. Die nächste Frau sucht der Mann sich genau aus: »ein Mädchen in Root-Boots, Jeans und Schlabberpullover«. Ob sie es schafft, das Buch loszueisen?

Das genau wollen auch die Zuhörer in einer Freundesrunde wissen, denn dies ist eine Geschichte in der Geschichte (»Die Florestan-Fragmente«). Jeder gibt eine aufregende Episode zum besten. Natürlich weiß man, in welcher Tradition man steht: »Komm!« fordert man sich zum Weitererzählen auf, »wer B sagt, muß auch Occacio sagen!«

Robert Gernhardt ist ein reflektierter Erzähler. Er trägt

damit nur nicht dick auf. Doch versteht er es, seinen Erzählungen zumeist auch kleine poetologische Akzente zu geben. Mit postmoderner Grazie verfügt er über Tonlagen von Boccacio bis Milan Kundera, verfährt nach freizügiger Erzähllaune – kehrt jedoch immer wieder zum Alltagston, zum Gespräch zurück. Wie wir uns im Reden (über uns) unfreiwillig entblößen, das führt Gernhardt mit Liebe für Details und Gespür für Dialoge vor. Es werden bei ihm nicht nur Geschichten erzählt, sondern auch das Erzählen selber wird zur Geschichte.

Oder das Erinnern. Im dem Stück »Fahndung und Gegenwart« sitzt ein Mann im Intercity »Roland« und sinnt einem zweitägigen Abenteuer nach. Eine Frau – er nennt sie nur »die schöne Frau« – hat ihn überraschend selbstverständlich in ihr Bett gelassen. Was aber trägt er eigentlich nach Hause, während der Zug sich von der Stätte des Glücks entfernt? Und was ist seine Erinnerung wert, wenn er sie nicht mit der Erinnerung der Frau vergleichen kann? War überhaupt etwas? Und hat er das, was war, stärker im Besitz, wenn er es sich noch einmal innerlich vor Augen führt?

»Beim Paar, das sich auf dem schmalen Bett liebte, gab es Schwierigkeiten«, beginnt umstands- und erbarmungslos die Erzählung »Reich der Sinne, Welt der Wörter«, die gewagteste und gewaltigste des Bandes. Wie hier auf wenigen Seiten das Elend eines mißlingenden Liebesaktes erzählt, beschrieben und analysiert wird, dafür gibt es so leicht in der deutschen Literatur kein Beispiel. »Jedes Einanderanschauen ist eine Kraftprobe. Irgendwann schaut einer zuerst weg, im normalen Leben. Beim normalen Beischlaf schließt gewöhnlich einer zuerst die Augen. Damit bedeutet er dem anderen, daß er noch auf dem Weg ist und um das Ziel weiß. Mit solch einem einzigen Augenblick wird oft mehr gelogen als mit vielen Worten.« Das Paar gibt schließlich auf, für dieses Mal: Sie muß zurück zu ihrem Ehemann, der Liebhaber bringt sie zum Bus. Die Schlußszene zeigt, daß das erotische Mißlingen nur Teil eines größeren Mißverständnisses ist – nicht nur dieses Paares, sondern von Mann und Frau überhaupt.

Fröhlich sind Gernhardts Bilder aus unserem Liebesalltag nicht. Ein Mann wartet auf eine ehemalige Freundin, mit der er sich noch gelegentlich in einer Kneipe trifft. Sie bringt einen anderen mit, ohne daß unser Mann weiß, in welchem Verhältnis sie zu dem Unbekannten steht. Gegenseitiges Belauern: Um sicherzugehen, daß keiner als Sieger davongeht, verbrüdern sich die Männer. Einer ist Redakteur, einer Lektor – ein paar Worte hin und her, und man hat das gemeinsame Thema: Hitchcock. Wie die Frau mit feinen Seitenhieben, falschen, aber männlich-wacker aufgestellten Behauptungen langsam aus der Fachsimpelei hinausgedrängt wird, das läßt sich nur schwer referieren. Es sind dialogische Kabinettstük-ke, die Gernhardt in dieser und in anderen Erzählungen vorführt. Schließlich überläßt die Frau die beiden Männer ihrem Schicksal: »So ging sie hin, verstockt, auf der breiten Prachtstraße des Irrtums, während sich die Männer allein wiederfanden, allein gelassen auf jenem schmalen, steinigen Weg zum Licht und zur Wahrheit.« Die satirische Grundschulung läßt sich nicht verleugnen.

Gegen Schluß des Bandes häufen sich Geschichten, in denen Schriftsteller eine Rolle spielen. Da ist zum Beispiel Hermann Marquardt (»Die Bronzen von Riace«), der gerade ein zwölfseitiges Manuskript fertiggestellt hat, »feurig heruntergeschrieben, in langgestreckten, regelrecht mitreißenden Passagen« – doch für eine Veröffentlichung kommt der Text nicht in Frage. Seine Frau könnte sich in einem unfreundlichen Porträt wiedererkennen. Was tun? Umschreiben und die Geschlechterrollen tauschen? »Sie war ja nicht dumm. Sie würde diese simple Verkehrung ebenso durchschauen wie die Feigheit, die sie verursacht hatte. Dann aber war er der Dumme.« Also muß eine Parabel her. »Er wußte, daß alle große Dichtung sich zwar stets von der kruden Wirklichkeit genährt hatte, aber doch nur, um sie nach allen Regeln der Kunst zu verdauen und in verdichteter Form wieder auszuscheiden.« Marquardt verlegt die Geschichte ins Tierreich. So kann er sie seiner Frau vorlesen. Ihr Urteil: »Du und deine dauernden Bären! Schreib doch mal was über Menschen!«

Das macht Gernhardt. Noch im Streit eines jungen Autors mit dem arrivierten Kollegen um den einzigen greifbaren Kugelschreiber (»Der Kampf in der Berghütte«) oder der Wanderung der drei Schriftsteller (»Eine nichtgeschriebene Geschichte«) steckt genug Lebensstoff, um die Erzählung nicht zu Literatur über Literatur werden zu lassen. Ein Lyriker, ein Dramatiker und ein Erzähler wetteifern bei ihrem Ausflug darum, welcher Gattung der Preis zuzusprechen sei. Als sie entdecken, daß jeder von ihnen (einer sogar bewaffnet mit einem versteckten Tonbandgerät) nur darauf lauert, aus der gemeinsamen Wanderung eine Geschichte, eine Szene oder ein Gedicht zu machen, verstummen sie. Ein Selbstporträt des in allen drei Gattungen bewanderten Autors, der sich beim Leben und Schreiben zuschaut? »Kein Zweifel – einem der drei war es gelungen, noch das Verstummen in Worte zu fassen. Doch welchem? Dreimal dürfen Sie raten.« So endet die letzte Geschichte.

Robert Gernhardt ist ein herzerfrischend selbstironischer Erzähler. Er kann es sich leisten. Und warum? Ganz einfach: Hier spricht ein Dichter.

(1986)

Schlurf heimwärts, Engel

Seit seinem Erfolg mit »Schlafes Bruder« gilt Robert Schneider als Wunderkind – nun schickt er eine »Luftgängerin« auf Irrfahrt.

Der mit Abstand beste Satz fällt nach wenigen Seiten. Im Zug von Landquart nach St. Gallen begegnet dem jungen Ambros Bauermeister im Herbst 1969 die Liebe seines Lebens. Im Speisewagen sitzt sie, Amrei, mit marineblauem Pullover und »vollendeten, seedunklen« Augen. Für Ambros ist die Sache auf den ersten Blick klar, er stürzt sich auf das verdutzte Mädchen und küßt es. Da sagt die Überrumpelte mit österreichischem Akzent: »Finden Sie nicht, daß Ihnen etwas die Nuancen fehlen?«

Leider geht schon der Antwort jeder Charme ab. »Sie sind der schönste Mensch, der mir jemals in meinem Leben begegnet ist«, sagt der Verliebte. Sagt er? Nein, diese Worte »bebte er unverständlich, und sein Herzklopfen übertönte die Gedanken«.

Mit der Liebe wird in diesem Roman nicht gespaßt. Denn sie »geschieht nur ein einziges Mal«. Und sie soll heilig gehalten werden. Zwar sinkt Amrei ihrer Zugbekanntschaft Ambros – der Mann wollte eigentlich nur seinen Vater besuchen – noch in derselben Nacht in ihrem Haus in Vorarlberg »auf die Brust«, doch erst im Januar 1970 (mit Daten nimmt der Erzähler es genau), »erkannten sie einander«. Das aber dann richtig: »Sie fielen ineinander wie die Wolken des Himmels, türmten ihre Körper auf, rissen sich fort und vergingen am Horizont der Lust.«

Es fehlen die Nuancen: Besser als mit diesem ersten Satz von Amrei läßt sich das Unglück des Romans »Die Luftgängerin«, des zweiten von Robert Schneider, kaum beschreiben. Die Erwartungen an das Buch waren enorm, das Ergebnis ist niederschmetternd. Das ist ein trauriger Fall – und ein tiefer.

Schneider, 36, gilt – neben Patrick Süskind (»Das Parfum«) – als Wunderkind der Gegenwartsliteratur in deutscher Sprache: ein Publikumsliebling. Sein Debüt »Schlafes Bruder«, 1992 erschienen, hat sich bis heute allein in deutscher Sprache mehr als eine Million Mal verkauft und wurde vielfach übersetzt. Es gab eine Verfilmung, ein Ballett nach dem Roman und sogar eine Oper – selten ist einem jungen Autor, gewissermaßen aus dem Nichts, ein solcher Start gelungen.

Schneider, der als Adoptivkind einer Bauernfamilie in Vorarlberg aufwuchs und danach ein paar Jahre lang in Wien Musik- und Theaterwissenschaft studierte, ist damit in einsame Höhe katapultiert worden. Hat ihn das überfordert? Schon im Vorfeld des Erscheinens wurde von ungewöhnlichen Forderungen des Autors gemunkelt: Den Textproben seines zweiten Romans hatte er selbstbewußt einen mehrseitigen Vertragsentwurf beigelegt, der bis zum Chauffeur und der Hotelklasse auf Lesereisen (»Fünf-Stern-Klasse, in einer Suite mittlerer Größe«) alles regeln sollte.

Doch aus den Lektoraten, denen die Proben vorlagen, drang kaum etwas nach außen – zu lebendig war noch die Erinnerung an die Blamage mit dem Manuskript von Schneiders Erstling: Mehr als 20 Verlage hatten den späteren Millionenseller abgewiesen (freilich, das wird gern verschwiegen, mit zum Teil aufrichtigem Bedauern und durchaus positiver Beurteilung). Am Ende machte Karl Blessing das Rennen um die »Luftgängerin«, ein Verleger, der das finanzstarke Bertelsmann-Imperium im Rükken hat: Er bot Schneider knapp eine Million Mark als Garantiehonorar und ließ auch über den Forderungskatalog mit sich reden.

Warum soll ein Schriftsteller nicht die Gunst der Stunde und seinen Marktwert nutzen? Warum soll ein Verlag nicht auf den Bestsellerruhm eines Autors setzen? Was im amerikanischen Geschäft gang und gäbe ist, setzt sich allmählich auch in Deutschland durch: Autoren pokern, einige haben mittlerweile Agenten; dagegen läßt sich wenig einwenden.

Was zählt, ist die literarische Qualität. Der Zauber von Schneiders erstem Buch bestand in der Beschränkung auf ein zentrales Motiv, das schon im ersten Satz anklang: »Das ist die Geschichte des Musikers Johannes Elias Alder, der zweiundzwanzigjährig sein Leben zu Tode brachte, nachdem er beschlossen hatte, nicht mehr zu schlafen.« Der altertümelnde Ton, das Auftreten eines allwissenden Erzählers – das mochte zum Ambiente eines Bergbauerndorfs zu Beginn des 19. Jahrhunderts passen und konnte als postmodernes Spiel verstanden werden.

»Wir schließen die Blätter unseres Büchleins über Johannes Elias Alder«, hatte Schneider damals, noch ohne jede Aussicht auf Ruhm und Prominenz, gegen Ende von »Schlafes Bruder« geschrieben. »Was kommt, ist von Unerheblichkeit.«

Vorerst leider wahr. Der neue Roman hat keinen erzählerischen Fluß und keine wirklich überzeugende Hauptfigur. Statt des genialen Musikers Alder, der mit einem übersinnlichen Gehör, einer unerwiderten Liebe und einer tumben Umgebung geschlagen war, kommt nun der Engel Maudi ins Spiel, die im September 1970 geborene Tochter von Ambros und Amrei, eine »Luftgängerin«. Das Mädchen leidet, wie ein Arzt feststellt, unter dem »Syndrom der testikulären Feminisierung«, ein Wesen also mit dem Aussehen einer Frau und dem Chromosomensatz des Mannes.

Wunderwesen oder medizinischer Fall? Schon der Vater mag Maudi nicht, der Autor kaum mehr. Lieblos durchstreift er mit ihr die siebziger, die achtziger, die neunziger Jahre. Statt der Luftgängerin Farbe zu geben (aber eben: »Engel haben keine Wesenheit«), wird vom »Magischwerden« und vom »Wunder« bloß geredet.

Zu oft wird in diesem Roman das »Unfaßbare« angekündigt, »das noch nie Dagewesene«, doch die erwartete »Katastrophe«, das »Unsägliche«, die »Ungeheuerlichkeiten ohne Ende« treten nicht ein – am Schluß reicht es gerade mal zu einem raschen Blick in die nahe Zukunft, wo idiotische Skinheads in der fiktiven Stadt Jacobsroth einen Panzer klauen und einen Minibürgerkrieg provozieren. Auch ein Feuer muß her (und ist doch nur ein Abklatsch der Dorfbrände in »Schlafes Bruder«).

Was könnte Schneider im Sinn gehabt haben? Ein Gesellschaftspanorama? Eine Vorarlberg-Satire? Eine Liebesgeschichte? Der Roman hat von allem etwas, doch nichts löst er wirklich ein. Die reichlich lahme Luftgängerei kommt auch durch die – zahlreichen – Nebenfiguren des Romans nicht in Schwung; sie alle sind kaum mehr als ihre drolligen Namen (vom Russen und Engeljäger Izjumov über die Buchhändlerin Nagg und den Journalisten Nigg bis zum Verleger Sot). Ihre Lebensweisheiten klingen wie aus Dale Carnegies Longseller »Sorge dich nicht, lebe!«: »Aus Lebensangst folgt das Versäumnis, und aus dem Versäumnis der lebenslange Tod.« Da darf dann auch der Rilke-Ton nicht fehlen: »Ist Irrfahren nur im Weglosen?«

Es ist ein Graus. Aber lassen wir die »beanzugten und beabendkleideten Gäste«, mögen die Helden sich »zungig« und wenige Seiten später auch »tiefzungig« küssen, soll sich die Ampel »röten« und dann »grünen«, eine Parklampe ins Zimmer »stauben« – solch kleine Schnitzer, die gewöhnlich Anfänger unter den Autoren für besonders literarisch halten, hätte ein Lektor leicht entfernen können. Der aber durfte oder konnte hier offensichtlich nicht jenes starke Gegenüber spielen, das jeder Schriftsteller braucht. »Die Luftgängerin« ist das Desaster eines Unberatenen. Mag sein, auch das Drama eines Unbelehrbaren.

(1998)

Kurzkritik

Die Kurzkritik – auch »Kritik in Kürze«, »Kurz und bündig« oder ähnlich genannt – lebt von Zuspitzung und Pointierung; sie hat Hinweischarakter und konzentriert sich vor allem auf den Inhalt. Für Fragen der Form, des Stils, der Konstruktion bleibt zumeist wenig Raum. Gleichwohl muß auf Wertung nicht verzichtet werden, auch ein prägnanter Verriß ist möglich. Hier wiederum zwei Beispiele: über Bücher (1997 erschienen) von Wilhelm Genazino und Matthias Politycki.

Schnee auf Reisen

Eine verrückte Idee: Ein Mensch, der nur sein Initial verrät, W., verteilt großzügig Erinnerungen – an Freunde und ehemalige Geliebte, an Christoph, Werner und Anna. Er gibt kleine Geschichten zum besten, Bilder aus der Kindheit. Er schildert Alltagsszenen in der U-Bahn oder im Kaufhaus, Miniaturen, die in ihm erwecken und wiederholen, was er dann notieren oder erzählen muß. Und merkwürdig: Während der Schriftsteller Wilhelm Genazino (»Abschaffel«), 53, in seinem neuen Prosaband »Das Licht brennt ein Loch in den Tag« scheinbar private und abseitige Momentaufnahmen aneinanderreiht, setzt beim Leser geradezu zwanghaft eigene Erinnerung ein. Im Alter von neun oder zehn Jahren, berichtet W., sei er mit der Straßenbahn erstmals bis zur Endstation mitgefahren und habe in der Warteschleife, während Fahrer und Schaffner eine Zigarette rauchten, ein nie gekanntes Gefühl der Peinlichkeit erlebt. Oder: Isolde bittet er, ihn später einmal daran zu erinnern, daß er Schnee, der auf den Dächern von Eisenbahnwaggons liegt (»Reisender Schnee!«), ganz »unwiderstehlich« finde, und er fügt hinzu: »Frag mich nicht, warum, ich weiß es nicht.« Verrückt? Angst vor Verlust steckt hinter dieser Idee, die Bruchstücke, die das menschliche Gedächtnis ausmachen, wegzugeben und so zu bewahren – die Furcht vor der »Vorarbeit des Todes«, der »Auflösung des Gedächtnisses«. Genazino ist ein Prosa-Kleinod gelungen, das nebenbei vom Erzählen selbst erzählt: Denn was ist Literatur im Grunde anderes als die Absicht, »Erinnerungen zu verteilen«?

(1997)

Wo bleiben die Weiber?

Ein Buch so recht nach dem Herzen der deutschen Literaturkritik, die sich lieber in »intelligente Bücher aus deutschen Landen« vertieft, statt »drittklassiger Importware aus den USA« das Wort zu reden – so kommt es neuerdings wieder häufiger von den Rezensenten. Trotzdem sollen Leser an der sommerlichen Alster und im Englischen Garten mit Romanen von Paul Auster, Nicholson Baker oder Richard Ford gesehen worden sein.

Schluß damit! Endlich ein Buch aus heimischer Produktion, frisch auf den Tisch der Bestenliste. »Weiberroman« steht drauf – nur ist leider keiner drin: Weder wird die Welt aus der Weiber Sicht geschildert, noch spielen Frauen darin eine maßgebliche Rolle. Naive Erwartung: Der Titel ist natürlich listig gemeint. Matthias Politycki, 42, Lyriker und experimentierfreudiger Erzähler (»Aus Fälle/Zerlegung des Regenbogens«), setzt auch im Roman auf Distinktionsgewinn: Bloß Abstand halten zum vollen Menschenleben. Die Furcht, hier könnte ein Erzähler erotisch über die Stränge schlagen, gar Temperament entwickeln, ist unbegründet – das Literaturstück ist völlig jugendfrei. Da hier ein Privatgelehrter am Werk ist, fließt in diesem Roman weder Blut noch Schweiß, von anderen Körperflüssigkeiten, Gott bewahre, nicht zu reden.

Politycki läßt seinen Helden, den am Ende verschollenen Schriftsteller Gregor Schattschneider, derart viel Distanz zu jungen Frauen halten, daß die wie überirdische Wesen wirken. Kein Wunder, daß einer schwärmerischen Kritikerin angesichts der drei nach Mädchen benannten Kapitel einfiel, das Buch sei wie ein »Triptychon« gebaut. So heilig war es vielleicht auch wieder nicht gemeint. Politycki gibt sich Mühe, seine umständliche Darstellung mit jeder Menge Fiktionsironie zu überschütten. Doch der Witz, der sich in einem gewaltigen Anmerkungsapparat austobt, reibt sich zwischen Kalauer und Zeitkulisse auf – und die im Grunde ganz einfache Geschichte wird erstickt: Junger Mann läuft seinen Träumen von der Idealfrau hinterher. Der Autor traut seinen Einfällen und Figuren nichts zu. Warum eigentlich? Ein ehrlicher Männerroman wäre vielleicht ganz interessant gewesen.

(1997)

Sammelkritik

Die Besprechung mehrerer Bücher in einem einzigen Artikel ist in der Regel durch inhaltliche, formale oder motivische Zusammenhänge begründet, seltener durch äußerliche Übereinstimmungen (etwa: die Debüts einer Saison). Die Herausforderung besteht darin, das Gemeinsame herauszuarbeiten, ohne dabei das Individuelle der jeweiligen Werke zu vernachlässigen. Möglich ist es freilich auch, ein Buch in den Mittelpunkt zu rücken und die anderen nur am Rande zu erwähnen. Eine Sonderform ist die Doppelkritik, bei der zwei Werke miteinander verglichen werden. Die folgende Sammelrezension erschien 2008 aus Anlaß der Frankfurter Buchmesse.

Kein Entkommen

Die deutschsprachige Literatur entdeckt die Welt in der Krise: Zahlreiche Schriftsteller konfrontieren ihre Helden mit Not und Unterdrückung, mit Verfolgung, Terror und Krieg

Ein erster Satz, der mitten hineinführt in die Geschichte, in die Wirren des Jugoslawien-Krieges: »Es war in ihrem zweiten Monat in Zagreb, im Herbst, in dem der Krieg begonnen hatte, als Marija die Nachricht erreichte, die ihr das eigene Leben für immer fremd machte.«

Mit diesem Satz beginnt einer der wichtigen deutschen Romane dieses Herbstes: »Die Winter im Süden« von Norbert Gstrein. Die Hauptfigur Marija, 50 Jahre alt, lebt eigentlich in Wien. Ihr Mann ist Journalist, die Ehe längst langweilig geworden, die erwachsene Tochter wohnt weit weg. Was aber der wahre Grund für Marijas Aufbruch ist, für ihren Entschluß, 1991 in ihr Geburtsland zu reisen, weiß sie selbst nicht so recht.

In Zagreb jedenfalls verliert sie ihre Gewißheiten vollends. Sie läßt sich mit einem jungen Soldaten ein. Sie erfährt – das ist die Nachricht, die sie aus der Fassung bringt –, daß ihr totgeglaubter Vater nach ihr sucht, während in der Stadt die ersten Luftschutzsirenen aufheulen.

Der Österreicher Gstrein, 47, gehört zur mittleren Generation deutschsprachiger Romanciers. Diese äußern sich – anders als die bekannten Nachkriegsautoren, die heute um die achtzig sind – nicht ohne weiteres zu tagesaktuellen Fragen. Dafür aber fallen sie in diesem Jahr damit auf, daß sie politisch geprägte Bücher schreiben, die bestens recherchiert sind und zu den Krisenherden in aller Welt führen. Eine unerwartete Entwicklung in der deutschsprachigen Gegenwartsliteratur, die lange im Ruf stand, sich hauptsächlich mit privaten Problemen und Krisen zu befassen, und sogar erfolgreich den Familienroman auferstehen ließ.

Der vor allem als Dramatiker in Erscheinung getretene Schweizer Lukas Bärfuss, 36, siedelt seinen Roman »Hundert Tage« in Ruanda an. Und der in der DDR geborene Sherko Fatah, 43, führt in dem Roman »Das dunkle Schiff« seinen Leser vom nördlichen Irak bis nach Berlin. Fatahs Buch hat es schon in die Endauswahl für den Preis der Leipziger Buchmesse geschafft, jetzt steht es auch auf der Shortlist für den Deutschen Buchpreis, der an diesem Montag in Frankfurt am Main vergeben wird.

Fatah konkurriert unter anderem mit dem in Dresden geborenen Uwe Tellkamp, 39. Dessen Roman »Der Turm« nimmt – mit viel Sinn für die historisch-politischen Zusammenhänge – die letzten sieben Jahre der DDR in den Blick. Schließlich ist auch Christian Kracht, 41, zu nennen, dessen Roman »Ich werde hier sein im Sonnenschein und im Schatten« eine Art alternativer Geschichtsschreibung darstellt, in der Vorkommnisse des 20. Jahrhunderts variiert und auf den Kopf gestellt werden – auch dies ein politisch gedachtes, überzeugend erzähltes Buch.

Die Romane von Lukas Bärfuss und Sherko Fatah führen am weitesten aus Europa heraus und am nächsten heran an die Morde und Massaker der jüngeren Vergangenheit. Die Überzeugungskraft solcher Bücher, die bei ihren heiklen Sujets leicht in Kolportage oder Betroffenheitsprosa abrutschen könnten, hängt sehr davon ab, wie glaubwürdig die Verbindung zwischen unserer Wohlstandsinsel und dem fernliegenden, gern verdrängten Grauen hergestellt wird.

Die Frage ist in erster Linie, wie der Autor es schafft, seinen Leser an vergangene Ereignisse heranzuführen, an Szenen und Bilder, die aus den Nachrichten längst verschwunden und in den Hintergrund unseres Bewußtseins abgesunken sind – wo doch täglich neue Schreckensberichte den Zeitgenossen erreichen. Mit welchen Mitteln gelingt es dem Erzähler, das Interesse des Lesers zu wekken und zu halten? Es muß ein Romanheld her, der als Zeuge in die Ereignisse verstrickt wird, ihnen entkommt und sich später erinnern kann.

In dem packend, oft überwältigend dicht erzählten Roman von Bärfuss ist es der Schweizer David Hohl, ein junger Mann von Mitte Zwanzig, der Anfang der neunziger Jahre nach Ruanda, in die Hauptstadt Kigali aufbricht, voller Zuversicht, dort helfen und beraten zu können.

Bald muß er erkennen, daß selbst seine Vorgesetzten im Büro für Entwicklungshilfe die heimlichen Gesetze des Landes nicht durchschauen und gewissermaßen im Blindflug Schweizer Steuergelder austeilen – »deshalb«, so Hohls späte Erkenntnis, »legten wir ihnen die Telefonleitung, durch die sie den Mordbefehl erteilten, und deshalb bauten wir ihnen die Straßen, auf denen die Mörder zu ihren Opfern fuhren«.

»Hundert Tage«: Das ist der Zeitraum im Frühjahr und Sommer 1994, in dem Ruanda einen Genozid erlebte, bei dem etwa 800 000 Menschen getötet wurden, während Uno-Blauhelme und Entwicklungshelfer das Weite suchten – eine der größten menschlichen Tragödien nach dem Zweiten Weltkrieg, zugleich eine Katastrophe, die den meisten kaum noch vor Augen steht.

Fast zu spät erkennt Hohl die Gefahr für das eigene Leben. Eine junge Frau, die am Ende zu den Mördern zählt, zieht ihn erotisch so in den Bann, daß er seine Flucht gefährlich lange hinausschiebt. Erst im letzten Augenblick kann er, vorbei an sterbenden Menschen, ein Flugzeug nach Europa erreichen – traumatisiert lebt er fortan wieder in der Schweiz. Die Bilder des Erlebten wird er nicht mehr los.

So ergeht es auch dem jungen Iraker, von dem Sherko Fatah in seinem Roman erzählt. Der Titel »Das dunkle Schiff« steht für die Passage aus dem kriegsgeschüttelten Irak ins friedliche Europa. Der Held, ein unfreiwilliger Gotteskrieger namens Kerim, flieht Anfang des neuen Jahrtausends als blinder Passagier vor der Bestialität und befürchteten Rache seiner Kampfgenossen und landet schließlich in Berlin.

Mit knappen, präzisen Strichen zeichnet Fatah die Porträts jener Gotteskrieger, die Kerim keine andere Wahl lassen, als einer der Ihren zu werden. Ein Lehrer indoktriniert die jungen Männer gegen die Werte des Westens, mit Argumenten, die derzeit noch an Evidenz gewonnen haben: »Es geht immer um das Geld, glaube mir, sie sind davon besessen.«

Der Roman spart die schlimmsten Szenen von Bombenanschlägen und Mordtaten zunächst aus, erst in Rückblenden – da lebt Kerim schon in Berlin – werden sie bis in blutige Details vergegenwärtigt. Der Vergangenheit kann der Geflüchtete auch in Deutschland nicht entkommen, nicht seinen Erinnerungen, nicht der Rache seiner Glaubensbrüder.

Den schon häufiger mit politischen Themen befaßten Schriftsteller und Übersetzer Klaus Modick, 57, führt das historisch-politische Interesse nach Übersee und zugleich zurück in die deutsche Vergangenheit. In seinem neuen Roman »Die Schatten der Ideen« verzahnt der Autor geschickt zwei Reisen in die USA miteinander, die mehr als ein halbes Jahrhundert auseinanderliegen.

Der Schriftsteller Moritz Carlsen wird zur Zeit des zweiten Irak-Krieges als Gastprofessor an ein College in Vermont eingeladen. Im Keller des Hauses, das ihm die Universität zur Verfügung stellt, stößt er auf Tagebücher eines jüdischen Emigranten, des Historikers Julius Steinberg, der 1935 aus Deutschland flüchtete, in den USA von Aushilfsjobs lebte, bis er mit viel Glück eine Anstellung an ebendiesem College erhielt. Aus den Tagebüchern erfährt Carlsen, wie dem Historiker Steinberg frühere Gewerkschaftskontakte nach dem Krieg zum Verhängnis wurden.

Der Immigrant wird erneut zum Verfolgten, dieses Mal als Opfer des Senators McCarthy und seiner hysterischen antikommunistischen Tribunale. Wie Modick aus den authentischen Protokollen jener Anhörungen aus den fünfziger Jahren ein auf diesen ausgedachten Fall zugeschnittenes Verhör mit all seinen Absurditäten und Fallstricken herausarbeitet, das ist so beklemmend wie fesselnd.

Ebenso überzeugend werden die Prozeduren aus der Gegenwart beschrieben, etwa die Befragung, der sich Carlsen im amerikanischen Konsulat in Berlin unterziehen muß, um ein Arbeitsvisum zu erhalten. An keiner Stelle in Modicks Roman wird eine Übereinstimmung der historischen mit den heutigen Vorgängen behauptet. Doch die bizarr-fremdartige Atmosphäre der USA unter Präsident George W. Bush wirkt unheimlich genug.

Wie wenig die Vergangenheit als abgeschlossenes Kapitel zu betrachten ist, das könnte auch die Lehre aus dem Roman »Die Winter im Süden« sein. Der Vater, der

1991 in Zagreb nach seiner Tochter suchen läßt, ist ein über Jahrzehnte in Südamerika untergetauchter Kriegsverbrecher, der vom jugoslawischen Geheimdienst gejagt wurde und sich nun, nach dem Zusammenbruch des Staates, auf der siegreichen Seite wähnt. Ob Tochter und Vater einander treffen, ob sie es überhaupt wollen, bleibt bis kurz vor Schluß offen.

Der letzte Satz in Gstreins Roman stößt den Leser wieder hinaus aus dem Kriegsgeschehen, aus der Gedankenwelt Marijas – und wirft ihn auf sich selbst zurück: ein bravourös-elegischer Romanschluß, dessen Tenor zu all diesen Büchern passen könnte.

Es würde einer größeren Anstrengung bedürfen, von den Erlebnissen und der Vergangenheit loszukommen, heißt es da über die Heldin, »größer jedenfalls als die kleine Mühe, ein Buch zuzuklappen, das zu Ende war, und nicht mehr daran zu denken«.

(2008)

Porträtkritik

In einer Porträtkritik verbindet sich die Rezension einer Neuerscheinung mit der Biographie ihres Autors. Anders als im Fall des aktuellen Porträts bzw. Werkstattgesprächs (siehe Teil III) ist ein persönlicher Kontakt nicht unbedingt erforderlich oder auch gar nicht möglich, wenn es sich – wie im Fall von Hubert Fichte (1935-1986) – um eine Publikation aus dem Nachlaß handelt.

Der verborgene Selbstentblößer

»Die Geschichte der Empfindlichkeit«:
Hubert Fichte und sein Romanzyklus

Einer steht abseits. Staunt. Registriert. Sammelt. Er begibt sich auf fremdes Terrain. Immer wieder. Von Anfang an: »Detlev steht abseits von den anderen auf dem Balkon.« Der erste Satz in Hubert Fichtes erstem Roman. Das Kind aus Hamburg in einem katholischen Waisenhaus in Bayern. Der Sieben- und Achtjährige muß ein Jahr lang in dieser fremden Welt ausharren, es ist Krieg, und die Mutter glaubt ihn, dessen geflüchteter Vater Jude ist, so am besten zu schützen.

Als der autobiographische Roman »Das Waisenhaus« 1965 erschien, war der Autor dreißig Jahre alt und saß fast täglich in einem Hamburger Kellerlokal, der »Palette«, um sich Notizen über jene merkwürdigen Leute zu machen, die dort verkehrten und damals »Gammler« genannt wurden (und sich auch selbst so nannten). Fichte war keiner von ihnen, dazu war er zu alt. Einer der von ihm beobachteten und später im Roman »Die Palette« verewigten Besucher hat über Fichte später gesagt: »Er stieß eines Tages zu uns, sehr gut gekleidet, eine Art bärtiger Anthropolog, der offenbar schräge Vögel sammelte.«

Anfang der siebziger Jahre begann Fichte damit, ausgedehnte Reisen und Interviews zu machen. Er fuhr nach Südamerika, sprach mit dem chilenischen Staatsoberhaupt Salvador Allende, er kehrte zurück, sprach auf der Reeperbahn mit Prostituierten, er zog wieder los, durchforstete ein Land nach dem anderen, versuchte Sprachen und Dialekte zu lernen, war bei geheimen religiösen Sitzungen dabei, machte Notizen, sammelte Daten und fast verschüttetes Wissen fremder Kulturen. Und er ließ sich, wieder zurückgekehrt, von kaum bekannten Sexualritualen daheim berichten: Über die sadomasochistischen Praktiken der »Ledermänner« etwa führte er mit Betroffenen Tonbandgespräche.

Schließlich, in dem jetzt postum erschienenen Roman »Hotel Garni«, dem ersten Band und Auftakt eines auf viele Bände angelegten Romanzyklus aus dem Nachlaß, ebenfalls eine bizarre Erkundung auf fremdem Terrain: Ein Homosexueller schläft das erste Mal mit einer Frau. Ein autobiographischer Roman. Ein Schriftsteller begegnet einer Photographin: Beginn einer gemeinsamen Lebensreise und der Anfang der »Geschichte der Empfindlichkeit« – so der Gesamttitel des fragmentarischen Zyklus.

Neunzehn auf einen Schlag

Wer war Hubert Fichte? »Sie wissen es möglicherweise schon, ich bin ein Schriftsteller, der sich in seinem Leben mehr mit Strichjungen, Straßenmädchen und Vaudoupriestern herumgetrieben hat als mit den wichtigen Persönlichkeiten, mit denen man als Schriftsteller umgehen sollte.«

Das sagte er kurz vor seinem Tod. Ist es so? Ist es das, was ihn interessant machte und macht? Er hat sich gern so gesehen: als Außenseiter, als Reisender, als Fremder im eigenen Land.

Seine Verachtung für Schriftsteller, »die sich mehr auf Tagungen, in Preisrichterkollegien und in Redaktionsvorzimmern auskennen als in Absteigen, Saunen und Parks«, hat er immer wieder gern zur Schau gestellt, auch seine Vorbehalte gegen jene »mächtigen Familien« (wie er es ironisch nannte), die »in der Bundesrepublik den Kurswert von Literatur festlegen«. Er haßte jene Kollegen, die pünktlich zur Saison mit einem neuen Werk da sind: »Wenn's nur klingelt und knattert und in die Frühjahrsauslieferung paßt oder in die Kalkulation zur Herbstmesse.«

Wie sich jetzt zeigt, hat Hubert Fichte tatsächlich, was mancher gar nicht glauben mochte, seit 1974 an einem riesigen Romanzyklus gearbeitet, an einem Werk, das er erst publizieren wollte, wenn es abgeschlossen sein würde: Auf einen Schlag, so war seine Absicht, sollten die neunzehn Bände der »Geschichte der Empfindlichkeit« dereinst dem Literaturbetrieb zum Fraß vorgeworfen werden – oder wohl eher: ihm das gefräßige Maul stopfen. Fichtes Tod im März vergangenen Jahres hat das verhindert: sowohl die Vollendung des Werkes als auch die Überwältigung der Literaturwelt. Nach und nach wird nun – voraussichtlich bis zum Jahr 1991 – veröffentlicht werden, was Fichte noch abschließen konnte oder zumindest für druckbar befunden hat.

Wer war Hubert Fichte? Man darf so fragen. Der Erfolg seines Romans »Die Palette« ist bald zwanzig Jahre her, und seit geraumer Zeit schon stagnieren die Verkaufszahlen seiner Bücher. Er hat den Erfolg bei Publikum und Kritik nie wiederholen können, und auch eine kleine Schar Getreuer hat nicht verhindern können, daß sein Name heute wie ein verlorenes Echo durch den literarischen Betrieb hallt – was ja nicht gegen den Autor sprechen muß.

Was wissen wir wirklich von ihm? Kennen wir ihn aus seinen Büchern, den radikalsten Offenbarungen innerhalb der neueren deutschen Literatur? Von Max Frisch, einem Schriftsteller von gänzlich anderem Temperament, stammt die Selbsterkenntnis und feinsinnige Unterscheidung, es stimme nicht, daß er, Frisch, sich immer nur selbst beschrieben habe: »Ich habe mich selbst nie beschrieben. Ich habe mich nur verraten.«

Hat Hubert Fichte sich beschrieben? Oder hat er sich bloß verraten – vielleicht, um sich desto besser verbergen zu können (wie so viele Schriftsteller es tun)? »Wie Sie wissen, verbirgt man sich hinter nichts so gut wie hinter der Genauigkeit«, hat er, der alles andere als ein naiver Autor war, 1971 in einem Interview gesagt. Und gewiß kannte er den geheimnisvollen Satz von Marcel Proust, man könne alles erzählen, vorausgesetzt, man sage niemals »Ich«.

Der Schriftsteller Fichte kam mit seinen Veröffentlichungen zu Lebzeiten an einen Punkt, wo er scheinbar alle Verkleidungen und Tarnungen fallenließ. Er hat radikal »Ich« gesagt. Er hat sich, zunächst in Romanform, später auch ohne den Schutzmantel der Fiktion, gezeigt: Als Homosexueller, als Halbjude, als vaterlos aufgewachsenes Kind, als Autodidakt, als Bisexueller, als Gesprächspartner von Nutten und Sadomasochisten, von Schwulen und afroamerikanischen Priestern. Aber hat er *sich* gezeigt?

Er ist um die halbe Welt gefahren und hat Beobachtungen gemacht. »Schreibreisen in ein fernes Land«, nannte Fritz J. Raddatz das in seinem Nachruf auf Fichte, und er schrieb: »Das fernste heißt ›Ich‹.« Hat der Reisende dieses Land jemals erreicht?

Die Hamburger Trilogie

Einer steht abseits, staunt, registriert. Fichtes literarischer Triumph mit der »Palette«, 1968, verdankte sich seiner Fähigkeit, Abgelauschtes und Privates zu mischen, das

Eigene dem Fremden auszusetzen und umgekehrt. Als er zwei Jahre vor der Veröffentlichung im Hamburger »Starclub« aus dem Manuskript gelesen hatte (es gibt davon einen Mitschnitt), war es ein überwältigender Erfolg gewesen, einen Augenblick schien die Verbrüderung von Pop und Kunst, von Beat und Literatur, von »Palette«-Publikum und »Palette«-Roman Wirklichkeit zu werden.

Das ließ sich so nicht wiederholen. Und mit dem Abstand von fast zwanzig Jahren sieht man auch besser das bemüht Originelle und gewollt Moderne, also Modische, an diesem Buch. Eins der wichtigen Bücher der sechziger Jahre ist der Roman ganz gewiß, und er kann sich neben anderen Formexperimenten dieses Jahrzehnts, neben »Mein Name sei Gantenbein« von Frisch oder Ror Wolfs »Fortsetzung des Berichts« einigermaßen behaupten.

Wunderbar gelungen etwa die Schlußkadenz »Nachwörter«, wo einer das Perpetuum mobile anhalten will, aus dem Roman wieder herauskommen möchte, ihn irgendwie beenden muß – und im Grunde überhaupt keine Lust dazu hat. »Die Palette« ist nicht nur amüsant inszeniertes Spiel, ein meisterhaft ausgeklügelter Kunstraum mit ironischen Fiktionsbrüchen, sondern auch ein Kunststück vor ernstem Hintergrund und auf topographisch genau abgezirkeltem Boden. Eine Hamburger Kriegsvergangenheit wirft ihre Schatten.

Wie mächtig diese Schatten wirklich gewesen sind und wie sie Fichtes Werk geprägt haben, zeigte sich eigentlich erst so richtig im nächsten Roman, in »Detlevs Imitationen ›Grünspan‹«, 1971 erschienen, einem Roman, der ganz zu Unrecht – vielleicht auch wegen des befremdlichen Titels – im Ruf steht, nur Wiederholung, Imitation zu sein.

In diesem Buch führt der Autor seine beiden autobiographischen Figuren, Detlev aus dem »Waisenhaus« und Jäcki aus der »Palette«, zusammen und schafft so die

Klammer zwischen diesen drei Romanen. Das 17. Kapitel über die Luftangriffe auf Hamburg im Juli 1943 gehört zum Gelungensten und Beklemmendsten, was die deutsche Nachkriegsliteratur überhaupt zu bieten hat. Fichte, der als Kind im Bombenkeller saß, nahm sich stets das Recht heraus, vom »Terrorangriff« zu sprechen, wie es einst die Nazi-Propaganda tat, und er konnte das plausibel machen.

Auch wenn Hamburg im ersten Roman, dem »Waisenhaus«, nur als Erinnerung und Erwartung auftaucht, bildet dieser Roman zusammen mit der »Palette« und den »Imitationen« eine Art Hamburger Trilogie – ähnlich wie bei Günter Grass von einer Danziger Trilogie gesprochen wird. Diese Trilogie ist Fichtes literarischer Glanz- und Höhepunkt. Die Bilder von Hiroshima, Hamburg und Auschwitz sind darin eingeschlossen, und die politisch-moralische Frage nach der historischen Vergleichbarkeit verblaßt angesichts der künstlerischen Überzeugungskraft eines Autors, der ja nicht daran dachte, das eine gegen das andere auszuspielen, sondern sich dieser Bilder nicht erwehren konnte und sie wohl zeitlebens mit sich herumschleppte, bis nach Afrika und Südamerika.

»Als Zehnjähriger sah ich in den ersten Zeitungen nach Kriegsende Haufen von zermarterten Körpern«, schrieb Fichte 1964 in einer »Zeit«-Umfrage aus Anlaß des Frankfurter Auschwitz-Prozesses. »Diese Bilder sind heute ebenso deutlich wie damals. Seither versuche ich herauszufinden, was ein Auschwitz ermöglichte, und die einzelnen Komponenten miteinander in Beziehung zu bringen.« Auch dies ist ein Grund, warum er nicht ruhig, nicht bei sich bleiben konnte, warum er sich immer wieder in fremdem Gebiet umsah, warum er auch die eigene Heimat wie ein fremdes Terrain betrachtete. Zeitlebens versuchte er, sich – staunend, registrierend, sammelnd – des Ansturms der Bilder zu erwehren.

Was Fichte danach, nach der Hamburger Trilogie, noch selbst veröffentlicht hat, ist nicht annähernd von vergleichbarer literarischer Kraft, auch nicht von vergleichbarer ästhetischer Brisanz gewesen. Brisant waren allenfalls die Inhalte. Das begann mit dem Roman »Versuch über die Pubertät« (1974): Da hatte einer beschlossen, ganz offen von sich zu sprechen, von seinem Weg als Homosexueller, und keine kunstvollen Versteckspiele mehr mit dem »Ich« zu veranstalten. Aber war dadurch irgend etwas gewonnen? Im Gegenteil, die Inszenierungen wirkten nun plump und gesucht.

Wieder steht einer abseits: Diesmal in einem brasilianischen Seziersaal, und so, wie die Leichen Schicht für Schicht auseinandergenommen werden, will der Erzähler, Fichte selbst, seine Pubertät aufdecken. Eine aufdringliche Symbolik. Außerdem läßt sich eine Autobiographie nicht mit den gleichen Mitteln bestreiten wie ein Roman – auch wenn das Buch dieses Etikett trägt.

Gehört denn aber der »Versuch über die Pubertät« nicht unmittelbar zu den ersten drei Romanen dazu? Führt die Autobiographie sie nicht konsequent weiter? Nein, ich glaube, der »Versuch« führt nicht weiter, er führt in eine ganz andere Richtung: Er ist weniger viertes Stück der Hamburger Romane als Vorläufer jener ethnographischen Versuche, die Fichte danach angestellt hat. Das Buch ist als ehrliche und mutige Konfession begrüßt worden, dagegen ist wenig zu sagen. Aber ein großes Buch? Nein. Radikalität und Schamverletzung schließen Literatur nicht aus, keineswegs, doch wird auch das aufrichtigste Geständnis nicht automatisch zu bewegender Literatur.

Der Lyriker Peter Rühmkorf gehörte zu den wenigen, die damals skeptisch waren, er warnte Fichte freundschaftlich davor, »sich mit magischen Beziehungsphantasien selbst etwas vorzuzaubern«. Doch der war schon wieder weit weg. »Allmählich entwickelte sich in mir die Freiheit«, schrieb er vorausschauend im »Versuch über die Pubertät«, »das Diskrepante zu schreiben, das ich früher in der Lokstedter Einheitlichkeit sorgsam wegstrich«. Sein Programm: »Meine Niederlagen fixieren, Sprünge, Widersprüche, das Unzusammenhängende nicht kitten, sondern Teile unverbunden nebeneinander bestehen lassen.« Und er fragte sich, »ob ich nicht ein lyrischer Reporter werde, der die Methoden der ethologischen und ethnologischen Feldstudien auf das Lokstedter Innenleben anwendet«.

Soll man die beiden Bücher »Xango« und »Petersilie« (1976 und 1980), die Aufzeichnungen über die afroamerikanischen Mischreligionen enthalten, an diesem Programm messen? Als Fichte diese Sätze formulierte, existierte in seinem Kopf schon der vage Plan für ein umfangreiches Romanprojekt – und wie sich nun in der geplanten Ausgabe der »Geschichte der Empfindlichkeit« zeigt, werden die Stationen der Reisen noch einmal in dem Mammutwerk auftauchen.

Jene zwei Reisebücher hingegen, die von manchen Kritikern zu Meisterwerken der Literatur erhoben wurden, sind im Grunde nichts anderes als Materialsammlungen und Skizzenbände, allenfalls Vorarbeiten: Probeläufe einer schroffen Montagetechnik. Deswegen wohl auch – und um seine Absichten ein wenig zu verstecken – hat Fichte sie nicht einfach in Tagebuchform geschrieben, was vielen Lesern den Zugang gewiß erleichtert hätte.

Beeindruckend bleibt die unglaubliche Energie, mit der Fichte sich auf die Fahrt und an die Arbeit gemacht hat. Er studierte ja nicht bloß fremde Sprachen, Riten und Gebräuche, sondern es entstanden zugleich, wie man jetzt weiß, Tausende von Seiten. Beeindruckend auch die Pionierrolle Fichtes: Als 1968 und danach die Studenten in Deutschland ihr Interesse an der Politik entdeckten, zog er mit dem gerade durch den »Palette«-Roman verdienten Geld in die Fremde, und er zog immer weitere Kreise. Wer hat denn zu jener Zeit etwas mit dem Begriff »Ethnologie« anfangen können? Heute erst, wo andere Autoren wie Botho Strauß fremde Religionssysteme als Anregung begreifen, wo es ein über die psychologische Introspektion hinausgehendes Interesse an Riten und Ritualen gibt, kann man ganz ermessen, wie eigenwillig und eigensinnig da einer gehandelt hat: abseits, registrierend, sammelnd – und seien es die Namen der »rituellen Pflanzen der afrobrasilianischen Religionsgruppe«.

Der Romanzyklus

Wer also war Hubert Fichte? Woher die Sucht, alles zu katalogisieren? Warum bei einem Schriftsteller diese journalistische Leidenschaft, sich in den fernsten Ecken umzublicken? Dieser Eifer, in der Fremde Menschen mit dem Mikrophon entgegenzutreten? Wird uns »Die Geschichte der Empfindlichkeit« eine Antwort geben? Und wird der Romanzyklus zeigen, wozu der Autor all diesen Aufwand getrieben hat?

Als Marcel Proust im Jahre 1912 für seinen vielbändigen Roman »Auf der Suche nach der verlorenen Zeit« einen Verleger suchte, erhielt er lauter Absagen. »Ich kann es nicht auf mich nehmen, ein Werk von solcher Länge, das außerdem so vollkommen anders ist als alles, an das die Leser gewöhnt sind, zu veröffentlichen«, schrieb einer. Ein anderer: »Lieber Freund, vielleicht bin ich vernagelt, aber ich kann es nicht verstehen, daß ein Mensch dreißig Seiten braucht, um zu beschreiben, wie er sich vor dem Einschlafen im Bett hin und her wälzt.« Schließlich fand Proust einen Verleger, der den ersten Band annahm, freilich ohne diesen gelesen zu haben und erst nachdem der Autor zugesagt hatte, die Druckkosten zu tragen.

Ein Autor, der heute mit einem ähnlich umfangreichen Werk auftritt, kann der Aufmerksamkeit gewiß sein. Fichte hat nie einen Hehl daraus gemacht, daß Prousts grandioses Literaturwerk sein Ideal gewesen ist – schon lange bevor er Pläne zu einem eigenen Romanzyklus hatte. Proust und die Namen seiner Romanfiguren kommen in den Büchern Fichtes immer wieder vor; auf seinen Reisen soll Fichte die »Recherche« stets mit sich geführt haben. Und als die »Geschichte der Empfindlichkeit« schon in Arbeit war, hat er in einem Fernsehinterview ganz unverblümt davon gesprochen: »Die ›Recherche‹ ist für mich das wichtigste Buch dieses Jahrhunderts. Und wenn Sie wollen, will ich das, was Proust einmal für Paris gemacht hat, noch einmal machen für Hamburg.«

Wiederholung oder Gegenentwurf? Größere Gegensätze sind im Grunde nicht denkbar als zwischen Proust und Fichte: dort der in seinem mit Kork ausgestatteten Zimmer Liegende, hier der sich durch die Welt Bewegende. Während Proust in sich hineinhorchte, versuchte Fichte, sich in der Konfrontation mit der Außenwelt zu entdecken – kann der ethnologisch geschärfte Blick ebensoviel ausrichten wie einst die der Psychoanalyse verwandte Introspektion?

Von den geplanten neunzehn Bänden der »Geschichte der Empfindlichkeit« sind zwölf bei Fichtes Tod im Manuskript vorhanden gewesen, darunter drei mit »Glossen«. Hinzu kommen vier Begleitbände: »Paralipomena«, wie die Herausgeber Gisela Lindemann und Torsten Teichert es vornehm nennen: Reiseberichte, Radiotexte, Materialien. Da zwei der sechzehn Bücher des Umfangs wegen in zwei Teilen erscheinen werden, ergibt das am Ende achtzehn Einzelbände. Laut Editionsplan sollen pro Halbjahr zwei davon erscheinen, so daß die »Geschichte der Empfindlichkeit« Anfang der neunziger Jahre abgeschlossen vorliegen könnte (bis auf einen Band, den

Fichte für zwanzig Jahre sperren ließ). Zunächst sind jetzt erschienen: der erste Romanband, »Hotel Garni«, und die erste Hälfte eines Begleitbandes mit literaturtheoretischen Aufsätzen, »Homosexualität und Literatur«.

Die Nacht im »Hotel Garni«

Da ist er wieder: Jäcki. Fichtes Alter ego aus der »Palette« ist im Roman »Hotel Garni« ein paar Jahre jünger: Eine Nacht des Jahres 1961 in einem Hotel wird geschildert. Zum ersten Mal beginnt ein Roman Fichtes im Imperfekt: »Er zerschnitt ihre Photos. Irma ließ ihn.« Irma, mit der Jäcki später, zur Zeit der »Palette«-Besuche, zusammenleben wird, ist die erste Frau, mit der der schwule Held schläft. Die beiden erzählen sich in dieser Nacht ihre Lebensgeschichte. Aber wird etwas geschildert, wird überhaupt erzählt?

Das könnte einen wunderbaren Auftakt für eine lange Geschichte ergeben: die bizarre erotische Begegnung, durchsetzt mit Dialogen, eine tastende Annäherung der Körper und Erinnerungen, ein spannendes Ineinander auf verschiedenen Ebenen – vergleichbar Prousts träumerischem und zeitenthobenem Beginn. Was fühlt einer, der bisher ausschließlich Männer liebte, bei der Berührung einer Frau? Was für Gedanken, Gefühle hat er?

Nichts davon. Fichte hat es anders gewollt. Gewiß hätte es wenig Sinn gehabt, mit Proust in der Beobachtung geheimster seelischer Vorgänge konkurrieren zu wollen. Er ist den entgegengesetzten Weg gegangen. Keine Gedanken, kaum Gefühle; der Leser bleibt draußen, allenfalls darf er einer Art Gesprächsprotokoll lauschen. Und nicht einmal das: kaum Dialog, sondern erst berichtet Jäcki, dann – in der zweiten Hälfte – Irma. Zwischendurch das Ereignis, nicht mehr als vier Worte: »Ich ficke eine Frau!«

Und noch eine Bemerkung: »Früher hätte Jäcki geglaubt, man würde dabei ohnmächtig.«

Wird er nicht, aber das ist alles, was zu erfahren ist. Ist das Kalkül? Erzählerische Strategie? Es muß wohl so sein. Fichte wollte die literarische Engführung. Nichts gegen Schmucklosigkeit, nichts gegen Kargheit, nichts gegen Aussparung – doch hat Weglassen ja nur Sinn, wenn der Leser Lust bekommt, die Leerstellen im Geiste zu füllen. Davon kann hier keine Rede sein. Und manches, was wir erfahren, kennen wir längst. Nicht, daß es in früheren Romanen schon vorkam, ist das Problem, sondern daß es dort überzeugender formuliert war. Es hilft nichts: Der Roman »Hotel Garni« ist, so wie er jetzt dasteht, ein Unglück.

Als Auftakt dieses so groß angelegten Unternehmens ist das Buch von erschreckender Belanglosigkeit und Dürftigkeit. Und rührend brav: »Ich sagte jedem, der es hören wollte und jedem, der es nicht hören wollte, daß ich schwul sei.« Sagt Jäcki zu Irma. Und fast scheut man sich, aus diesem Buch überhaupt zu zitieren. »Ach, die Wörter kehrten sich um vor der Schönheit des Klaus'schen Arsches.« Ja, wenn Jäcki doch nicht nur reden, sondern Klaus und seinen Arsch einmal dem Leser vor Augen führen würde. Aber die Figuren, die in Jäckis und Irmas Lebensbeichte vorkommen, lassen den Leser so gleichgültig wie das Liebespaar selbst, das sich im Hotelzimmer liebt.

Sergio, Aldo, Alex, Stefanie; der Bauernhof, das Gestüt, die Landwirtschaftsschule; Dithmarschen, Frankreich, Schweden – alles gleich. In Schweden, immerhin, eine Ahnung von Eifersucht: wegen Rüdiger. Aber schnell wieder Entwarnung: »Alles fing immer wieder von vorn an.« Man darf gar nicht daran denken, welchen Kosmos Proust dieser Leidenschaft, die Leiden schafft, einst abgelauscht hat.

Einmal kommt es doch zu einem Dialog zwischen Jäcki

und Irma. Der Schwule, der nun bisexuell ist, möchte wissen, was eine Frau bei der Liebe empfindet. Der Ethnologe befragt das Mitglied eines sehr fremden Volkes: das könnte reizvoll sein. Aber es ist doch nur eines jener Interviews geworden, wie sie in jedem Taschenbuchständer heute schubweise zu haben sind.

Nein, man muß gar nicht Proust bemühen, um seine Enttäuschung zu bezeichnen. Es reicht, Hubert Fichte an sich selbst zu messen, an seinen besten Romanen, um fassungslos vor diesem lieb- und freudlosen Buch zu stehen.

Eine Welt im Essay

Dagegen sind die Essays aus dem ersten Teil von »Homosexualität und Literatur« zunächst eine freudige Überraschung. Die meisten werden hier zum ersten Mal gedruckt. Fichte hat 1975, also recht spät, damit begonnen, sich theoretisch zur Literatur zu äußern; fast alle Arbeiten entstanden für den Rundfunk. Den Plan, sie einmal in einem Buch zu sammeln, gab es schon länger und ganz unabhängig vom Romanprojekt, dem dieser Band jetzt zugeordnet wurde.

Was für eine erlesene Galerie an Porträtierten! Schon das Inhaltsverzeichnis macht neugierig: Der Bogen reicht von Herodot über den Barockdichter Daniel Casper von Lohenstein bis zu de Sade und Henry James, dazu kommen polemische Anmerkungen zu Rimbaud, Lévi-Strauss und dem Jesuitenpater Alonso de Sandoval. Der Titel »Homosexualität und Literatur« ist irreführend, es gibt weder eine Theorie in diesem Band, noch spielt das Thema eine besondere Rolle. Es geht Fichte vielmehr darum, seinen Platz innerhalb der mit Entdeckerfleiß zusammengetragenen Ahnenreihe zu bestimmen: dort, wo er eine Wahlverwandtschaft spürt, mit heftiger Identifikation, dort, wo er – wie er glaubt – auf ethnologischen Dilettantismus stößt, mit höhnischer Zurückweisung.

Daß ein Buch wie »Traurige Tropen« von Lévi-Strauss ein Erfolg werden konnte, findet Fichte skandalös. »Ich möchte die Methode wissen, wie man, ohne eine Sprache zu beherrschen, über Gedanken in diesem Sprachbereich etwas Stichhaltiges äußern kann.« Über Seiten rechnet er dem Franzosen Fehler und Ungenauigkeiten bei dessen brasilianischen Reisebeschreibungen vor. Nicht besser kommt der Lyriker Rimbaud mit seinem Afrikabericht weg. Dagegen ist Fichte voller Bewunderung für den deutschen Missionar Jakob Spieth und dessen 1906 veröffentlichtes Buch über die afrikanischen Ewe-Stämme. »Rimbaud ließ sich, bewußt, auf ethnographische Aussagen ein, Spieth, ohne es zu wissen, auf poetische.« Da ist ein Geistesverwandter entdeckt und einer, dessen Geduld, Sprachkenntnis und Sorgfalt bewundert werden: »Jakob Spieth hat das Material in zwanzig Jahren Missionsarbeit gesammelt.«

Die großen Offenbarungen für Fichte aber sind Herodot und Lohenstein. Er stilisiert sie – und kann Argumente dafür ins Feld führen – zu seinen literarischen Heroen, deren Unbekanntheit hierzulande in seinen Augen nur ein neuer Beleg für den von ihm beklagten »Halbalphabetismus« ist. An dem einen, Lohenstein, bewundert er, daß dieser Anschluß an eine »mächtig ordinäre Sprache« gefunden habe, »die bei Luther immer gegenwärtig war, welche die Klassik unserer Poesie aber gründlich ausräumte, so daß wir heute noch keine Fickerei beschreiben können, ohne klinisch zu sein oder brutalistisch«; an dem anderen: »Herodot trennt auf eine moderne Weise Bericht und Kommentar, zu einem Vorfall zitiert er oft mehrere Zeugenaussagen und überläßt dem Leser das Fazit. Es ist ein journalistisches Verfahren und ein poetisches.«

In den sorgfältigen Anmerkungen des Bandes »Homosexualität und Literatur« (sie stammen von Torsten Teichert) erfahren wir, daß Fichte zusammen mit seiner Lebensgefährtin, der Photographin Leonore Mau, Altgriechisch lernte, indem beide die Werke Herodots vollständig ins Deutsche übertrugen. Für Fichte ist Herodot die lange gesuchte Identifikationsfigur, und begierlich notiert der Junge, was der Alte vorweggenommen hat. »Ich staune aber«, sagte Herodot von sich: »meine Rede, meine Worte untersuchten von Anfang an Nebensachen, Abschweifungen, Anhängsel, Details ...« Immer wieder hebt Fichte die Neugier und das Selbstbewußtsein des Griechen hervor. Und er schreibt: »Es bleibt unfaßlich, daß nach einem so neugierigen Beginn ein so unneugieriges Europa entstand, für das Wissen selten etwas anderes war als Macht, die Kolonialgeschichte Europas bleibt die Geschichte der Unempfindlichkeit.«

Die Geschichte der Unempfindlichkeit: Dagegen wollte Fichte seine »Geschichte der Empfindlichkeit« setzen, und tatsächlich läßt dieser Essayband über weite Strecken, im eifrigen und eifernden Dialog mit Freund und Feind, eine Ahnung davon entstehen, was Fichte wohl vorschwebte. Die Sehnsucht nach Liebe war sein Antrieb, nach einer umfassenderen, als sie auf Erden uns Hetero-, Bi- oder Homosexuellen gewöhnlich gegeben ist, er suchte eine Welt, in der Menschen einander nicht quälen und zerstören.

Wer war Hubert Fichte? Hier, scheint es, kommen wir ihm am nächsten:

»Herodot, mein Freund.
Herodots Umgetriebensein, nicht stillsitzen können.
Was ist hinter der Ecke!
Was ist jenseits der Bergkette!
Nicht: Wissen ist Macht! – sondern:
Reisen ist Wissen.«

Herodots Text lege nahe, schreibt Fichte, »daß, da man des Sex wegen reist, Reisen ein sexuelles Bedürfnis sei schreiben und aufdecken!« War es das? Oder ist das schon wieder etwas zu eingeschränkt? Ein Versteckspiel hinter vermeintlicher Offenheit?

Einer steht abseits, aber er sucht Verbündete. Er betritt fremdes Terrain, schlägt unbekannte Bücher auf, folgt seiner eigenen Nase. Und wieder sammelt er: Zitat für Zitat, registrierend und archivierend. Darin ist nur selten etwas wie Ordnung zu entdecken. Essays wie von Thomas Mann (dessen Fähigkeit, fremdes Material zu integrieren, er bewunderte) lassen sich von Fichte nicht erwarten. Der trägt Material zusammen, das staunen macht. »Auch das Zitieren«, wußte Thomas Mann, »ist eine Form der Dankbarkeit.«

Entdeckungen und Enttäuschungen

Die Herausgeber stehen nun vor einem großen Problem, besonders was die Rundfunktexte Fichtes angeht. Was gesprochen vielleicht noch übersichtlich sein mag, wirkt gedruckt oft nur wirr und chaotisch. Es wäre wichtig gewesen, das genialisch Impulsive der Fichteschen Arbeitsweise durch ein klares Druckbild (etwa eine deutliche Unterscheidung von Zitaten und Autortext) zu steuern.

Eine falsche Ehrfurcht hat das in diesem Fall verhindert. Gleich der erste große Aufsatz, besser: Ansatz eines Aufsatzes, jener über de Sade, ist ein so unverdaulicher Brocken, daß selbst gutwillige Leser schon hier die Lust verlieren können. Das ist die pure Materialsammlung, dazu deutlich in zwei Versionen: Mittendrin beginnt die ganze Geschichte noch einmal neu, Fichte nennt es eine Zusammenfassung – und schon ufert alles wieder aus.

Wer sich auf »Die Geschichte der Empfindlichkeit« einläßt, wird sich auf Entdeckungen und Enttäuschungen gleichermaßen einstellen müssen. Sollte dieser Anfang nur halbwegs repräsentativ für das Folgende sein, so darf man nicht eine Summe des Lebens und Schreibens erwarten, nicht die ruhige Bilanz, kein gelassenes Resümee, ganz und gar nichts Abgeklärtes. Das bedeutet ja wohl auch »Empfindlichkeit«: offen zu bleiben, offen zu lassen, ausgesetzt und störbar zu sein.

Proust schwebte, als er an der »Suche nach der verlorenen Zeit« schrieb, das Bild von Lesern vor, die zu Lesern ihrer selbst werden sollten; er wollte ein Buch schreiben, »durch das ich ihnen ermöglichen würde, in sich selbst zu lesen«. Doch dazu mußte erst einmal der Schriftsteller sich selbst kennen.

Hubert Fichte war auf dem Weg. Ob er dem Ziel, dem fernsten, nämlich dem eigenen Ich, wirklich näher gekommen ist, werden die folgenden Bände seiner »Geschichte der Empfindlichkeit« zeigen müssen. Bisher läßt sich nur feststellen: Der Selbstentblößer verbirgt sich, und der Leser wird keinesfalls zum Leser seiner selbst.

(1987)

Pro und Contra

Verabreden sich zwei Kritiker zum Disput über ein neues Buch, ist zweierlei Bedingung: Zum einen sollte es sich um ein Werk handeln, das die Debatte lohnt, zum anderen sind beide Rezensenten gehalten, ihre Argumente in die eine oder andere Richtung zuzuspitzen. So ist auch die folgende Pro-Stimme zu verstehen. Die »Zeit«-Kontroverse über Christa Wolf und ihre neue Erzählung »Was bleibt« in der Ausgabe vom 1. Juni 1990 war Auftakt zu einer Neubewertung von Schriftstellern aus der DDR. Die beiden Beiträge (die Contra-Stimme »Mangel an Feingefühl« stammt von Ulrich Greiner) wurden später in zahlreichen Sammelbänden und Schulbüchern nachgedruckt.

Kunstvolle Prosa

Christa Wolfs Erzählung »Was bleibt«

Ihr ist nichts vorzuwerfen. Sie hat nie ein Amt bekleidet, sie hat sich nie danach gedrängt, in einem Verband den Vorsitz zu führen, sie hat sich nicht einmal um die Rolle beworben, die Grand Lady der Literatur zu werden. Sie ist berühmt geworden, weltberühmt. Durch öffentliche Auftritte? Durch politische Parolen? Durch üble Nachrede? Nein, nur durch eines: durch ihre Arbeit, durch die Literatur.

Christa Wolf wurde zur wichtigsten Schriftstellerin der DDR und so – nolens volens – zu einer moralischen Instanz. Wo sie las, waren die Säle voll, wenn sie auf Fragen antwortete, lauschte das Publikum begierig, wenn die Menschen nicht weiterwußten, schrieben sie ihr Briefe. Sie hatte keine Antworten zu bieten. Aber sie ließ Fragen zu. Und sie selbst öffnete sich immer mehr dem Fragen, auch und gerade in ihrer Literatur. Die »richtigen Fragen«, heißt es in dem neuen (alten) Prosatext

»Was bleibt«, erkenne man daran, »daß sie einem außer Schmerz auch eine gewisse Befriedigung bereiteten«.

Einige Worte über Christa Wolf und ihre Rolle in der DDR, ein paar Überlegungen zu ihrem Werk sind angebracht, bevor ich auf diese Erzählung eingehe. In der berühmten Rede »Öffentlichkeit als Partner« – sie entstand 1958 – wies Max Frisch auf ein Problem hin: »Plötzlich soll man etwas zu sagen haben, bloß weil man Schriftsteller ist.« Und weiter: »So rächt sich die Öffentlichkeit dafür, daß wir sie angesprochen haben!« In der Tat, ein Paradox: Ausgerechnet der Schriftsteller, der doch ein unsicherer Kantonist ist, der die direkten Aussagen scheut, der lieber umschreibt und umkreist, dessen Domäne das Fragen, die Andeutung, die Aussparung ist, er, der Schwierigkeiten mit der Sprache und dem Sprechen hat (warum sonst sollte er schreiben, vor allem: immer wieder schreiben?) – er ausgerechnet soll dazu taugen, in schwieriger Zeit den Weg zu weisen, sich klar auszusprechen, die richtige Parole des Tages zu finden?

Das mag ja vorkommen. Es hat in unserem Kulturkreis mehr als einmal die bewunderungswürdige Doppelbegabung gegeben oder den noch bewunderungswürdigeren Sprung über den eigenen Schatten. Ich klage an! Ich greife ein! Ich fordere! Gut, daß es diese Reden und Zeitungsartikel, diese Debatten und Beiträge zum politischen Geschehen gibt, die in den besten Beispielen um so vieles luzider sind als alles, was die Politiker, Redenschreiber und, ja, Journalisten zuwege bringen. Aber kann man, darf man deshalb einen Schriftsteller danach beurteilen, ob ihm derlei gelingt oder nicht?

Daß Dichter im Alltag keineswegs immer die Heldenrolle spielen, daß sie für Ideologien anfällig, für Versprechungen zugänglich sind, das weiß man doch nicht erst seit dem Abbau der Mauer. Was man auch wissen kann: daß die Schriftsteller in ihren Texten oft um vieles klüger als im Leben sind – in ihren literarischen Texten nämlich. Und um die geht es. Seit Ende der sechziger Jahre (seit »Nachdenken über Christa T.«) entstand ein großes, großartiges erzählerisches Mosaik mitsamt Ergänzungen und Randglossen, das auf stille, oft still verzweifelte Art mit den Verhältnissen in der DDR zu tun hat. Doch es wäre klein gedacht von diesem Werk der Christa Wolf, es hieße dessen Rang völlig zu unterschätzen, wollte man die Texte lediglich auf Einblicke ins Getriebe dieses Staates hin lesen. Zu lesen ist ihre Prosa vielmehr im Zusammenhang mit der internationalen Literatur unseres Jahrhunderts, im Sinn etwa des fundamentalen Satzes von Octavio Paz: »Der Schriftsteller spricht nicht vom Nationalpalast, vom Volksgerichtshof oder von den Büros der Zentralkomitees aus; er spricht nicht im Namen der Nation, der Arbeiterklasse, der Parteien. Er spricht nicht einmal im Namen seiner selbst: das erste, was ein wahrhaftiger Schriftsteller tut, ist, an seiner Existenz zu zweifeln. Literatur beginnt, wenn einer sich fragt: wer spricht in mir, wenn ich spreche?«

Diese Frage, und keine andere, ist es, die (von den Anfängen abgesehen) das Werk der Wolf im Innersten zusammenhält – und immer wieder aus der Form bringt, über die Grenzen treten läßt. »Wer spricht?« so lautet die Frage gleich zu Beginn des erfundenen Treffens von Kleist und der Günderrode (»Kein Ort. Nirgends«) – eine Antwort auf diese Frage findet sich in dem großartigen Buch nicht. Es kann sie nicht geben, weil ein organisierendes Ich in Zitaten, Überschneidungen, Anverwandlungen gewissermaßen *aufgehoben* ist. »Unentschieden war, ob ich – wer: ich? – wieder aufsteigen würde«, so spricht die Seherin aus Troja (»Kassandra«). »Alles, was ich habe denken und empfinden können, ist über den Rand der Prosa hinausgetreten«, so heißt es im »Störfall« – ein Titel, der mehr meint als allein die Atomkatastrophe von Tschernobyl. »Auffallend ist«, so lautet die warnende Formel im »Kindheitsmuster«, »daß wir in eigener Sache entweder romanhaft lügen oder stockend und mit belegter Stimme sprechen. Wir mögen wohl Grund haben, von uns nichts wissen zu wollen (oder doch nicht alles – was auf das gleiche hinausläuft).«

Wie unbeschwert naiv dagegen die Forderung, da müsse sich nun endlich jemand bekennen, von sich sprechen und Niederlagen offenlegen! Im Prosawerk (und in Essays und Gesprächen) geht es seit den Tagen der »Christa T.« bei Christa Wolf um nichts anderes als um die »Schwierigkeit, ich zu sagen« – und um die »Unfähigkeit, die Dinge so zu sagen, wie sie sind«. Also doch? Gewiß ist da auch der Mut gefordert, über die Bedingungen im eigenen Land zu reden, doch die Frage im »Störfall«, »ob ich nicht seit langem schon diejenigen Bilder, die in mir auftauchten, greller und gegen mich selbst rücksichtsloser hätte beschreiben müssen«, ist die Frage einer Literatur, die sich mit Fiktionen, mit Verkleidungen nicht mehr abfinden will – nicht etwa ein spezifisches DDR-Problem, sondern eines moderner Prosa schlechthin. »Die Abneigung gegen das Erfinden zum Zwecke der Selbst-Schonung kann wachsen bis auf den Punkt, da sie unüberwindlich wird und die Selbstachtung davon abhängt, daß man mit offenem Visier vor die Leser tritt«, schrieb Christa Wolf 1975 über Max Frisch.

Wie erklärt sich der weltweite Erfolg? In Amerika, Japan, Schweden – überall Leser, die sich all die Jahre für nichts brennender interessiert hätten als für die Probleme des angeblich real existierenden Sozialismus? Das kann wohl nicht sein. Christa Wolf hat früh damit begonnen, die thematische Hinwendung zu Problemen des Schreibens durch einen entschiedenen Zugriff auf den Alltag aufzulockern und dieser Hinwendung durch Öffnung ins Autobiographische die theoretische Schwere zu nehmen. Das beginnt – zunächst noch versteckt – schon in den sechziger Jahren, parallel zu den ersten Büchern:

in kurzen Prosastücken wie »Dienstag, der 27. September« oder »Juninachmittag«.

Der Verlauf weniger Stunden, eines einzigen Tages wird geschildert – und das sich in diesem Zeitraum bewegende und verändernde Ich mit seinen flüchtigen Gedanken, raschen Gesprächen, Erinnerungen und Assoziationen: ein Ich, das sich nur mühsam seine Identität buchstabiert. Der »Störfall« (Untertitel: »Nachrichten eines Tages«) gehört hierher, mit Einschränkungen auch »Kein Ort. Nirgends« – und nun »Was bleibt«, jene Erzählung, die Christa Wolf im Sommer 1979 geschrieben, im November 1989 überarbeitet hat und die in der nächsten Woche erscheinen wird.

Endlich also: Was ist davon zu halten? Um mit dem zur Zeit vielleicht Uninteressantesten zu beginnen: Das ist eine wunderbare, kunstvolle Prosa. Hier gelingt (was im »Störfall« bisweilen mißriet): das sanfte Ineinander von Tageslauf und Bedrohung, von Alltag und Ausnahme. Die Situation: Eine Schriftstellerin, unverkennbar Christa Wolf, wird überwacht, auffällig überwacht. Vor ihrer Wohnung parken Autos, darin jeweils »zwei, drei kräftige, arbeitsfähige junge Männer in Zivil, die keiner anderen Beschäftigung nachgingen, als im Sitzen zu unserem Fenster herüberzublicken«.

Schon am Morgen nach dem Aufwachen der Sog zu diesem Fenster hin. »Übrigens standen sie nicht da.« So fängt das im Text an, so raffiniert inszeniert sich diese Erzählung, als wollte sie sich nicht unterkriegen lassen. Später stehen *sie* doch da. »Es war neun Uhr fünf.« Hilflose Suche nach Geborgenheit im Blick auf die Uhr, Zeit: das einzige noch funktionierende Ordnungssystem. Einmal hat die Ich-Erzählerin gewinkt, die anderen betätigten die Lichthupe; einmal wurde eingebrochen, es soll gar nicht verheimlicht werden. »Auffälliges Vorhandensein« sei das, erklärt tröstend ein Freund, der sich auskennt: die erste Stufe des Stasiterrors.

Wie diese Bewachung das Ich verändert, es aufzulösen droht, das ist es, was diese Geschichte erzählt – und was sie über den bloßen Bericht von einer Überwachung hinaushebt. Und so fügt sich »Was bleibt« wie ein fehlendes Mosaiksteinchen in die erzählerische Welt dieser Autorin. Was nicht heißen soll, daß das kurze Prosastück etwa nicht taugt als präzise Beschreibung einer historischen, einmaligen Situation (deren Nähe zum Terror der Gestapo deutlich genug ausgesprochen wird): Ganz im Gegenteil, gerade die Konzentration auf den einen, den eigenen Fall macht diese Prosa mustergültig. Wie da ein Mensch unfähig (gemacht) wird, vertrauliche Briefe zu schreiben, unverstellt am Telephon zu sprechen, den Tagebüchern ungeschützte Formulierungen anzuvertrauen – das wird unaufgeregt, aber eindringlich und unerbittlich festgehalten. Auch die heimliche Kumpanei, der verquere Stolz auf die aufwendige Bewachung, die ja auch Beachtung ist: »Eitelkeit, Zorn, Enttäuschung und Selbstmitleid«. Kein selbstausgestelltes Ruhmesblatt, kein Heldenbericht: »Was bleibt« zeigt ein Ich in seiner Hilflosigkeit und Ratlosigkeit. Soweit die Prosa. Nun werden manche fragen, war sie, die Autorin, denn hilflos? Und warum erscheint das Buch erst jetzt? Wird es dadurch nicht entwertet, verliert es nicht an Brisanz? Daß Christa Wolf nicht in den Westen gegangen ist (eine Entscheidung, die sie sich schwergemacht hat, wie man aus Reden und Gesprächen weiß), dafür gibt es manche, wie ich finde, akzeptable Gründe. Daß sie nichts im Westen veröffentlichen wollte, was nicht auch in der DDR erscheinen konnte, ist für mich schon schwerer zu verstehen (das Risiko, das sie eingegangen wäre, allerdings schlecht einzuschätzen). Gut – aber die Qualität eines Textes hängt wohl nicht von seinem Erscheinungstermin ab? Vielleicht hätte es das Buch früher geben können. Schön, daß es jetzt endlich da ist.

Was also wirft man Christa Wolf vor? Daß sie trotz aller Erfahrung (selbst der Bespitzelung) noch zu den gläubigen Sozialisten zählt, ihre zweiflerische, unentschiedene, widersprüchliche Haltung, das Ängstliche und Tastende? Das eben ist zugleich der Boden, auf dem ihre Literatur entstanden ist. Christa Wolf hat nun einmal auf diese Weise die Entwicklung zu einer großen Schriftstellerin erlebt. Ihrer literarischen Texte seit »Christa T.« muß sie sich nicht schämen, ebensowenig ihrer theoretischen Überlegungen oder Essays. Wenn jetzt, in Anspielung auf den Titel ihrer nachgereichten Erzählung, gefragt werden sollte: Was bleibt von Christa Wolf?, so kann sie dem gefaßt entgegensehen. Besser allerdings wäre die Frage: Was wird von Christa Wolf noch kommen?

(1990)

Mangel an Feingefühl

Von Ulrich Greiner

Das ist ja ein Ding: Die Staatsdichterin der DDR soll vom Staatssicherheitsdienst der DDR überwacht worden sein? Christa Wolf, die Nationalpreisträgerin, die prominenteste Autorin ihres Landes, SED-Mitglied bis zum letzten Augenblick, ein Opfer der Stasi? Sie berichtet es uns in ihrer neuen Erzählung. »Ende der siebziger Jahre«, so teilt der Verlag uns mit, sei sie »wochenlang« überwacht worden. Aufgeschrieben habe sie den Text 1979, überarbeitet »im Herbst 1989«. Wann genau? In diesem Herbst ist viel passiert, da kommt es auf das Datum an. Christa Wolf ist ein bißchen genauer. Am Ende der Erzählung steht: Juni-Juli 1979/November 1989.

Nun gut. Was will die Dichterin uns damit sagen? Will sie sagen: Die Stasi war so blöde, daß sie sogar eine Staatsdichterin bespitzelt hat? Oder will sie sagen: Seht her, ihr armen, von der Stasi um Ansehen und Zukunft gebrachten Mitbürger und ehemaligen Genossen, auch ich wurde überwacht, auch ich war ein Opfer, ich bin keine Staatsdichterin, ich bin eine von euch?

Das Unglück will es, daß wir inzwischen sehr viel über die Stasi wissen, daß wir sozusagen täglich mehr über diesen monströsen Apparat erfahren, über seine Rolle als Staat im Staat und über die Opfer, manchmal waren es Leichen, über die er hinwegging. Daran gemessen ist die Nachricht, Christa Wolf sei »wochenlang« überwacht worden, einigermaßen komisch. Es mag zwar die Tatsache, daß damals ein Wartburg mit drei jungen Staatssicherheitsbeamten vor ihrer Wohnung in der Ostberliner Friedrichstraße stand, durchaus lästig und vielleicht bedrückend gewesen sein, aber wäre es nicht richtiger gewesen, eingedenk des wirklich lebensbedrohenden Terrors der Stasi, über diese Bagatelle stillschweigend hinwegzugehen? Vor allem jetzt? Denn der 9. November ist doch mindestens in dieser Hinsicht eine historische Wasserscheide. Davor wäre die Publikation dieses Textes eine Sensation gewesen, die sicherlich das Ende der Staatsdichterin Christa Wolf und vermutlich ihre Emigration zur Folge gehabt hätte. Danach ist die Veröffentlichung nur noch peinlich. Peinlich wie ihr Parteiaustritt zu einem Zeitpunkt, der keine Risiken mehr barg.

Christa Wolf erzählt uns, wie sie am Bahnhof Friedrichstraße vorbeigeht, »in dem die Umwandlung von Bürgern verschiedener Staaten, auch meines Staates, in Transitäre, Touristen, Aus- und Einreisende vollzogen wurde«. Sie sagt uns, sie habe »den Argwohn« gegen diese »Objekte« lernen müssen (und meint offenbar die Amtsgebäude staatlicher Kontrolle), sie habe begriffen (und nun bitte genau hinhören), »daß sie alle dem Herrn gehörten, der unangefochten meine Stadt beherrschte: der rücksichtslose Augenblicksvorteil«.

Ist das nicht schön gesagt? Ja, es ist dieser angenehme Christa-Wolf-Sound, diese flaue Unverbindlichkeits-Melodie in der apart formulierten Sprache, es ist diese für Christa Wolf typische Unschärfe-Relation zwischen der wirklichen Welt, die als ferne Ahnung herüberschimmert, und der poetischen Welt ihrer Texte. Aus dieser Unschärfe-Relation hat sie schon immer ästhetischen Mehrwert geschlagen, nur war der Mehrwert noch nie so gering und so schäbig erkauft wie in diesem Text. Erkauft durch vorgebliches Nichtwissen, durch sträflich naives Erstauntsein. Denn hat nicht, soweit müßte Christa Wolf doch ihren Brecht kennen, das Verbrechen Namen und Anschrift? Der »Herr«, der ihre Stadt beherrscht, hat einprägsame Namen: Vopo, Stasi, SED. Sie weiß es, und sie schreibt »der rücksichtslose Augenblicksvorteil«. Und was heißt »Umwandlung von Bürgern«? Sollen wir auch diese Wendung als Mittel ironischer Distanzierung betrachten? Eine miese Ironie, die von »Umwandlung« spricht, wo es die Wahl gab zwischen Ausbürgerung und Ausreiseverbot.

Aber mißachten wir nicht, wenn wir so mit Christa Wolf ins Gericht gehen, ein elementares Gebot, das wir schon im Proseminar gelernt haben? »Was bleibt« nennt sich Erzählung, soll also Literatur sein, Fiktion, die wir nicht verwechseln sollten mit einem wahrheitsgetreuen Bericht. In der Tat: Der vorliegende Text vermeidet jede Konkretion. Weder von Stasi ist die Rede noch von Berlin. Terror findet statt. Aber kein Ort, nirgends. Eine Frau, offenbar Schriftstellerin, allein in ihrer Wohnung. Der Mann befindet sich einer Operation wegen im Krankenhaus. Und auf der Straße vor dem Haus drei Männer in einem Auto, Tag und Nacht, wartend, Kaffee trinkend, Bockwürste kauend. Das ist die Situation.

Ein literarischer Stoff, in der Tat. Zwar haben wir ihn schon häufiger gelesen, aber das macht nichts. »Nur keine Angst.« So beginnt die Erzählung. Viel später wird die Frau von sich sagen: »Ich – habe – Angst.« Dazwischen sagt sie: »Also nun mal der Reihe nach, und keine

Hektik.« Das sagt sie noch zweimal. Wir begreifen: Die Frau gerät in Panik. Wir begreifen noch mehr. Auf Seite 26 heißt es: »Ich hatte schon ziemlich lange nicht mehr geweint.« Auf Seite 43 lesen wir: »Ich weinte.« Es bleibt uns nichts erspart. Das etwa wären die dramatisch-literarischen Höhepunkte dieser »Erzählung«. Inhaltlich gibt es noch eine kleine Steigerung: Die Autorin soll eine Lesung abhalten. Die Geheimpolizei hat den Saal mit Spitzeln besetzt, das Publikum vor dem Gebäude, so berichtet man es der Autorin später, wird mit Gewalt auseinandergetrieben. Wie so oft nutzt Christa Wolf auch hier den scheinbaren Vorteil der Fiktion, nämlich im Ungefähren bleiben zu dürfen, und beansprucht zugleich die Dringlichkeit der harten Fakten. Nein, es hat keinen Zweck, so zu tun, als wüßten wir nicht, wer da spricht und wovon er spricht. Es ist Christa Wolf, es ist der SED-Staat. Sie entdeckt auf einmal, erfährt es am eigenen Leib, daß es das wirklich gibt: Terror und Repression. Als hätte sie nicht längst gewußt, daß Lesungen kontrolliert, daß Leser und Autoren drangsaliert, daß harmlose Bürger überwacht und inhaftiert wurden. Niemand verlangt von ihr, daß sie diese ihr offenbar spät zuteil gewordene Erkenntnis hinausposaunt. Sie hätte ja leicht Unterkunft im Westen finden können. Sie ist dageblieben, hat am Projekt des Sozialismus festgehalten. Ein Irrtum, den ihr niemand vorwerfen darf, denn auch wir (das heißt, von wenigen Ausnahmen abgesehen, die Literaturkritiker) haben uns geirrt, und das mit geringerem Einsatz und mit geringeren Risiken.

Unbegreiflich aber bleibt, daß sie jetzt, zehn Jahre danach, ein solches Getöse um traurige Geläufigkeiten veranstaltet. Gleich am Anfang heißt es: »In jener anderen Sprache, die ich im Ohr, noch nicht auf der Zunge habe, werde ich eines Tages auch darüber reden.« Von dieser »neuen, freien Sprache« schwärmt sie insgesamt fünfmal, und sie fragt sich: »Wieviel Zeit will ich mir noch geben?« Wir kennen die Antwort: bis zum November 1989. Immer wieder verblüfft sie uns mit ihrer Entwaffnungstechnik, indem sie alle Einwände schon gegen sich selber vorbringt: »Mein beschämendes Bedürfnis, mich mit allen Leuten gut zu stellen.« Oder: »Mit simplen Selbstbezichtigungen würde ich diesmal nicht davonkommen.« Wohl wahr.

Ach ja, diese anmutige Melancholie Christa Wolfs, diese zarte Entsagung! Der Tag beginnt, sie tritt ans Erkerfenster, »durch das zwar keine Morgensonne hereinfiel, denn es war ein sonnenarmes Frühjahr, aber doch Morgenlicht, das ich liebe, und von dem ich mir einen gehörigen Vorrat anlegen wollte, um in finsteren Zeiten davon zu zehren«. Kennen wir das nicht? Wie klang es in der Erzählung »Sommerstück« (1989): »Ein Alleinsein würde kommen, gegen das wir einen Vorrat an Gemeinsamkeiten anlegen wollten.«

Hier begegnen wir der inneren Logik des Wolfschen Erzählens. Es ist die altbekannte machtgeschützte Innerlichkeit, die sich literarische Fluchtburgen baut. Das erklärt zugleich den ungeheuren Erfolg Christa Wolfs: Sie ist die Malerin des Idylls. Mit süßer Wehmut beschwört sie die Natur (»Sommerstück«) oder das unbeschädigte Leben (»Störfall«, 1987) oder die Wonnen eines leckeren Frühstücks (»Was bleibt«). Das Idyll aber gewinnt seine Leuchtkraft erst vor dem schwarzen Himmel. Allgegenwärtig lauert eine dunkle Gefahr, die nirgends konkret und namhaft gemacht wird. Dagegen stimmt Christa Wolf ihre trauten Gesänge an, und Lieder im finsteren Wald klingen allemal eindrucksvoller als auf dem Marktplatz. Sie singt ja immerzu: Volkslieder aller Art, auf der Wiese, unter der Dusche, im Garten. Märchen fallen ihr ein. Und das summt so schön und leuchtet so schön, wenn diese kleinen Inseln flüchtiger Glückseligkeit in einem Meer grauer Melancholie schwimmen. Und insofern ist die Publikation dieses Textes doch nicht unbegreiflich.

Sie entspricht dem literarischen Kalkül Christa Wolfs, einer Autorin, die sprachliche Intelligenz mit schwermütiger Sentimentalität zu paaren weiß. Das kommt gut an.

Es ist ja nicht so, daß es keine deutschen Schriftstellerinnen gäbe, die so gut schreiben könnten wie Christa Wolf. Mir fallen Katja Behrens oder Keto von Waberer ein, vergleichsweise unbekannt natürlich, denn ihnen fehlt die real existierende Bedrohlichkeit, die Christa Wolf ebenso virtuos wie verlogen literarisch immerzu verwertet hat. Jetzt aber rückt ihr die Stasi auf die Pelle. Da schrumpft das Idyll auf das Erkerfenster zusammen. Da wächst das Rettende nicht mehr. War Christa Wolf vordem als Staatsdichterin wirklich machtgeschützt, so erlebt sie nun, wie die Macht sich gegen sie kehrt: »Ich – habe – Angst.«

Ein trauriger Fall. Ein kleines Kapitel aus der langen Geschichte »Deutsche Dichter und die Macht«. Mut zu haben ist schön, aber niemand darf verurteilt werden, ihn haben zu müssen. Daß Christa Wolf diesen Text in der Schublade behielt, ist ihr gutes Recht. Daß sie ihn jetzt veröffentlicht, verrät einen Mangel nicht an Mut, denn Gefahren drohen keine mehr, sondern an Aufrichtigkeit gegen sich selbst und die eigene Geschichte, einen Mangel an Feingefühl gegenüber jenen, deren Leben der SED-Staat zerstört hat.

(1990, © Ulrich Greiner)

Revision

Selten kommt es vor, daß ein Kritiker aufgefordert wird oder selbst die Neigung verspürt, ein früheres Urteil zu überprüfen, eine Rezension mit einigem Abstand noch einmal durchzusehen und erneut über dasselbe Buch zu schreiben. Bei einem solchen Nachtrag kann es sich sowohl um eine Bestätigung des Urteils als auch um eine Revision im Sinne einer Neubeurteilung handeln.

Wer hat Angst vor Christa Wolf?

Ein Jahr danach: »Was bleibt« und die Folgen – zehn Thesen

1. Der Streit war unvermeidlich. Es kam damals, vor einem Jahr, einfach zuviel zusammen: die neue politische Situation, der Rang und die Prominenz von Christa Wolf, der prägnante Titel »Das bleibt«, unser journalistischer Eifer, das Ausbleiben anderer Texte, die die Diskussion hätten auf sich ziehen können, die Verlockung schließlich, an einem überschaubaren Gegenstand eine tendenziell ins Uferlose führende Frage abzuhandeln: Bleibt etwas vom Sozialismus?

2. Die Tatsache, daß die Erzählung nicht das hielt, was sie scheinbar versprochen, besser wohl: was man sich von ihr versprochen hatte, scheint mir zum Teil die Wut zu erklären, mit der auf den Text reagiert worden ist. Die Erwartung war zu hoch, und sie war vermessen. Wie sollte im Sommer 1990 (zur Erinnerung: damals existierte die DDR noch) ein Schriftsteller in literarischer Form eine Antwort parat haben?

3. Literaturkritik kümmert sich nicht nur um die rein ästhetischen Belange eines Textes; das ist weder neu noch verwerflich. Das Werk an sich gibt es nicht; stets

ist unsere Wahrnehmung von – auch außerliterarischen – Vorverständnissen geprägt. Doch selten zuvor war in Artikeln, die sich als Rezension gaben, so wenig von Literatur die Rede wie in diesem Fall. Die Kritiker beschäftigten sich vornehmlich mit Äußerlichkeiten, mit dem, was in der Wissenschaft »Paratext« heißt: dem Titel, dem Klappentext, der Verlagsinformation, dem Hinweis der Autorin, daß und wann sie das Buch überarbeitet hat.

4. So zielten viele der Vorwürfe auch mehr auf die Autorin ab als auf den Text. Bis heute vermag ich einen großen Teil dieser Vorwürfe nicht nachzuvollziehen. Da hieß es, die Erzählung hätte zehn Jahre früher erscheinen müssen, dann wäre sie eine Sensation gewesen. Soll das bedeuten, dann wäre sie auch anders zu bewerten gewesen? Da hieß es, Christa Wolf hätte präziser angeben sollen, was sie Ende 1989 an dem Text noch verändert habe. In Form einer textkritischen Ausgabe? (Verstanden hätte ich den Wunsch nach einem Nachwort, nach einem Kommentar der Autorin.) Da hieß es, Christa Wolf wolle sich mit der Erzählung als Opfer hinstellen. Mit *der* Erzählung? Schließlich hieß es da, die Autorin müsse sich schämen, einen derart harmlosen Fall von Stasi-Überwachung auszubreiten. Verliert ein Kriegsroman an Brisanz, wenn er von Nebenschauplätzen handelt?

5. Die »Zeit«-Redaktion veranstaltete ein Pro und Contra in ein und derselben Ausgabe, was ich heute noch für eine gute Idee halte. Der Versuch meiner Pro-Stimme, die kleine Erzählung nicht allein im Bezugsfeld der sich anbahnenden Auflösung der DDR zu betrachten, sondern ein wenig trotzig darauf zu bestehen, daß ein Literaturkritiker sich auch um *literatur*historische Zusammenhänge zu kümmern habe, mußte damals wohl vergeblich sein. Verwunderlich war dennoch, daß die »Zeit« häufig – der Contra-Stimme von Ulrich Greiner wegen – als Teilnehmer an einer Kampagne gegen Christa Wolf zitiert wurde.

6. Eine Kampagne gab es nicht, auch sonst nicht. Und es stimmt nicht einmal, daß viele Kritiker plötzlich, im Sommer 1990, ihre Meinung über Christa Wolf geändert haben: Viele der Rezensenten hatten zuvor noch nie über Bücher dieser Autorin geschrieben. Und jene, die sich sonst um sie gekümmert hatten (Reinhard Baumgart, Fritz J. Raddatz oder Marcel Reich-Ranicki), äußerten sich nun überhaupt nicht dazu oder erst viel später.

7. Kunstvolle Prosa? Ja, finde ich. Immer noch.

8. Und Christa Wolf, um die es ja hauptsächlich, wenn auch nur beispielhaft gegangen ist: Wäre ihr wirklich nichts vorzuwerfen? Wenn es denn ein Vorwurf ist, vielleicht dies: Daß sie als integrative und Integrität ausstrahlende Persönlichkeit den Gedanken möglich machte, mit so einer Autorin auf der Haben-Seite könne die DDR-Bilanz nicht völlig negativ ausfallen. Das war eine Täuschung. Aber wer sich derart hat täuschen lassen, kann es eigentlich nicht ihr anlasten. Vor allem läßt sie sich nicht nachträglich zur Staatsdichterin stilisieren (die sie vielleicht früher einmal hätte werden können). Für viele Verzweifelte – nicht nur – unter den Kollegen hatte sie ein offenes Ohr und mehr als billigen Trost. Da das so war, mußten viele damals in der DDR das westliche Wüten gegen Christa Wolf mißdeuten: Wenn es eine solche Figur treffen kann, was ist sonst noch zu erwarten? Mancher mag da in der Folge Zuflucht in den alten windgeschützten Ecken gesucht und zu falscher Stallwärme gefunden haben.

9. Der Streit war nötig und vielleicht sogar nützlich: für uns im Westen, in der alten Bundesrepublik. Er hat zur Verständigung darüber gedient, wie wir es in Zukunft halten wollen mit den Erinnerungen an eigene Sozialismusträume und mit jenen Mitbürgern, die von sozialistischer Realexistenz gebeutelt worden sind, darüber also, wie sich das Gespenst am besten abschütteln läßt.

10. Der Streit mag unvermeidlich gewesen sein: Es war

dennoch ein Streit am falschen Objekt – und in der falschen Tonlage. Aber auch das ist ja nun schon Geschichte.

(1991)

Teil III
Interviews und Porträts

Gespräch

Das folgende Gespräch mit Jurek Becker fand am 14. September 1986 in Berlin statt. Auszüge daraus wurden zunächst im Aufmacher der »Zeit«-Literaturbeilage zur Frankfurter Buchmesse im Oktober 1986 verwendet, einer Porträtkritik aus Anlaß von Beckers neuem Roman »Bronsteins Kinder«. Später entstand die Idee, das komplette Interview im Reclam-Jahresüberblick »Deutsche Literatur 1986« zu publizieren. Die Unterscheidung zwischen Gespräch und Interview ist eher äußerlich und vom Umfang bestimmt. Beim »Spiegel« gilt außerdem die Regel: ein »Spiegel«-Gespräch sollte möglichst kontrovers geführt werden.

Hinter dem Rücken des Vaters

Interview mit Jurek Becker

V. H.: »Jakob der Lügner«, »Der Boxer« und nun »Bronsteins Kinder« – den Hintergrund dieser Romane bilden die Verbrechen Nazi-Deutschlands an den Juden. Sie selbst, 1937 in der polnischen Stadt Lodz geboren, haben als Kind Ghetto und Konzentrationslager kennengelernt. Ihr Vater, neben Ihnen fast der einzige Überlebende aus Ihrer Familie, hat Sie nach dem Krieg wiedergefunden. Mich würde interessieren: Wieviel verdanken diese drei Romane den Berichten Ihres Vaters?

Becker: Die Antwort wird Sie wundern. Mein Vater hat mir nie etwas über solche Angelegenheiten erzählt. Zwischen uns herrschte ein Zustand der Sprachlosigkeit. Natürlich nicht über alles, doch über die Vergangenheit, über Krieg und Verfolgung. Je erwachsener ich wurde, das heißt, je näher ich dem Schreiben kam, desto bewußter wurde mir das. Dennoch brachte ich es nicht fertig, diesen Zustand zu ändern. Ich wurde nur fähig, einen Dialog zwischen uns zu erfinden, ein Verhältnis, wie ich es mir gewünscht hätte. Das hat zwar nicht meinem Vater diesen Zustand erleichtert, doch mir. Mein Vater starb 1972, ich war 35. Auch wenn es grausam klingt: Was mich am meisten gequält hat, waren die Notizbücher voller Fragen, die ich nicht gestellt hatte – und die ich wahrscheinlich nie gestellt hätte, auch wenn er zweihundert Jahre alt geworden wäre. Ein Bild vom Verhältnis zwischen meinem Vater und mir habe ich mir erst dann gemacht, als dieses Verhältnis vorüber war.

Es lag also eher an Ihnen, wenn ein solches Gespräch nicht in Gang kam?

Daß ich ein Gespräch über die alten Sachen nicht haben wollte, hatte ja nicht nur mit dem Verhältnis zu meinem Vater zu tun, das übrigens recht gut war und herzlich, es lag auch an bestimmten Abneigungen. Ich fürchtete mich davor, um einen Tropfen Wasser zu bitten und fünfhundert Liter zu kriegen. Denken Sie daran: Ich bin in der DDR zur Schule gegangen und in einer Art und Weise mit dem Früher konfrontiert worden, die diesem Dialog hinderlich war. Immer wieder habe ich Personen zugehört, die in der DDR »Arbeiterveteranen« heißen. Die haben uns Schülern unendlich viele Geschichten erzählt, die uns ein Bild von Nazi-Deutschland geben sollten, die oft aber auch recht langweilig waren. Das hat mich ängstlich gemacht.

Gab es denn Ansätze zum Dialog mit dem Vater?

Die gab es nur in sehr frühen Zeiten. Ich wollte von ihm Informationen, die neben dem liegen, was ich zu hören gewohnt war. Aber er hat mir immer nur von dem erzählt, was ihn am meisten erschüttert hat. Von seiner Frau, also meiner Mutter, die ich kaum gekannt habe, von einem Bruder. Von Leiden. Er hat mir eigentlich nur die Informationen gegeben, die ich schon hatte, so daß ich irgendwann sogar den niederträchtigen Verdacht hatte: Das ist ein Rückkoppelungseffekt, das sind schon keine Originalerfahrungen mehr.

Ihr erster Roman »Jakob der Lügner« erschien 1969 in der DDR, also noch zu Lebzeiten Ihres Vaters. Wie hat er auf das Buch reagiert?

Er hat ein Jahr lang nicht mit mir gesprochen. Er war empört, empört über die »Verharmlosung«: Ihm fehlten die Leichen, die auf der Straße gelegen hatten. Er war empört über die Glättung der Wirklichkeit. Ich erinnere mich noch ganz gut an die Vorwürfe, er sagte: »Den Lesern kannst du etwas vormachen; mir nicht, ich bin dabeigewesen.«

Wie sind Sie damit fertig geworden?

Ich habe diese schroffe Reaktion damals auch so verstanden, daß er beleidigt darüber war, daß ich ihn bei einem solchen Buch nicht immer wieder als Fachmann zu Rate gezogen hatte. Ich habe das Buch sozusagen hinter seinem Rücken geschrieben.

Wie haben Sie sich informiert?

Ich habe viele Gespräche mit denen geführt, die in Ghettos gewesen sind, ich habe Archive besucht, Bücher gelesen und Filme gesehen. Der Grund war freilich nicht nur der, daß ich alle diese Informationen beachten und berücksichtigen wollte. Ich wollte auch wissen, wann ich von der historischen Wirklichkeit abweiche. Es sollten mir keine plumpen Fehler unterlaufen, ich wollte die Abweichungen sozusagen komponieren. Es gibt zu dieser Problematik eine schöne Geschichte: Manfred Krug, mein bester Freund, hatte als junger Mann, mit siebzehn, einen Kleindarstellerjob am Berliner Ensemble, dem Brecht-Theater in Ost-Berlin. Brecht lebte noch und hatte damals ein Stück von Erwin Strittmatter bearbeitet. Krug hatte eine winzige Rolle: Er spielte einen FDJler und mußte ein Lied singen und auf der Gitarre begleiten. Einmal kam Brecht, unterbrach die Probe und sagte: »Sie spielen ja völlig falsch Gitarre. Das klingt fürchterlich!« Krug, der schon damals nicht auf den Mund gefallen war, antwortete: »Herr Eisler hat eine Melodie mit acht Akkorden geschrieben, ich kann aber nur drei. Das finde ich aber auch nicht so schlimm. Ich soll doch einen Jugendlichen vom Lande spielen und keinen Gitarristen.« Brecht hörte sich diese Frechheit an, und irgendwie imponierte sie ihm. »Wissen Sie«, sagte er, »Sie haben völlig recht. Tun Sie mir nur einen Gefallen: Lernen Sie die übrigen fünf Akkorde, und lassen Sie sie dann weg!«

Wie begannen Sie mit dem Schreiben?

Als ich von der Universität geflogen war, war mein erster Beruf der eines festangestellten Drehbuchautors. Ich habe für ein Monatsgehalt Drehbücher geschrieben – wie übrigens auch Ulrich Plenzdorf. Mein erster Roman ist eigentlich nur darauf zurückzuführen, daß ich ein Drehbuch schrieb, das hieß »Jakob der Lügner«, und das wollten die nicht haben. Ich fand es schade, dies schöne Drehbuch wegzuwerfen. Da habe ich, sozusagen im Zorn, das erste Mal Prosa zu schreiben versucht.

Was macht Ihnen beim Schreiben besonderes Vergnügen?

Ich lese manchmal Texte von mir und denke: Die sind intelligenter, als ich es bin! Am Schreibtisch oder mit dem Bleistift in der Hand komme ich zu Gedanken, zu denen ich im Gespräch, etwa mit Ihnen, nicht fähig bin. Ich schreibe sozusagen über meine sonstigen Verhältnisse. Das macht natürlich Lust aufs Schreiben. Der Schreibtisch ist der einzige Ort, an dem ich ein kleines bißchen fliegen kann.

Gibt es auch Ängste?

Ich komme in einen Buchladen und fühle mich umzingelt von Überflüssigem, umzingelt von Büchern, die nach meiner Überzeugung besser nicht geschrieben worden wären, die im Grunde die Leute belästigen. Natürlich fürchte ich mich davor, auch solche Bücher zu produzieren.

Aber: ich kann ein neues Buch ja erst dann beginnen, wenn ich sicher bin, daß es sich so nicht verhält. Diese Sicherheit zu finden fällt mir immer schwerer. Manchmal stelle ich mir die Frage, ob jemand, der Schriftsteller geworden ist, sein ganzes Leben lang einer sein muß. Ob man unbedingt als Schriftsteller in Pension gehen muß. Wenn ich ein Buch anfange, brauche ich die Überzeugung, daß es ein trauriger Verlust wäre, wenn das Buch ungeschrieben bliebe. Diese Selbstüberschätzung gehört wohl zu meinem Handwerkszeug. Ohne sie hätte ich nicht die Nerven, zwei Jahre in der Einsamkeit am Schreibtisch zu sitzen und mit Worten zu hantieren. Ich weiß nicht, ob mit zunehmendem Alter dieses Problem an Gewicht gewinnt. Ich weiß nur, daß ich solche Gedanken vor acht Jahren noch nicht kannte.

Wenn Sie an einem Buch schreiben – wie sieht das praktisch aus?

An einem guten Tage bringe ich vielleicht eine Seite zustande. Die schreibe ich mit der Hand, und die schreibe ich bei »Feierabend« noch einmal ab; dabei ändert sich manches. Der nächste Tag fängt damit an, daß ich das Abgeschriebene in die Maschine tippe. Das hat für mich zwei Funktionen. Nicht nur, daß ich es dann als saubere Manuskriptseite daliegen habe, sondern ich vergegenwärtige es mir ja noch einmal. Einen großen Teil der Arbeitszeit verschlingt die folgende Unannehmlichkeit: Ich bin ständig gezwungen, auf der Höhe des bis dahin Geschriebenen zu sein, das heißt, jede Einzelheit verfügbar zu haben. Während ich an der Seite 250 arbeite, sollte ich genau wissen, was auf Seite 16 steht. Die habe ich aber vor anderthalb Jahren geschrieben, die habe ich vergessen. Es ist also notwendig, sich immer wieder mit dem ganzen Text zu beschäftigen. Das ist oft eine todlangweilige Angelegenheit, kostet aber wahrscheinlich die Hälfte der Arbeitszeit.

Ändern Sie dabei viel?

Wenn der Text fertig ist, schreibe ich ihn ein paarmal ab. Dabei geht es nur um Änderungen. Eigentlich gebe ich ihn dem Verlag nicht, wenn ich ihn für fertig halte, sondern wenn ich ihn nicht mehr sehen kann. Es gibt einen Moment, da ich nicht mehr entscheiden kann, ob Veränderungen auch Verbesserungen sind oder ob ich mich im Kreis drehe. Dann muß ich das Manuskript loswerden, und jemand muß es sehen, der unbefangener damit umgehen kann.

Um auf Ihr neues Buch »Bronsteins Kinder« zu kommen: Ist der Roman nicht ein wenig zu übersichtlich gebaut mit seinen zwei Ebenen, die ein Jahr auseinanderliegen und – zumeist – im A-B-A-B-Takt aufeinanderfolgen, ist er nicht zu leicht enträtselbar?

Zunächst einmal: ob etwas zu leicht verständlich, zu eingängig ist, scheint mir keine ernstzunehmende Frage. Ich wünsche mir, daß etwas ohne jeden Rest verständlich ist, egal ob es sich um eine Formulierung, Empfindung oder Absicht handelt. Das wird sich in der Regel nicht machen lassen, doch ich strebe es an. Allerdings bin ich auch der Meinung, daß das Geheimnis eine wichtige Dimension eines Buches ist. Es ist wie die Eingangstür zur Phantasie des Lesers. Aber ich glaube nicht, daß künstliche Komplikationen zu dieser Dimension verhelfen. Ich kann da nicht groß mit Ihnen streiten, entweder Sie haben in diesem Buch das Geheimnis entdeckt, oder nicht. Ich kann nicht sagen: Es steht auf Seite 76, links unten.

Frage an die Glaubwürdigkeit der Geschichte: Ist Hans Bronstein, auch wenn er später Philosophie studieren will, in den Diskussionen mit dem Vater nicht etwas zu klug für seine achtzehn Jahre?

Es gibt seit zweitausend Jahren eine stillschweigende Vereinbarung zwischen Schriftstellern und Lesern, daß die fiktiven Erzähler von Rollenprosa gelegentlich zu Erkenntnissen gelangen und auf Formulierungen kommen dürfen, zu denen sie nach aller Erfahrung im sogenannten wirklichen Leben nur außerordentlich selten in der Lage wären. Der Erzähler in »Bronsteins Kinder« agiert natürlich auch auf der Höhe meiner Erkenntnisse, nicht nur seiner Erkenntnisse. Ich habe zwei Söhne, und ich habe mir über ein paar Jahre hin Sätze von ihnen notiert, die mir aus ihrem Alter herauszufallen schienen. Diese Sätze überschritten die Perspektive von Kindern derart, daß Sie verblüfft sein würden. Die Frage ist also auch, ob man nicht dazu neigt, Erkenntnismöglichkeiten junger Leute zu unterschätzen.

Ihre Söhne sind mittlerweile erwachsen. Ich frage mich gerade, warum ich Sie beim Lesen des Romans immer mit der Rolle des Sohnes identifiziert habe. Schließlich kennen Sie ja auch die andere Seite: die des Vaters, der seinen Kindern Rede und Antwort steht.

Weder mein Vater noch ich waren in der Situation, die hier beschrieben wird. Trotzdem hatte ich natürlich uns beide vor Augen. Was ich Ihnen vorhin nicht erzählt habe, was aber in dem Roman dargestellt ist: Die Schwierigkeit eines Dialogs mit meinem Vater erwuchs auch daraus, daß ich ein Monstrum war. Verstehen Sie es bitte nicht als Überheblichkeit, wenn ich sage, daß mein Vater, der ein einfacher Mann war, Mühe hatte, mir gewachsen zu sein. In seinen Augen war ich ein Mittelding zwischen Intelligenzbestie *und* Kindskopf. Es muß aber auch an seiner Erziehung gelegen haben, daß ich rechthaberisch war, daß ich mein ganzes Glück darin sah, mich in der Diskussion durchzusetzen, daß ich ein großer Argumentetüftler war. Wenn ich so einen Sohn hätte – ich würde wahnsinnig werden. Ähnlich die Situation im Roman: Der Vater dort hat anderes im Kopf, als sich der Argumenteflut seines Sohnes entgegenzustemmen. Dieser Belastung ist er nicht gewachsen, und auch daraus erklärt sich seine Schroffheit.

Was war für Sie ein wichtiges Motiv beim Schreiben dieses Buches?

Es gibt dieses Wort von der »Gnade der späten Geburt«. Was mit dieser dummen Floskel gemeint ist, liegt auf der Hand, im Klartext bedeutet sie: »Solche wie wir sollten endlich verdrängen dürfen.« Ein phantasiebegabter Mensch hat sich aber gefälligst, unabhängig vom Datum seiner Geburt, damit zu beschäftigen, was er anstelle der anderen getan hätte. Ich habe mir oft vorgestellt, ich wäre blond gewesen, damals ein paar Jahre älter und auf der anderen Seite – was macht mich so sicher zu glauben, ich wäre anständig geblieben? Auch davon handelt dieses Buch. Im übrigen meine ich, daß man bisher zuwenig die Frage erörtert hat, worin die Deformationen der Opfer sich äußern. Opfer sein heißt aber auch: deformiert sein. Kann es nicht auch häßlich machen? Ich bin aus Filmen gewöhnt, schöne Opfer zu sehen. Es gilt als unschicklich, darüber zu reden, daß es, um bei diesem Thema zu bleiben, in den Ghettos eine jüdische Polizei gab, daß Juden andere Juden denunziert haben, um sich zu retten, daß der Insasse eines Lagers einem anderen das Essen gestohlen hat, daß er auf seinen Schultern überlebt hat, ihn in den Dreck stoßend. Darüber habe ich hier nicht geschrieben, aber doch darüber, daß es keinen Freibrief für Selbstjustiz geben sollte, wenn einer Opfer gewesen ist, und keinen Anspruch auf Kritiklosigkeit.

Können Sie das konkretisieren?

Ich entdecke zum Beispiel am Staat Israel Häßlichkeiten, die sich nur aus dieser Entwicklung verstehen lassen. Man nimmt sich dort Rechte heraus, die auch aus der Vergangenheit der Juden nicht abzuleiten sind. Etwas Ähnliches beschrieb ich auf privater Ebene in diesem Buch. Es wäre ja sehr einfach, wenn man seine Vorstellungen durchsetzen könnte, indem man jene, die gegen diese Vorstellungen sind, eliminieren würde. Natürlich muß ich mir dann die Frage stellen: Wenn Faustrecht herrschen würde – wie oft wäre ich dann schon eliminiert worden.

Während Sie an Ihrem Roman arbeiteten, gab es die Diskussion über das Fassbinder-Stück »Der Müll, die Stadt und der Tod«. Hat das irgendeinen Einfluß gehabt? Sehen Sie Parallelen zu Ihrem Buch?

Nach meiner Überzeugung haben die Besetzer der Bühne zu einer Atmosphäre beigetragen, die antisemitischen Ressentiments günstig ist. Sie haben um das Recht auf Sonderbehandlung gekämpft, und das kann nicht gut sein. Leute, die der Sonderbehandlung unterliegen, sind immer gefährdet – auch wenn diese Sonderbehandlung manchmal wie ein Vorrecht aussieht.

In Ihrem Roman wird ein Fall von Selbstjustiz geschildert: Drei Juden peinigen einen ehemaligen KZ-Aufseher, der ihnen vorher nie begegnet war. Das ist eine Fiktion. Denn einen solchen Fall hat es – soweit ich weiß – niemals gegeben.

Ich kenne einen einzigen Fall, ich habe davon gehört, als ich ein Kind war. Mein Vater hatte einen Freund, der 1946 in der Straßenbahn durch Berlin fuhr und einen Mann sah, der Aufseher in seinem Lager gewesen war. Er sprang aus der Straßenbahn, nahm einen Ziegelstein und schlug den Mann tot. Er wurde von Leuten festgehalten und kam vor ein britisches Militärgericht, denn die Sache passierte im damaligen britischen Sektor. Er wurde zu vier oder fünf Jahren Freiheitsentzug verurteilt. Ich kannte ihn, mein Vater besuchte ihn ein paarmal im Gefängnis und erzählte mir davon.

Und trotzdem ist das etwas anderes als das, was in Ihrem Roman geschildert wird. Dort findet die Rache dreißig Jahre danach statt. Ist das kein Problem für Sie gewesen, daß Sie sich nicht an einem konkreten Fall orientieren konnten?

Im Sinne der Statistik ist das im Roman Geschilderte nicht typisch, das ist wohl wahr. Aber daß sich ein solcher Fall nicht in der Wirklichkeit zugetragen hat, ist dennoch seltsamer als alles andere. Aller Wahrscheinlichkeit nach hätte eine solche Geschichte tausendmal geschehen müssen. Es hat mich beschäftigt, warum der Zorn der Überlebenden so gering ist. Oft ist ja darüber diskutiert worden, wie folgsam die Opfer in den Tod gegangen sind. Drei Reihen vor ihnen schütteten andere den Kalk auf die, die schon in der Grube lagen, trotzdem traten sie auch nach vorn und ließen sich erschießen. Darüber ist viel vermutet worden. Aber warum flammte der Zorn bei den Überlebenden auch später nicht auf, als das Risiko viel geringer geworden war? Heute wird doch Rache genommen für sehr viel Geringeres: Die Zeitungen sind voll davon. Warum haben die Lagerhäftlinge nie oder so gut wie nie Rache geübt? Waren sie so gedemütigt und deaktiviert, daß eine solche Lebensregung nicht mehr möglich war? Ich wollte einen Fall schildern, den ich sehr viel häufiger vermutet hätte, der aber offenbar nicht eingetreten ist. Es scheint mir kein Einwand gegen eine Geschichte, zu sagen, daß sie unwahrscheinlich ist. Etwas anderes wäre ein Vorwurf der psychologischen Unglaubwürdigkeit. Damit müßte ich mich auseinandersetzen, und ich habe es natürlich auch getan, bevor ich mit dem Schreiben anfing.

Ihr Buch macht einen sehr gebändigten, fast strengen Eindruck. Daß es wenig an das Mitgefühl des Lesers appelliert – ist das ein gewollter Effekt?

Ich bin nicht der Meinung, daß das Buch sich um die Emotionen des Lesers nicht kümmert. Trotzdem halte ich es nicht für eine vordringliche Aufgabe, Mitgefühl zu erzeugen. Die Erfahrung sagt mir, daß dieses Mitgefühl wie ein Strohfeuer ist – schnell entfacht und schnell verloschen. Manchmal steht es dem Begreifen sogar im Wege, denn es mündet oft in Befangenheit. Es muß doch möglich sein, sich kühl und distanziert mit einer Sache zu beschäftigen, von der man es gewohnt ist, daß sie einem Tränen in die Augen treibt. Außerdem handelt es sich hierbei nicht nur um eine Frage der Strategie oder

der Abwägung, sondern es hat auch mit der Veranlagung und dem spezifischen Talent eines Autors zu tun.

Wann wissen Sie: Dieses Buch muß ich jetzt schreiben?
Jedenfalls habe ich noch nie ein Buch geschrieben zu einer im Gange befindlichen Diskussion. Das wäre auch eine etwas umständliche Teilnahme an einer Diskussion. Da melde ich mich lieber auf einer Versammlung zu Wort. Dazu sind mir zwei Jahre – so lange lebe ich ja nicht – zu wichtig. Ein Buch muß für mich schon mehr Grund haben als einen aktuellen Anlaß. Es sammelt sich so lange irgendwo in mir etwas an, bis es raus will, bis ich meine: ich platze, ich muß es auf andere abladen! Mit anderen Worten: Der wichtigste und wahrscheinlich einzig ausschlaggebende Grund für ein Buch – bin ich. In diesem Fall – »Bronsteins Kinder« – war es vor allem das Gefühl eines Versäumnisses und der Wunsch, dieses Versäumnis nicht ewig dauern zu lassen. Ich will nur solche Bücher schreiben, von denen ich überzeugt bin: Die kann niemand außer mir schreiben. Um es pfauenhaft zu sagen: Bücher, die meine Einzigartigkeit dokumentieren.

Ihre Figuren haben eher Angst vor solcher Einzigartigkeit. Mir fiel auf, daß in Ihren Büchern immer wieder betont wird, wie wenig sicher sich Ihre Helden der eigenen Meinung sind. »Noch heute gerate ich in Panik, wenn ich mit einer Meinung allein stehe«, heißt es in dem neuen Roman. Über den Lehrer aus dem Buch »Schlaflose Tage« erfährt man: »So oft er in die Situation gekommen war, eine Meinung vorzutragen, habe er stets, so mußte er denken, die von den anderen erwartete gewählt.« Der Journalist in »Aller Welt Freund« sagt von sich, er sei »jemand ohne Überzeugung«. Und in der Erzählung »Allein mit den Anderen« liest man: »Ich bin ein ängstlicher Mensch, das sage ich ohne Stolz ...« Hat das System?

Sie erzählen mir da etwas Neues, ich habe ja diese Sammlung nie angestellt. Was ich weiß und was mir bewußt ist: daß Opportunismus immer ein reizvolles Thema für mich gewesen ist – die Wurzeln von Anpassung, die Gründe von Anpassung, die Folgen von Anpassung. Und Meinungslosigkeit oder vorgegebene Meinungslosigkeit ist ein wesentlicher Begleitumstand von Opportunismus. Nahezu alle meiner Hauptfiguren sind dieser Gefahr ausgesetzt – ob sie ihr erliegen oder nicht, ist eine andere Frage. Ich, ihr Autor, versuche, darüber zu meditieren.

Woher kommt dieses Interesse?

Dieses Interesse ist mir in der DDR gewachsen; sicher nicht zufällig. Die Umgebung, in der ein Autor lebt, ist sicher nicht ohne Folgen auf die Art seiner Hervorbringungen. Ich habe zumindest zwei Bücher geschrieben, in denen Opportunismus eindeutig ein Thema ist: »Irreführung der Behörden« und »Schlaflose Tage«. Vielleicht auch noch »Aller Welt Freund«. Natürlich beschäftigt mich nicht nur die Frage, wie verbreitet das Phänomen Opportunismus in der Gesellschaft ist, in der ich lebe, sondern auch: Welche Rolle spielt es für mich? Wieweit bin ich angepaßt? Man kann sich denken, daß ich es nicht sein möchte; aber leider ist der, der ich bin, nicht immer auch der, der ich sein möchte. Wenn ich mich also frage, inwieweit meine Bücher von einem Opportunisten stammen, dann kann ich reinen Herzens nur antworten: Ich bin sicher, daß ich nicht einen Satz deshalb geschrieben habe, weil ein anderer ihn gern hören wollte. Aber ich bin mir nicht sicher, ob nicht Sätze deshalb ungeschrieben geblieben sind, weil da Leute waren, die sie nicht lesen wollten. Vielleicht sind deshalb sogar Gedanken an diese Sätze unterblieben.

Sie sind nach wie vor Staatsbürger der DDR und im Besitz eines Visums, das bis 1989 Gültigkeit hat. Was wird danach sein?

Ich zweifle nicht daran, daß es technisch möglich sein wird, 1989 ein Visum zu erhalten, das bis 1999 Gültigkeit hat. Die Dauer des Visums interessiert mich nicht so sehr. Sicher ist es angenehm, leicht in die DDR reisen und sie wieder verlassen zu können. Viel wichtiger aber ist: Wenn ich in der DDR mein Zeug publizieren könnte und mir nicht die Öffentlichkeit genommen würde, möchte ich von morgen an wieder in der DDR leben. Wenn das nicht möglich ist, möchte ich auch nach 1989 nicht in der DDR leben. Das mag in Ihren Ohren so klingen wie: Wenn Weihnachten und Pfingsten auf einen Tag fallen ... Aber das habe ich nicht zu verantworten. Ich kann ja nicht, weil das Erwünschte so unwahrscheinlich klingt, so tun, als hätte ich andere Wünsche.

Sie würden also der DDR den Vorzug geben?

Ich weiß nicht, ob dieses Wort zutrifft. Jedenfalls ist die DDR bis heute das Land, das mich mehr interessiert. Ich bin dort aufgewachsen, dort haben sich die meisten meiner Ansichten gebildet, meine Vorlieben und Abneigungen. Weil die DDR mich mehr interessiert, regt sie mich auch mehr auf. Sie weckt zum Beispiel auch in einem ganz anderen Maße meine Aggressionen als die Bundesrepublik. Hier komme ich mir müder vor. Bloch hat mal gesagt: Die DDR sei gewiß die größere Enttäuschung. Mir geht es nicht anders als diesem weisen Mann.

»Sie können sich verhalten, wie sie wollen: du kannst Deutsche nicht leiden«, wirft der Sohn dem Vater vor, der dann antwortet: »Kunststück«. Der Ich-Erzähler des Romans »Bronsteins Kinder« – dessen Schauplatz die DDR ist – scheint sich als Deutscher zu fühlen: Er hat die Greuel nicht miterlebt. Gibt es für die Kinder der Opfer vielleicht auch eine »Gnade der späten Geburt« – falls es so etwas überhaupt gibt? Und wenn es sie für die Kinder der Opfer nicht gibt, kann es sie ja wohl für jene der Täter erst recht nicht geben?

Ich wollte, in einem frühen Stadium, dem Buch einen anderen Titel geben: »Wie ich ein Deutscher wurde«. Das ist vielleicht eine Antwort: Die alten Fronten dürfen nicht mehr stimmen. Die einen müssen nach und nach die anderen werden. Viele müssen die Seiten wechseln. Vom Thema einmal abgesehen, hat mich bei dem Buch auch etwas anderes beschäftigt: Wie lassen sich Entwicklungen darstellen, Veränderungen? In der Regel beschränkt man sich auf das Vorher und Nachher – wie bei der Werbung für ein Haarwuchsmittel. Wie kann man aber das »Während« vorführen, den entscheidenden Vorgang selbst? Etwas schildern, was einem Prozeß nahekommt und nicht nur Ursachen und Folgen beschreibt. Das hätte nicht unbedingt dieses Themas bedurft, das wäre bei einer anderen Geschichte auch auszuprobieren gewesen. Von Büchner stammt der Satz: *Und* sei ein langes Wort. Über dieses *Und* zu schreiben scheint mir das Wichtigste für einen Schriftsteller, über das scheinbar Unscheinbare. (1986)

Interview

Das Interview ist im Gegensatz zum Gespräch knapp, informativ und hat in der Regel einen aktuellen Bezug. Selbst wenn es sich nur um ein kürzeres Interview handelt, ist die persönliche Begegnung von Vorteil; das Treffen mit Friederike Mayröcker fand am 14. Oktober 2001 in Wien statt.

Es ist ein einziges Chaos

Die österreichische Schriftstellerin Friederike Mayröcker über ihre Auszeichnung mit dem Georg-Büchner-Preis, ihr Leben mit Ernst Jandl und die Trauer über seinen Tod

Frage: Frau Mayröcker, am Samstag dieser Woche sollen Sie in Darmstadt die wohl wichtigste deutsche Literatur-Auszeichnung, den Georg-Büchner-Preis, entgegennehmen. Freuen Sie sich?

Mayröcker: Als ich den Anruf erhielt, ob ich den Preis annehmen würde, habe ich mich sehr gefreut. Dann aber bin ich in der Wohnung umhergelaufen und habe geheult: So, jetzt ist der Büchner-Preis da, und Ernst Jandl ist nicht mehr da! Ich war todunglücklich. Ich hatte nicht gedacht, daß es mich ein Jahr nach seinem Tod noch einmal so erwischen würde. Dann habe ich aber gleich angefangen, an meiner Rede zu arbeiten. Das hat mir geholfen.

Ihr Lebenspartner Ernst Jandl, dem Sie 1954 begegneten, war als Schriftsteller bekannter als Sie, mit einigen seiner Gedichte geradezu populär. Gab es Spannungen?

Ich war völlig neidlos. Ich habe mich über seine Erfolge gefreut. Und er war begeistert, wenn bei mir mal etwas gut gelaufen ist.

Heißt das, Sie lebten immer in reiner Harmonie?

In der ersten Zeit haben wir uns so geliebt, daß wir uns ständig gestritten haben. Immer über Lächerliches, nie über Literatur. Später war es wirklich die reine Harmonie, besonders in der allerletzten Zeit.

Sie mußten beide eine Weile warten, bis Sie – zeitgleich 1956 – einen Verlag fanden: Ihre Texte galten als experimentell und extrem unverkäuflich.

In der Phase haben wir uns gegenseitig Mut machen müssen.

Sie haben in Ihrem »Requiem für Ernst Jandl«, einem kleinen Prosaband voller Erinnerungen, berichtet, daß Sie nach seinem Tod überhaupt erst wieder langsam das Lesen lernen mußten.

Ich war zunächst so verzweifelt, daß ich immer nur herumrennen und heulen mußte. Ich konnte nicht still sitzen. So kam es zu diesem Buch. Wenn ich schon nicht lesen konnte, wollte ich wenigstens schreiben. Entstanden sind so das »Requiem« und viele Gedichte über Ernst Jandl, die noch nicht veröffentlicht sind.

Können Sie sich vorstellen, über das »Requiem« hinaus die Geschichte Ihrer Gemeinschaft mit Jandl zu erzählen, ganz konventionell und ausführlich?

Ich habe schon daran gedacht. Aber ich brauche Zeit. Ich kann mir das vorstellen. Was übrigens oft mißverstanden wurde: Es gab, von wenigen Ausnahmen abgesehen, nie eine literarische Zusammenarbeit zwischen uns beiden.

Stimmt es, daß Jandl sich in den letzten Jahren seines Lebens kaum mehr für das Schreiben interessierte?

Ja, er hatte das Interesse verloren. Ich habe ihm immer wieder gesagt: Leg doch die neuen Sachen in eine Mappe! Er hat ja hier und da etwas notiert, oft nur ein paar Zeilen. Aber das dann abzulegen und zusammenzuhalten, das konnte er nicht mehr. »Die Literatur ist aus«, hat er gesagt.

Halten Sie denn Ordnung bei Ihren Texten?
Nein, es ist ein einziges Chaos. Meine Wohnung kann außer mir niemand mehr betreten, überall Papiere, Entwürfe, Bücher, Zeitungen. Das hat sich nun wie Efeu in die Wohnung darüber ausgebreitet, in der Ernst Jandl am Schluß wohnte. Es ist praktisch kein Platz zum Sitzen mehr.

Wie kommt das?
Wo immer ich stehe und gehe, mache ich Notizen auf Zettel, die ich dann irgendwo hinlege ...

... und die Sie dann später wiederfinden?
Ich habe körbeweise Material. Aber wenn etwas zu lange liegt, geht die Zündkraft verloren. Außerdem kann ich meine eigene Schrift oft nicht mehr lesen.

Sie schreiben Lyrik und Prosa. Oder ist das für Sie gar nicht so zu trennen?
Das ist ein großer Unterschied! Ich spüre es fast körperlich. Es fühlt sich anders an, ich sitze anders. Das Schreiben von Gedichten hat für mich etwas mit Aquarellzeich nen zu tun, während die Prosa mehr Bildhauerei ist.

Die fünf Bände »Gesammelte Prosa«, mit denen Sie der Suhrkamp Verlag nun ehrt, umfassen zusammen rund 2500 Seiten. Wird für Ihre Lyrik Vergleichbares folgen?
Das wäre schön. Aber das würde noch wesentlich umfangreicher ausfallen.

In Ihrer Prosa gehen Sie verschlungene Wege. In einem Ihrer Bücher sagt die Ich-Erzählerin, daß sie sofort abbreche, wenn sich etwas wie eine »Erzählhaltung« einstelle. Warum?
Mayröcker: Bei mir ist es am Anfang immer so, daß ich einen schönen Erzählweg betreten möchte, doch schon bald sabotiere ich ihn, ganz bewußt. Ich sabotiere den geraden Weg, biege ab und fühle mich erst dann ganz in meinem Bereich. Sonst würde ich schnell die Lust am Schreiben verlieren.

Eine Eigenart von Ihnen war früher die Schreibung »sz« für »ß« – fast eine Art Markenzeichen. Sie haben das aufgegeben?

Der Buchstabe fehlte auf meiner Maschine. Das war der ganze Grund. Ich schreibe aber immer noch »sz«, der Verlag macht »ß« daraus.

Ist die Zeit der Experimente für Sie vorbei?

Pures Experiment habe ich nur zu Beginn betrieben, 1971 habe ich aufgehört. Es war mir zu blöd. Eines Tages hat man es satt. Ich kann überhaupt nicht verstehen, wie jemand dabei bleiben kann. Das macht Spaß, aber irgendwann muß man das hinter sich lassen.

(2001)

Telefoninterview

Besonders aktuell können Antworten auf Fragen sein, die per Telefon gestellt werden. Bei einem kurzen Interview kann die schriftliche Fassung dem Befragten meist schon kurz danach per Fax oder als E-Mail zur Autorisierung vorgelegt werden. Nicht immer sind Schriftsteller die Interviewpartner; manchmal ist der Kommentar eines Fachmanns gefragt, um aktuelle Fragen vor dem Hintergrund der Literaturgeschichte zu erörtern.

Jetzt ist es gut

Der Schriftsteller Daniel Kehlmann über den Wahlsieg Barack Obamas

Herr Kehlmann, Sie sind nach New York geflogen, um dort die Wahlnacht zu erleben. Wie sind Sie auf die Idee gekommen?

Kehlmann: Ist die Idee so ausgefallen? Ich hatte hier zu tun und dachte, das könne man gut miteinander verbinden. Das Berufliche ist der Vorwand für die Reise. Der wahre Grund war natürlich, daß ich den historischen Moment erleben wollte.

Vielleicht, um es später literarisch zu verwerten?

Alles, was man erlebt, kann man als Autor grundsätzlich nutzen. Die Trennung zwischen privat und beruflich gibt es nicht, das ist ja das Schöne am Schriftstellerdasein. Ich kann nicht ausschließen, daß ich das einmal auf veränderte oder transformierte Weise verwenden werde. Aber darüber denke ich jetzt nicht nach. Und das ist auch nicht der Grund, warum ich hier bin. Ich wollte es einfach erleben.

Haben Sie sich Notizen gemacht?

Nein. Das mache ich nur, wenn ich eine Reportage schreibe. Aber wenn es um das persönliche Erleben geht, mache ich keine Notizen, nicht einmal Fotos. Man muß sich dem Moment dann wirklich aussetzen.

Wo und wie haben Sie die Wahlnacht erlebt?
Zunächst auf einer privaten Party auf der Upper Eastside, dann auf einer großen Wahlparty in einem Lokal in Harlem. Es war überwältigend, in diesem Moment in Harlem zu sein, wirklich überwältigend. Das war ja nicht nur dieser eine Augenblick, sondern es dehnte sich über Stunden.

Waren viele Weiße in diesem Lokal?
Nur ein paar. Die Farbigen waren bei weitem in der Überzahl.

Wie haben Sie die Stunden vor dem Ergebnis erlebt?
Die Atmosphäre war freudig gespannt. Die meisten haben vorher schon damit gerechnet, daß Obama gewinnt. Als es dann passierte, konnten sie es trotzdem kaum glauben.

Die Fernseher liefen?
Klar, die Wahlsendungen wurden per Video-Beamer auf eine große Leinwand projiziert. Der Ton wurde runtergedreht, so lange es keine neuen Ergebnisse gab, und man hörte zwischendrin Bob Marley. Immer wieder sein Lied: »Buffalo soldier«. Der Text schien wie für die Situation geschrieben zu sein: »Stolen from Africa, brought to America, fighting on arrival, fighting for survival.« Dazu wurde ausgelassen getanzt. Wenn wieder ein Staat an Obama ging, wurde gejubelt. Als er dann wirklich gewonnen hatte, gab es zehn Minuten lang einen derart ausgelassenen Aufruhr, wie ich es noch nie erlebt habe. Jubel, Erleichterung, Gelöstheit und glückliche Ungläubigkeit. Es war kaum jemand im Raum, der nicht geweint hat.

Wie wurden Sie behandelt?
Das war wunderbar. Die Weißen, die da waren, wurden ununterbrochen umarmt, stumm, voll Glück: Wir haben es zusammen geschafft, jetzt ist es gut.

Wurde auch die Rede von McCain noch gehört?

Ja, mit viel Respekt. Er hat ja auch eine sehr generöse und elegante Rede gehalten. Ich habe ja den Eindruck, daß viele, die aus tagespolitischen Gründen für McCain gestimmt haben, sich jetzt über sich selbst wundern und sich fragen: Was habe ich mir eigentlich dabei gedacht? Ich glaube fast, so mancher McCain-Anhänger freut sich inzwischen auch über den Wahlausgang.

Obama war ja fast weltweit der ersehnte US-Präsident. Es ist interessant, daß das hier in den USA nicht Teil der Berichterstattung war, nicht einmal im nachhinein. Ohne Internet hätte ich hier in New York nie erfahren, wie die Welt dazu steht. Das interessiert hier keinen. Nur einige Freunde haben mich gefragt, was man denn in Europa denke. Kaum jemand wußte hier, daß die Welt fast geschlossen für Obama war.

Muß Obama nun nicht zwangsläufig viele enttäuschen? Angesichts der gewaltigen Hoffnungen, die sich mit ihm verbinden?

Das passiert jedem Präsidenten. Aber ich halte Obama für eine Ausnahmeerscheinung. Er hat das Zeug zu einem großen Präsidenten. John Updike hat vorige Woche bei einer Veranstaltung gesagt, dieser Mann sei der Kandidat seines Lebens, es habe noch keinen gegeben, der so überzeugend war. Und er hat ja immerhin schon John F. Kennedy erlebt. Aber selbst wenn Obama sich nicht als ein so guter Staatsmann erweisen sollte, bleibt doch die Tatsache, daß es 2008 möglich gewesen ist, daß ein Schwarzer Präsident wurde. Das ist ein gewaltiger historischer Umschwung.

Wie lange werden Sie das in den USA noch verfolgen? Sicher noch eine Woche. Nach all der Aufregung ist es nun auch spannend, die unspektakulärere Entwicklung zu beobachten. Jetzt spürt man, wenigstens hier in New York, überall noch den Enthusiasmus, noch mehr die Erleichterung – als würden die Menschen aus einem bösen Traum erwachen und sich fragen, was das eigentlich war mit diesen acht Bush-Jahren. Und viele scheinen immer noch nicht ganz wahrhaben zu können, daß es Realität ist. Die Stimmung scheint mir eine große, glückliche Verblüffung.

(2008)

Ludergeruch des Genres

Der Germanist und »Buddenbrooks«-Herausgeber Eckhard Heftrich über den Schlüsselroman am Beispiel des umstrittenen Walser-Buchs »Tod eines Kritikers«

Herr Heftrich, in dieser Woche erscheinen zwei Bücher, die im Ruf stehen, Schlüsselromane zu sein: »Tod eines Kritikers« von Martin Walser und Bodo Kirchhoffs »Schundroman«. Was genau ist ein Schlüsselroman?

Heftrich: Ganz einfach ein Text in Romanform, in dem reale Personen und ihre Schicksale in leicht verfremdeter Form auftreten und von den Zeitgenossen unmittelbar erkannt werden können. Zweck ist die Enthüllung, das Lächerlichmachen; zumeist versucht der Autor, Rache zu nehmen.

Gilt diese Definition in beiden Fällen, wo es ganz offensichtlich um den jüdischen Kritiker Marcel Reich-Ranicki geht?

Ich kenne bisher nur den Roman von Walser – der natürlich weiß, welcher Ludergeruch diesem Genre anhaftet, das seine Herkunft aus dem Ressentiment nie ganz verbergen kann. Daher lehnt er den Begriff für sich ab.

Und beruft sich auf Thomas Manns Klassiker »Buddenbrooks«, den Sie soeben im Rahmen der neuen Frankfurter Ausgabe textkritisch ediert und ausgiebig kommentiert haben.

Interessant, daß Walser sich auf Mann beruft, den er jahrzehntelang geschmäht hat. Jedenfalls beruft er sich auf die damalige »literarische Praxis«, womit er eigentlich das Mißverständnis der zeitgenossischen Leser meint. Er hat insofern recht, als die »Buddenbrooks« tatsächlich kein Schlüsselroman sind. Thomas Mann wollte weder die Lübecker Bürger bloßstellen noch gar Rache an ihnen nehmen – liegt das bei Walser nicht doch anders?

Durchaus, aber auch Thomas Mann hatte immer wieder Ärger, wenn er Zeitgenossen als Modelle benutzte.
In der Tat. Das Problem begleitete ihn lebenslang, mit allen Rechtfertigungszwängen und Skrupeln. Für ihn machte die »Beseelung«, nicht die Erfindung den Dichter aus, und er hat sich ausgiebig in der Realität bedient.

Ging es dabei auch um Juden?
Ja, und ein einziges Mal ist Haß bei ihm schöpferisch geworden, ausgerechnet gegen einen jüdischen Kritiker, Theodor Lessing. Der allerdings hatte selbst einen anderen Juden, den Thomas Mann schätzte, mit antisemitischen Stereotypen karikiert. Im »Joseph«-Roman taucht Lessing als böser Zwerg Dûdu auf, als Sexualprotz, was übrigens erst nach 60 Jahren aufgedeckt wurde. An dem Beispiel läßt sich zeigen, worin der Unterschied zwischen einem ressentimentgeladenen Schlüsselroman und der klugen Verschlüsselung einer realen Figur besteht.

(2002)

Porträt

Voraussetzung für ein Schriftstellerporträt ist die persönliche Begegnung, das längere Gespräch. Manchmal bleibt es nicht bei einem Treffen, sondern man verabredet sich mehrmals. Nicht immer ist eine Neuerscheinung der Anlaß zum Gespräch, gelegentlich gilt der Besuch einem Autor, von dem man längere Zeit nichts mehr gehört hat. Besonders reizvoll ist es, einen Schriftsteller wiederzuentdecken, der völlig in Vergessenheit geraten und von dem kein Buch mehr erhältlich ist – wie es bei Gert Ledig (1921-1999) der Fall war. Dessen Romane aus den fünfziger Jahren rückten wieder in den Blickpunkt, als Anfang 1998 in den Feuilletons die Frage diskutiert wurde, ob die deutsche Nachkriegsliteratur dem Thema des Flächenbombardements im Zweiten Weltkrieg und der psychologischen Folgen gerecht geworden sei oder nicht. Niemand wußte zu diesem Zeitpunkt, was aus Ledig geworden war und ob er überhaupt noch lebte. Als Reaktion auf das folgende Porträt, das 1999 erschien, wurden seine Romane neu aufgelegt.

Die Angst muß im Genick sitzen

Vom Literaturbetrieb vergessen lebt Gert Ledig in Bayern: Mit drei vorzüglichen Romanen zählte er einst zu den Hoffnungen der deutschen Literatur – doch der Einzelgänger paßte mit seinem rabiaten Realismus nicht ins betuliche Klima der fünfziger Jahre.

Ein harter Auftakt: »Der Obergefreite konnte sich nicht mehr in seinem Grabe umdrehen, da er überhaupt keins besaß.« Wie das? Der Soldat ist von der Salve eines Raketengeschützes »in die Luft geschleudert worden und mit abgerissenen Händen, den Kopf nach unten, an einem kahlen Gestell, das früher einmal ein Baum war, hängengeblieben«.

Da schwebt er nun wie ein falsch herum Gekreuzigter, bis eine halbe Stunde später der verstümmelte Stamm von einer MG-Garbe »abgesägt« wird und der Leichnam zu Boden fällt: »Er hatte inzwischen noch einen Fuß verloren.«

Kein Erbarmen. Nicht einmal mit den Toten. Das schon gar nicht: Schockierend unverblümt beginnt der erste Roman des Schriftstellers. Die Eröffnungsszene des zweiten ist kaum weniger schroff: Sie zeigt eine Stadt im Bombenhagel. Frauen versuchen, sich und ihre Kinder in Sicherheit zu bringen. Vergebens. »Neben der Mutter stand eine Frau und brannte wie eine Fackel. Sie schrie. Die Mutter blickte sie hilflos an, dann brannte sie selbst. Von den Beinen herauf, über die Unterschenkel bis zum Leib. Das spürte sie noch, dann schrumpfte sie zusammen.«

Und in diesem gehetzt lapidaren Ton geht es weiter. Selbst der Friedhof wird im Verlauf des Luftangriffs nicht verschont bleiben: »Vorgestern hatten die Bomben ausgegraben. Gestern wieder eingegraben. Und was heute geschehen würde, stand noch bevor. Selbst die Verfaulten in den Soldatengräbern wußten es nicht. Und die hätten es wissen müssen. Auf ihren Kreuzen stand: Ihr seid nicht umsonst gefallen.«

Der kalte, unsentimentale, ja rabiate Ton läßt noch heute aufhorchen. Geschrieben wurden beide Romane in den fünfziger Jahren in Deutschland. Gert Ledig heißt der Verfasser. Kaum jemand kennt ihn mehr. Die Titel – »Die Stalinorgel« (1955) und »Vergeltung« (1956) – sind seit langem vom Markt verschwunden.

Dabei galt zumindest das erste dieser beiden Bücher einmal als der beste deutsche Roman über den Zweiten Weltkrieg und war, in vielen Übersetzungen international verbreitet, äußerst erfolgreich. Der Autor wurde zu Tagungen der »Gruppe 47« eingeladen, und der Lyriker Günter Eich las 1956 am Starnberger See mit großer Resonanz für ihn Szenen aus dem zweiten Buch »Vergeltung« – Ledig selbst hatte nach einer Kriegsverletzung Probleme mit dem Vortrag.

Viele sahen den Mittdreißiger damals, wie es die Verlagswerbung formulierte, »in der vordersten Reihe der deutschen Gegenwartsliteratur«. Doch als »Vergeltung« in Buchform erschien, reagierte die Kritik überwiegend verständnislos und abwehrend. Das drastische epische Stenogramm von einem Luftangriff auf eine ungenannte deutsche Großstadt überbot offenbar, was man damals bei diesem Thema an Realismus zulassen mochte.

Die »Frankfurter Allgemeine« empörte sich 1956 über die »gewollt makabre Schreckensmalerei«, die »Zeit« sah »den Rahmen des Glaubwürdigen und Zumutbaren« verlassen, der »Rheinische Merkur« entdeckte eine »abscheuliche Perversität«, ein »Gruselkabinett«, und die »Badische Zeitung« sagte deutlich, worum es bei der Ablehnung ging: Zehn Jahre nach dem Krieg lehne der Leser Darstellungen ab, »die jeden positiv gerichteten metaphysischen Hintergrund und Ausblick vermissen lassen«.

Als im Jahr darauf auch der dritte Roman »Faustrecht« durchfiel, resignierte der Romancier. Ledig wandte sich dem Rundfunk und dem Journalismus zu – nicht anders als Wolfgang Koeppen, der mit seinen ebenfalls rasch hintereinander publizierten drei Romanen in den fünfziger Jahren ganz ähnliche Erfahrungen machen mußte.

An all das erinnert sich Ledig, 77, kaum noch. Er lebt mit Katze in einem kleinen Ort am Ammersee und züchtet in seiner Eigentumswohnung Blumen. Der Mann mit zerfurchter Stirn und weißem Vollbart wirkt wie ein alter Seebär, der erstaunt und amüsiert das Interesse an seinem literarischen Vorleben zur Kenntnis nimmt. Niemand hat in all den Jahrzehnten nach ihm gefragt, kein Verleger rief an, kein Germanistikstudent kam vorbei – bis jetzt der Name im Zusammenhang mit der Debatte um »Luftkrieg und Literatur« wiederauftauchte.

Es war nicht leicht, ihn aufzuspüren. Ledigs ehemalige

Verlage konnten nicht weiterhelfen. Jeder der drei Romane war woanders erschienen: »Faustrecht« im Desch-Verlag, der lange nicht mehr existiert, das Debütwerk bei Claassen, wo sich nach manchem Besitzerwechsel und Umzug nicht einmal mehr ein Ordner mit Informationen über die vergebenen Auslandslizenzen oder die Höhe der Gesamtauflage fand – einzig im Verlag S. Fischer gab es noch ein Konvolut mit Rezensionen (zur »Vergeltung«) und einige Briefe Ledigs, im übrigen auch hier: seit langem keinerlei Kontakt mehr.

Ein Schriftsteller, vergessen zu Lebzeiten: Nur in wenigen Literaturlexika wird seiner noch gedacht, in Antiquariaten gelegentlich eines seiner Bücher angeboten. Für Ledig kein Problem: Es gebe, tröstet er sich, so viele andere, die keiner mehr kennt. Warum sollte es ihm anders ergehen? Eher verwundert ihn, daß überhaupt noch jemand bei ihm anklopft.

»Jetzt habe ich ›Vergeltung‹ wieder gelesen. Nachdem plötzlich Interesse da ist, habe ich das mit ganz anderen Augen gesehen und mir gedacht: Eigentlich gar nicht so übel!« Ledig geht in sein Arbeitszimmer, wo an der Wand ein kleines Buchregal an der Wand hängt: keine erlesene Auswahl, sondern ein liebloses Durcheinander. Nicht einmal die eigenen Bücher besitzt er vollständig. Von »Faustrecht« findet sich kein einziges Exemplar mehr. Die Übersetzungen sind nicht komplett, das wenige liegt ungeordnet in den Reihen, zwischen fremden Werken.

Fast staunend nimmt Ledig eine Ausgabe der »Stalinorgel« mit dem Erscheinungsort Prag zur Hand, dann zeigt er die dänische Übersetzung, die englische, die französische. »Das alles ist weit weg«, sagt er. Er habe sich lange nicht mehr darum gekümmert. Er ist auch kein großer Leser, die Literatur überhaupt ist ihm ferngerückt – eine Welt, in die sich Ledig einst, für ein paar Jahre, mit Eifer, Ehrgeiz und Wahrheitsanspruch stürzte.

Das Inferno des Kampfes um Leningrad 1942 hatte er – wie Jahre zuvor den Selbstmord der Mutter – als nachhaltigen Schock erlebt. Ledig, in Leipzig geboren, in Wien aufgewachsen, war – frisch ausgebildeter Elektrotechniker – gerade 18 geworden, als er sich noch 1939 freiwillig zur Wehrmacht meldete. Doch schon bald machte er wegen »Hetzrede« Bekanntschaft mit einer Strafkompanie, und nach zwei schweren Verwundungen (die eine kostete ihn zwei Finger der rechten Hand, die andere demolierte seinen Unterkiefer) wurde er 1942 in die Heimat geschickt.

Er ließ sich zum Schiffbauingenieur ausbilden, und von 1944 an besuchte er für die Kriegsmarine bayerische Zulieferbetriebe. Dabei erlebte er mehrmals Luftangriffe – eine Erfahrung, die ihn nicht weniger als sein Leningrad-Erlebnis verstörte. Ein Traum suchte ihn noch Jahre nach Kriegsende immer wieder heim: Er liegt auf einer Plattform, hoch oben, auf allen Seiten gähnt der Abgrund, keine Treppe, kein Schlupfloch – und dann kommen die Flugzeuge und beschießen ihn.

So zählte Ledig nach dem Krieg zu den wenigen Autoren, die beides aus eigener Anschauung kannten: den Klang der Stalinorgel an der Ostfront, den der Sirenen bei einem Luftangriff. Vorerst hatte er es nicht eilig mit dem Schreiben. Während andere die ersten Frontberichte und schlicht gestrickten Kriegsromane publizierten, ließ er sich durch die Trümmerstadt München treiben, arbeitete als Gerüstbauer und im »Kunstgewerbe« (Ledig). Versuche, sich als Geschäftsmann zu etablieren, scheiterten. In Österreich fand er 1950 für drei Jahre eine Stelle bei der amerikanischen Armee (heute kommt aus Amerika ein Teil seiner Rente).

Dort begann er damit, seinen ersten Roman zu skizzieren. Ledig untersagte sich jede wehleidige Regung, jede verklärende oder heroisierende Geste. Seine »Stalinorgel« zeigte den Kampf um eine Höhe bei Leningrad im Sommer 1942 als puren Wahnsinn, als absurdes Horrorspektakel: ein radikales Buch, wie es in der deutschen Nachkriegsliteratur ohne Beispiel ist – am ehesten vergleichbar mit späteren Kriegsromanen amerikanischer Provenienz wie Joseph Hellers »Catch-22« (1961) oder Kurt Vonneguts »Schlachthof 5« (1969).

Die Qualität des ersten Ledig-Romans wurde erkannt, auch im Deutschland der fünfziger Jahre. Ledigs junger Kollege Siegfried Lenz sprach von einem »staunenswerten Buch«. Als ein »Dokument der erbarmungslosen Ernüchterung« begrüßte die Kritik den Roman und schrieb, man könne ihn »zu dem Besten und Eindrucksvollsten rechnen, was je über den Krieg geschrieben wurde«. Kein junger Autor der Nachkriegszeit, hieß es an anderer Stelle, habe bisher »diese Intensität in der Schilderung des furchtbaren Kriegserlebens erreicht«. Auch im »Spiegel« wurde Ledig 1955 als der »erste Chronist eines Grauens« gerühmt, »das die deutsche Nachkriegsliteratur so noch nicht widergespiegelt hat«.

Schon bald war die erste Auflage vergriffen, und zwei Jahre nach Erscheinen waren 14 Übersetzungen in andere Sprachen abgeschlossen – eine Erfolgsgeschichte, die die heftige Reaktion auf Ledigs folgenden Roman um so überraschender macht.

In »Vergeltung« dann spitzte der Autor das literarische Verfahren einer mosaikartigen Montage synchroner Ereignisse zu. Hatte er in seinem Erstling einen Ausschnitt von 48 Stunden gewählt (mit einem drei Tage später spielenden Epilog), so konzentrierte er in seinem Luftkriegsroman das Geschehen auf 70 Minuten: jene lange Stunde an einem Julimittag im Jahre 1944, die das Bombardement währt.

War er in der »Stalinorgel« zwischen beiden Seiten der Front mit harten Schnitten hin- und hergesprungen, so zerlegte er nun die Geschichte gewissermaßen in verschiedene Höhenlagen: Ganz oben die angreifenden US-Flugzeuge, darunter die fallenden Bomben und die Fallschirme einer abspringenden Bomberbesatzung, die Tiefflieger, die Flaktürme, schließlich, unten, die Häuser und die Straßen, auf denen stürzende Menschen im kochenden Teer »gegrillt« werden, die Luftschutzbunker, die Keller.

All das wird atemlos präsentiert als ein einziges Durch- und Nebeneinander, scheinbar völlig ungeordnet – damals literarisches Neuland. Viel Personal, namenlos zumeist, junge Flakhelfer, ein Priester, Soldaten und Zivilisten, russische Zwangsarbeiter, ein altes Ehepaar allein in seiner Wohnung, Hunderte in einem Bunker, ein Mädchen und ein Fremder, verschüttet im Keller – dazwischen in kursiver Schrift kleine Lebensberichte als Ruhepole, Stimmen der Sterbenden oder gerade Getöteten: Mitten im Chaos bildet sich dann doch ein fein abgestimmtes, durchkonstruiertes Erzählgeflecht.

Fragmente von Handlung, soweit davon überhaupt noch gesprochen werden kann: Der abgesprungene Sergeant treibt drohender Lynchjustiz entgegen. Das Mädchen wird im Dunkel des Kellers vergewaltigt. Eine Mutter auf dem Fahrrad im Bombenhagel, um ihren einzigen, längst getöteten Sohn im Flakturm zu sehen. Die wütende Verzweiflung im Bunker, die plötzlich in einen Rest von Anstand umschlägt, als der sterbende US-Flieger hereintorkelt: »Aus der Menge kam ein Schluchzer … Von den Bänken erhoben sie sich. Männer nahmen ihre Hüte ab.«

Solche menschlichen Regungen sind selten in diesem Buch. Getrieben von schonungsloser Chronistenpflicht, spart der Erzähler kein noch so blutiges Detail des Luftangriffs aus – reales Vorbild für die Schreckenscollage waren die schweren Juli-Angriffe des Jahres 1944 auf München, als die US-Luftwaffe an mehreren Tagen mit zumeist mehr als 1000 Bombern die Stadt angriff (und in deren Umfeld es auch Lynchjustiz gegeben hat).

Ein Versuch, das lärmende, zersplitternde Fiasko erzählend zu bändigen, ohne es zu glätten oder im reinen Faktenbericht zur Ruhe zu bringen: Daß es keine Erzählerstimme mehr gibt, die aus der Rückschau eine dämpfende Funktion übernimmt, mag zu der verstörenden Wirkung des Buches beigetragen haben.

Während das, was der Romancier Ledig an Grausamkeit von der Ostfront zu berichten wußte, der Kritik und dem Publikum in den fünfziger Jahren gerade eben noch (als Bild vom Soldatentod) erträglich schien, ging die blanke Schilderung der Tötung von Frauen und Kindern ganz offensichtlich zu weit. Man empfand einen Begriff wie »gegrillt« als zynisch und die Darstellung eines als Vergewaltigung beginnenden Liebesakts im zugeschütteten Keller als obszön.

Nur wenige Kritiker (wie der spätere »FAZ«-Feuilletonchef Günther Rühle, der »Vergeltung« als Pflichtlektüre empfahl) haben damals erkannt, daß Ledig in beiden Romanen von derselben Sache sprach – und mit verwandter Methode: Alle kohärenten Lebensgeschichten werden sinnlos angesichts des Irrsinns, der sich Krieg nennt, und gerade darum dürfen sie nicht preisgegeben werden. Noch im fratzenhaften Fragment entdeckt der Autor Spuren dieser Geschichten – und der Leser folgt ihm, erst ungläubig, dann zunehmend gefesselt, bangend mit den oft namenlosen Figuren.

Der dritte Roman »Faustrecht« – er spielt 1946 in München – weicht davon ab. Ledig arbeitete parallel an einer Theaterfassung des Stoffs, und so ist auch die Prosa dialogreich und gradlinig. Ein Trupp Kriegsheimkehrer überfällt einen US-Jeep, ein sinnloses und mörderisches Unternehmen. Auch wenn dieses Buch aus dem Jahr 1957 nicht die Dichte der anderen beiden besitzt, so ergeben die drei Romane zusammen doch eine Trilogie der Kriegs- und Nachkriegszeit, die schlichtweg zum Besten gehört, was in den fünfziger Jahren in deutscher Sprache geschrieben wurde.

Ledig hatte da schon alle Ambitionen als Romancier fahrenlassen – nicht ohne noch einmal seine Wut auf die Literaturkritik zu zeigen (»Durch Geschrei gleicht sie aus, was ihr an Erkenntnisvermögen abgeht«). Verbittert reagierte er auch – ohne Namen zu nennen – auf einige Kollegen, deren »Stil des eleganten Bluffs« ihm geeignet schien, sich dem pseudomodernen Publikumsgeschmack anzudienen: »Der Punkt ist das am wenigsten von ihnen benutzte Satzzeichen, denn er beendet immer eine Aussage. Auszusagen haben sie nichts.«

Ledig blieb Einzelgänger. Weder die Gruppe 47 noch der PEN, der ihn umwarb (Erich Kästner hatte sich für ihn stark gemacht), konnten ihm das Gefühl geben, richtig dazuzugehören. Für ihn waren solche Versammlungen »Gequassel«. Der Familienvater mußte Geld verdienen, also verlegte er sich eine Zeitlang ganz auf den Journalismus. Anders als im Fall Koeppen stand hinter Ledig kein Verleger, der ihn ermutigt, der ihn nachhaltig unterstützt und etwas Neues abgefordert hätte – oder auf die naheliegende Idee gekommen wäre, die drei Romane gemeinsam zu edieren.

Ledig, der damals politisch weiter links stand als die meisten Schriftsteller der Gruppe 47, engagierte sich bei den westdeutschen Kommunisten. Der DDR gehörte seine Sympathie, und für einige Zeit hatte er sogar eine Wohnung in Ost-Berlin, traf sich mit Anna Seghers und Brecht.

Er schrieb für das »Neue Deutschland«, bis ihm die Zensureingriffe unerträglich wurden. Für drei Tage landete er als vermeintlicher Spion im Stasi-Knast. Daraufhin kehrte er ganz nach Bayern zurück und verdiente sich sein Geld mit populären Artikeln und Buchbeiträgen über Technik.

Und über dieser Art von Brotarbeit vergaß Gert Ledig allmählich, daß er einmal ein bedeutender Schriftsteller gewesen war. »Das alles war natürlich einfacher, als

Romane zu schreiben«, sagt er heute – am Ufer des Ammersees, über dem sich vor mehr als 50 Jahren die amerikanischen Bomber zum Anflug auf München gesammelt hatten. Dann beichtet er, daß er es kürzlich doch wieder versucht hat. Er kennt Freunde in Kroatien, die er gelegentlich besucht – und etwas über den Bosnienkrieg zu schreiben, das hätte ihn gereizt. »Aber ich habe nur ein paar Seiten geschafft«, sagt Ledig, der immer noch kleine Probleme beim Sprechen hat. »Es ging nicht. Zuviel Distanz. Die Angst muß dir selbst im Genick sitzen, du mußt das genau kennen.«

(1999)

Aktuelles Porträt

Auch dieser Porträtform gehen notwendig Begegnung und Gespräch voraus. Gegenstand ist allerdings nicht so sehr die Biographie des Schriftstellers oder dessen Gesamtwerk, sondern eine Neuerscheinung. Im Werkstattgespräch geht es darum, etwas über das neue Buch zu erfahren: von der Idee bis zur konkreten Schreibarbeit. Der Autor bekommt also Gelegenheit zur Selbsteinschätzung.

Etwas ganz anderes ist die »Homestory«: Sie ist die Domäne der Boulevard-Medien; es handelt sich dabei um ein an Oberflächenreizen orientiertes Porträt, das etwa die Lebensumstände des Porträtierten, das wohnliche Ambiente oder die Art und Weise beschreibt, wie er dem Journalisten die Tür öffnet, seine Kaffeetasse hält und dergleichen.

Im Grunde unterscheidet sich ein Porträt von einem Interview hauptsächlich dadurch, daß Fragen an den Autor im Artikel implizit auftauchen. Außerdem sind die Antworten nur auszugsweise und oft in indirekter Rede wiedergegeben. Das Gespräch mit Daniel Kehlmann anläßlich der Veröffentlichung seines Buches »Ruhm« fand am 19. Dezember 2008 in Wien statt.

Ich habe sehr gelitten

Daniel Kehlmanns neues Buch »Ruhm« ist sein erster Roman seit dem Megabestseller »Die Vermessung der Welt« – ein Besuch bei dem Starautor in Wien

Ein Schriftsteller träumt von einem Roman »ohne Hauptfigur«, einem Werk, in dem ansonsten alles vorhanden sein soll, was einen Roman ausmacht: »die Komposition, die Verbindungen, der Bogen«, nur eben »kein Protagonist, kein durchgehender Held«. Leo Richter heißt dieser Schriftsteller, und er ist eine Erfindung von Daniel Kehlmann.

Kehlmann, 33, einer der erfolgreichsten deutschsprachigen Autoren der Gegenwart, hat sich diesen Roman nicht nur erträumt, er hat ihn geschrieben. »Ruhm« heißt er, im Untertitel: »Ein Roman in neun Geschichten«, und er wird Mitte dieses Monats erscheinen. Das Buch ist Kehlmanns erstes literarisches Werk seit dem Bestseller »Die Vermessung der Welt« (2005), der inzwischen mehr als 1,4 Millionen Mal verkauft worden ist, Übersetzungen nicht mitgerechnet.

In Wien, seinem Hauptwohnsitz, gibt sich Kehlmann an diesem naßkalten Dezembertag gelassen und zufrieden mit dem Geleisteten. Aber ihm ist bewußt, welche Erwartungen Kritik und Publikum hegen. Das Schreiben sei ihm nicht leichtgefallen, sagt er. Ein anderes Buchprojekt habe er vorerst zur Seite gelegt: »Ich bin da einfach nicht weitergekommen.«

Er ist ein Starautor, doch auf der Straße wird er nicht erkannt, von niemandem behelligt. Ein Mann, dem Allüren fremd sind. Sein Gesicht wirkt zart und offen, Grüblerisches oder gar Zerquältes sucht man darin vergebens. Doch sobald er über sich und seine Arbeit spricht, wird Kehlmann lebhaft und zeigt eine wache Intelligenz. Er formuliert unprätentiös, ohne Imponiergehabe – ganz wie beim Schreiben.

Dabei kann er es selbst immer noch nicht fassen, ausgerechnet mit einem Roman über zwei deutsche Wissenschaftler, den Mathematiker Carl Friedrich Gauß und den Naturforscher Alexander von Humboldt, viel Geld verdient und ein großes Publikum gewonnen zu haben.

Während des Schreibens am neuen Buch sei ihm klargeworden, daß er auf die Enttäuschung so vieler Leser hinarbeitet, »die das gleiche gern wieder hätten«.

Eine Wiederholung des Erfolgswerks wollte er auf keinen Fall liefern. Deswegen war es wie eine Erlösung, als ihm die Idee zu einem Roman kam, der sich aus verschiedenen Geschichten zusammensetzt, Geschichten, die je für sich bestehen können, gleichzeitig aber wechselseitig aufeinander bezogen sind, »jede mit jeder verbunden«, so Kehlmann.

Das ist ihm wichtig. Denn natürlich liegt der Verdacht nah, hier werde eine Sammlung von Erzählungen aus Marketinggründen als Roman verkauft. Nein, er wollte einfach etwas ganz anderes probieren, für ihn ist das neue Werk geradezu »eine Art Gegenbuch« zur »Vermessung der Welt«, formal wie thematisch – ein »gebrochenes und fragmentiertes Buch«.

»Ruhm« hat keine lineare Erzählweise, spielt nicht – wie der Vorgängerroman – in einer historischen Epoche, der Roman greift mitten hinein in das Chaos der Gegenwart. Die moderne Technik, Handys, Computer und Internet spielen eine fast so wichtige Rolle wie die Figuren, die auftauchen, ihre Geschichte erzählen, wieder verschwinden, sich später unvermutet noch einmal zeigen oder auch nicht.

Kehlmann webt ein feines Netz untergründiger Bezüge. Was in der einen Geschichte offenbleibt, findet in einer anderen vielleicht eine Erklärung oder Fortsetzung; was in der einen zum Rätsel wird, enthüllt sich beiläufig in einer anderen.

Der fiktive Schriftsteller Leo Richter mag tatsächlich keine Hauptfigur im klassischen Sinn sein, eine wichtige Rolle spielt er dennoch: Er tritt in verschiedenen Geschichten auf, auch schon mal als Verfasser einer solchen – ein Alter ego Kehlmanns.

Gleichgesetzt werden möchte der Autor keineswegs mit diesem hypochondrischen und eitlen Doppelgänger, der stark autobiografisch arbeitet, aus sich selbst und Freunden Figuren seiner Prosa macht. Ihn selbst habe am Schreiben immer das Erfinden interessiert, setzt Kehlmann dagegen.

»Gleichzeitig faszinieren mich Autoren«, sagt er, »bei denen das anders ist. Mich faszinieren auch die sozialen

Effekte, die entstehen, wenn die Umgebung eines Künstlers damit rechnet, ausgespäht zu werden und in seinem Werk vorzukommen. Die Leute um mich herum haben keine Angst, daß sie bei mir vorkommen. Dafür ist jetzt Leo zuständig.« Es habe ihm großen Spaß gemacht, diesen Leo zu erfinden.

Kehlmanns Stellvertreter im Roman ist viel unterwegs, findet aber an keinem Ort zu sich. »Ruhm« ist nicht auf einen Nenner zu bringen; wenn es einen roten Faden gibt, dann ist es das Unruhige unserer Gegenwart, die potentielle Erreichbarkeit per Handy, SMS oder E-Mail, die Ubiquität, Umtriebigkeit und Verlorenheit. Es geht, wie Kehlmann formuliert, »ums Vergessenwerden, ums Verschwinden, um das Sichverlieren oder die Auflösung«.

Man blende gern aus, sagt der Autor in Wien, »daß man tatsächlich geliefert ist, wenn man in eher schwer zugänglichen Gegenden ein paarmal falsch abbiegt und ein paar Fehler macht«. Er fügt hinzu: »Deswegen handeln ja auch so viele Geschichten vom Reisen, nicht nur bei mir. Der Reisende ist in einer archetypischen Situation des Erzählens.« Schon nach Erscheinen der »Vermessung der Welt« sei er oft nach seiner eigenen Reiselust gefragt worden. Seine Antwort: Er reise viel wie Humboldt und ungern wie Gauß. »Muß das denn sein?« frage er sich vor jeder Reise. Aber daheim habe er oft das Gefühl, »es muß jetzt mal wieder losgehen«.

In einer Romanepisode mit dem Titel »Wie ich log und starb« wird gezeigt, was sich verändert hat, seit »wir kleine Funkgeräte hatten und Briefe schrieben, die in der Sekunde des Abschickens schon am Ziel sind« – wie also die neuen Verständigungsmöglichkeiten das Leben, besonders das Liebesleben verändern. Und wie die Erleichterungen zum Alptraum werden können.

Ausgerechnet der Abteilungsleiter einer Telekommunikationsfirma, zuständig für »Nummernverwaltung und Nummernzuweisung«, verliebt sich in eine Chemikerin und beginnt ein Doppelleben: unaufrichtig gegenüber der Ehefrau wie der Geliebten. Es wundert ihn selbst, daß mit wenigen ins Handy geflüsterten Lügen scheinbar alles in den Griff zu bekommen ist. Nur nachts, sowohl im einen wie im anderen Bett, quälen ihn düstere Vorahnungen. Am Ende werden sie sich bewahrheiten.

In einer anderen Geschichte (»Der Ausweg«) erfährt der Schauspieler Ralf Tanner am eigenen Leib, daß man sich in der Öffentlichkeit keine Szene mit der Freundin leisten kann, wenn man so bekannt ist wie er. Immer steht einer bereit, der sogleich ein Handy mit Videofunktion zückt und die unschöne Angelegenheit genüßlich übers Internet verbreitet. Die hämischen Reaktionen der Fangemeinde lassen nicht lange auf sich warten: Er habe nur »Müll im Hirn« und sei häßlich »wie ein Vieh«.

Kehlmann, privat ein so freundlicher Zeitgenosse, hat mit seinen Figuren wenig Erbarmen. Der Satz des von ihm sehr geschätzten amerikanischen Autors Philip Roth, Nettigkeit sei bei Schriftstellern »noch tödlicher als bei anderen Menschen«, gefällt ihm.

Manche Passagen in »Ruhm« erinnern an den schwarzen Humor des britischen Autors Roald Dahl (»Küßchen, Küßchen«). Kehlmann kennt dessen skurrile Erzählungen aus seiner Jugend. Es sei möglich, sagt er, daß es da eine Anregung gab. »Der Unterschied ist vielleicht, daß ich ohne Schadenfreude erzähle, zwar mit einer gewissen Grausamkeit den Figuren gegenüber, aber ich habe keinen Spaß daran.« Er setzt hinzu: »Ich habe mit ihnen gelitten. Ich habe sehr gelitten.«

Im Gegensatz zur eher traditionellen Erzählweise seiner früheren Romane findet Kehlmann nun auch Vergnügen an formalen Experimenten: Figuren sprechen mit ihrem Erfinder, der Schriftsteller Leo Richter redet den Leser an, und das Porträt einer Frau wird mit den Worten eingeleitet: »Vielleicht ist jetzt der Moment, zu unterbrechen und sie zu beschreiben.«

Diese Art von Metafiktion ist nicht neu, und niemand weiß das besser als Kehlmann. Er ist ein besessener Leser, theoretisch beschlagen (wovon eine Vielzahl von Essays und Rezensionen zeugt), und er ist ein äußerst bewußter Erzähler. Viele literarische Experimente der Literaturgeschichte seien brillant, sagt er, aber oft auch steril. Manches wirke heute verstaubt. »Die Aufgabe ist wohl, die Errungenschaften der Avantgarde aufzugreifen und darauf aufzubauen, aber in dialektischer Weise, indem man diese Techniken verwendet, ohne die Substanz, das menschliche Gewicht, zu opfern. Man darf sich nicht im reinen Spiel verlieren.«

Das aber ist ihm ausgerechnet in der Schlußepisode unterlaufen. Da soll sich der Bogen runden, aber gerade diese Geschichte (»In Gefahr«) verliert die Bodenhaftung. »Ich wußte, ich komme in eine deiner Geschichten! Genau das wollte ich nicht!« beklagt sich die Freundin des Schriftstellers Leo Richter. Die Figuren müssen erkennen, daß sie nur Teil einer Fiktion sind. Offensichtlich wollte Kehlmann das Spiel mit Illusion und Wirklichkeit auf die Spitze treiben und endet in der Belanglosigkeit.

Alles in allem jedoch ist die neue Leichtigkeit des Erzählens vortrefflich gelungen, bis hin zum Titel. »Ruhm« ist zunächst ganz wörtlich zu verstehen, es geht um berühmte Menschen, Schriftsteller und Schauspieler, auch um solche, die sich nach Ruhm vergeblich sehnen. Der Titel sei »gleichzeitig zutreffend und ganz und gar ironisch«, so Kehlmann, der völlig erstaunt ist, daß es hier und da Befürchtungen gab, es handle sich bei dem neuen Buch um die Selbstbespiegelung eines Erfolgsautors. »Da müßte ich ja völlig vertrottelt sein«, sagt er. »Halten die Leute mich für größenwahnsinnig?«

Die Erfolgsgeschichte seiner »Vermessung« ist ihm nicht zu Kopf gestiegen. Er begreife diesen Roman immer noch »als den einmaligen Glücksfall«, sagt er. Das

Wesentliche an einem Bestseller sei doch, daß man ihn gerade nicht wiederholen müsse, daß er einem eine Freiheit gebe, »wie man sie nie vorher hatte und nie zu erträumen wagte«. Es ist die Freiheit, nun etwas ganz anderes zu versuchen.

Mit dem Roman »Ruhm« hat Daniel Kehlmann das ganz andere gewagt – und ein Geburtstagsgeschenk an sich selbst ist das Buch auch: Am 13. Januar wird er 34 Jahre alt. Ein gelungenes Geschenk.

(2009)

Teil IV
Andere journalistische Formen

Nachruf

Umfang und Form eines Nachrufs hängen nicht allein von der Bedeutung des Verstorbenen ab, sondern auch vom Publikationsforum: Die Bandbreite reicht vom umfangreichen Porträt bis zur kurzen Meldung.

Dafür im folgenden einige Beispiele:

1. In einer Wochenzeitung wie der »Zeit« sind umfangreiche Nachrufe möglich. In der Mehrzahl der Fälle kommen die Tageszeitungen mit ihren Nachrufen zuvor, so daß eine gewisse Eigenständigkeit, ja Eigenwilligkeit gefragt ist. Max Frisch, der am 4. April 1991 starb, konnte in der »Zeit« erst knapp eine Woche nach seinem Tod gewürdigt werden. Die hier gewählte Mosaikform orientiert sich formal an einer Passage aus dem »Tagebuch 1966-1971«, in der Frisch unter dem Titel »Album« seinen Kollegen Günter Grass anhand von Fotos porträtiert hatte.

2. Für ein Nachrichtenmagazin gelten andere Gesetze; umfangreiche Nachrufe sind die Ausnahmen. Der »Spiegel« hat für kurze Würdigungen, wie sie die Regel sind, eine eigene Rubrik (»Register«) eingeführt. Nur gelegentlich wird – wie im Fall von Jurek Becker – dem Gedenken an einen Autor mehr Platz eingeräumt; der Nachruf auf Ulrich Plenzdorf dagegen entspricht der üblichen Kurzform.

3. Den Tageszeitungen, die von einem Tag zum nächsten reagieren müssen, ist mittlerweile mit Online-Portalen eine an Aktualität überlegene Konkurrenz erwachsen. Der Zeitdruck freilich ist enorm, auch bei »Spiegel«-Online, wo der Nachruf auf John Updike zu lesen war. Reizvoll ist die Möglichkeit des Internets, den Artikel mit anderen Dokumenten zu verlinken; in diesem Fall leitete die elektronische Verknüpfung zu einem Updike-Video auf der Homepage der »New York Times« weiter.

Max Frisch, ein Album

Wirkliche und imaginäre Bilder eines Schriftstellerlebens: zum Tod des großen Schweizer Dichters

Hier ist er in Zürich, September 1982. Ein Photo, das er besonders liebte. Der Blick in die Ferne gerichtet, die Pfeife noch nicht entzündet. Die Hände im Begriff, wie tausendmal geübt, die nötigen Vorbereitungen zu treffen: das Streichholzheftchen zwischen den Fingern. Er schaut dem Licht entgegen, die weißen Haare leuchten in der Sonne. Sein Kopf im Profil, der Kopf eines Siebzigjährigen. Da steht er: einerseits wie selbstvergessen, andererseits gespannt und wachsam, Gelassenheit und Neugier in den Gesichtszügen – nicht auch leichte Wehmut und Melancholie? Wieviel Zeit bleibt noch? Wenn einer ein Bild von sich besonders mag, heißt es, daß er viele andere nicht mag. Er hatte eine leichte Lähmung der Augenlider. Er war eitel. Wenn ein Buch über ihn erschien, nahm er gern Einfluß: auf die Auswahl der Photos, bis zuletzt, noch wenige Wochen vor seinem Tod.

Hier hört man ihn: »In gewissem Grad sind wir wirklich das Wesen, das die andern in uns hineinsehen, Freunde wie Feinde. Und umgekehrt! Auch wir sind die Verfasser des andern; wir sind auf eine heimliche und unentrinnbare Weise verantwortlich für das Gesicht, das sie uns zeigen, verantwortlich nicht für ihre Anlage, aber für die Ausschöpfung dieser Anlage.« Eigentlich liest man nur: im ersten Tagebuch, 1950 erschienen (Stichwort: »Du sollst dir kein Bildnis machen«). Man liest – aber eben: Man hört ihn.

Hier geht er ins Gebirge. Nein, das ist nicht er selbst, sondern eine seiner Figuren. Weder Stiller noch Gantenbein, auch nicht Faber. Geiser heißt er, und er ist eingeschlossen in seinem Tessiner Tal, das Dorf nach einem Unwetter von der Umwelt abgeschnitten. Herr Geiser, bald 74 Jahre alt, gibt nicht auf. Er kennt einen Weg über die Paßhöhe, einen Weg, den er vor langer Zeit einmal gegangen ist. Er will es sich beweisen: Es gibt einen Weg aus diesem Tal, einen Ausweg. Ein Aufbruch im Morgengrauen: »Im Anfang ist es ein steiler Weg; der Hang ist steil, aber der Weg beinahe horizontal, teilweise mit Platten belegt, ein sicherer Weg auch bei Nebel, wenn man den Wasserfall nicht sehen kann, dessen Rauschen man hört.«

Der Weg hinauf! Der Weg aus der Enge heraus! Noch einmal: vorbei an Abgründen, an Weggabelungen, wo die richtige Entscheidung wichtig ist, über einen Fluß, obwohl die Brücke fehlt. Ein paar Seiten nur in einer ohnehin kurzen, bisher kaum wahrgenommenen Erzählung. Kein aufdringliches Lebensgleichnis, einfach nur der karg und genau gezeichnete Weg über die Paßhöhe. »Plötzlich geht es nur noch mit Glück.« Aber: »Der Plan ist durchführbar.« Herr Geiser schafft auch den Abstieg und kommt heil auf der anderen Seite an. Dort gibt es eine Postbusstation: die Rettung. Der Wanderer aber kehrt einfach um und geht zurück. »Was soll Herr Geiser in Basel?«

Hier ist er noch ein Kind, er sitzt neben der Mutter, mit kurzen Hosen und weißem Hemdkragen, ein rundes, freundliches Gesicht. Die Mutter ist wichtig für ihn, wichtiger als der Vater, ein Architekt. Später wird sie (die 1966 im Alter von 91 Jahren stirbt) dem erwachsenen Sohn, der dann Mitte Fünfzig ist, den verblüffenden Satz sagen: »Du solltest nicht immer über Frauen schreiben, denn du verstehst sie nicht.«

Hier macht er ein Feuer (nein, davon gibt es kein Bild): Er ist 26 oder 27 Jahre alt und hat beschlossen, mit der

Schriftstellerei aufzuhören, endgültig und für immer. Er hat das Gefühl: Es reicht nicht. Viele Jahre später wird er die Szene in seinem »Tagebuch 1946-1949« beschreiben: »Ich mußte zweimal in den Wald hinaufgehen, so viele Bündel gab es, und es war, ich erinnere mich, ein regnerischer Tag, wo das Feuer immer wieder in der Nässe erstickte, ich brauchte eine ganze Schachtel voller Streichhölzer, bis ich mit dem Gefühl der Erleichterung, auch der Leere weitergehen konnte.«

Die Erinnerung mag stimmen – trotzdem: eine Legende. Eine Unterbrechung der literarischen Arbeit gibt es nicht: Von 1934 an veröffentlicht er – er ist 23 Jahre alt, als der Debütroman »Jürg Reinhart« erscheint – in erstaunlicher Regelmäßigkeit alle drei bis vier Jahre ein Prosabuch (von Arbeiten für das Theater abgesehen), und zwar bis weit in die fünfziger Jahre hinein: Erst nach dem Roman »Homo faber« (1957) entsteht eine Lücke von sieben Jahren. Und doch: Nach seinem zweiten Roman »Antwort aus der Stille« (1937) muß das Gefühl des Versagens und Scheiterns besonders stark sein, das ihn sein Leben lang nie mehr völlig verlassen wird.

Er beginnt Mitte der dreißiger Jahre noch einmal zu studieren (ein Germanistikstudium hat er nach dem frühen Tod des Vaters abgebrochen): Architektur. Er will, wie er es 1936 in einem Brief an Hermann Hesse formuliert, »einen anderen und sozusagen weltgerechten Beruf« hinzulernen.

Hier ein bekanntes Bild: mit Bertolt Brecht auf der Baustelle. Er ist wirklich Architekt geworden, und was da errichtet wird, nach dem Krieg: ein Freibad in Zürich. Er ist auch inzwischen verheiratet und Vater. Brecht lobt ihn: Er habe einen ehrlichen Beruf. Doch der Architekt schreibt wieder, immer noch. Er gibt dem anderen ein Stück zu lesen, das mit der Bemerkung zurückkommt: Dem Theater als Institution werde mit diesem Stück (es wird später »Als der Krieg zu Ende war« heißen) zuwenig zugemutet.

Eine Begegnung mit Widerhaken, doch folgenreich. Er bewundert an Brecht: »Eine schöpferische Geduld, wieder von vorn anzufangen, Meinungen zu vergessen, Erfahrungen zu sammeln und zu befragen, ohne ihnen die Antwort aufzudrängen.« Damit beschreibt er zugleich sich selbst. Er kommt oft auf Brecht zurück, auch Jahrzehnte später, im Gespräch: »Ich war für ihn ein maßlos untrainierter Sozialist. Ich bin der politischen Diskussion ausgewichen. Er hat mich nicht ideologisieren können, aber mir politische Verhältnisse deutlich gemacht.«

Ein Photo, das es nicht geben kann: im Gespräch mit Thomas Mann. »Dabei wohnte er ja nur über den See. Ich mochte ihn nicht sehr. Für mich kein Anregeautor, sondern ein Respektautor.« Der Respektautor kam sogar einmal zu einer Theaterpremiere: 1953, zur ersten Aufführung von Frischs Stück »Don Juan oder Die Liebe zur Geometrie«. Der Jüngere ließ sich weder an diesem Abend noch später bei ihm blicken. Drei Jahre später war Thomas Mann gestorben, wenige Wochen nach dem achtzigsten Geburtstag. Versäumte Begegnungen.

Hier auf dem Titelbild des »Spiegel«, 7. Oktober 1953. »Logenplatz im Welttheater« heißt die Bildlegende. »Schweizer in dieser Zeit: Max Frisch (siehe ›Schriftsteller‹)«. Seine große Zeit beginnt, der Aufstieg zum Weltautor. Die Theaterstücke machen ihn bekannt und reich (1958 hat »Biedermann und die Brandstifter«, 1961 »Andorra« Premiere), doch zu Ruhm gelangt er als Romancier, als Verfasser von »Stiller« (1954), »Homo faber« (1957), »Mein Name sei Gantenbein« (1964).

Auf diesem Bild ist er nicht zu sehen, da steht er hinter der Kamera: Ingeborg Bachmann hält eine Schallplatte in der Hand, ein Lampenschirm ist zu sehen, ein Plattenspieler. Aufgenommen in ihrer gemeinsamen Wohnung in Rom, Anfang der sechziger Jahre – ein leicht verschwommenes Photo. Eine Schriftstellerliebe: Das geht nicht gut. Sie hält nicht lange. Aber zwei Bücher wären nicht – oder nicht so – entstanden ohne diese Liebe: ihr Roman »Malina«, sein »Gantenbein«-Roman.

Das Photo lag ihm am Herzen. Als er es mir zwanzig Jahre später auslieh für die kleine Biographie, die über ihn entstehen sollte, rief er schon wenige Tage danach an: Ob es auch nicht verloren sei, das einzige Exemplar?

Da steht er mit Christa Wolf an der Reling des Wolgaschiffes (dieses Photo könnte es geben). Eine frühe Begegnung, Juni 1968. Ein Bild, das sich im Kopf festgesetzt hat, obgleich die Szene (so ähnlich) nur beschrieben ist im zweiten Tagebuch – in seinem unverkennbar lapidaren, knappen, pointierten Stil: »Gespräch mit Christa Wolf und ihrem Mann bis vier Uhr morgens, draußen die helle Nacht über Wolga und Land. Labsal: daß man Widerspruch gelten lassen kann. Lange Zeit saß ein sowjetischer Genosse dabei, der zuhörte, aber mich nicht störte. Er scheint berichtet zu haben: heute wissen meine Funktionäre, daß es ein sehr interessantes Gespräch gewesen sein soll, das wir geführt haben.«

Darin wird ihn auch in Zukunft kaum jemand übertreffen: Wie er mit wenigen Worten ins Zentrum trifft, obwohl er doch nur das Nötigste sagt – der Kommentar ergänzt sich im Kopf des Lesers von allein. Daß einer so unbefangen ich sagen kann, hat seine Kollegen in der ehemaligen DDR fasziniert und ihnen Mut gemacht. So ließ er es nach langer Überlegung zu, daß seine Tagebücher dort zensiert erschienen, in den siebziger und achtziger Jahren. »Ich habe lange in Berlin gelebt«, erklärte er mir 1981 im Gespräch. »Da habe ich die Leute mehr kennengelernt und habe erfahren, daß mein striktes Nein kontraproduktiv ist. Die DDR-Schriftsteller sagten mir: ›Wir haben die Bücher eh in der Originalausgabe. Aber daß es gedruckt wird, hilft uns. Sie als Ausländer können dabei helfen, wie weit man gehen kann, etwa in der Ich-Beschäftigung.‹ Aber es bleibt ambivalent, Auslassungen zuzustimmen; es ist zweischneidig.«

Im Sommer 1990 sagte er mir am Telephon, als wir über den Streit um Christa Wolf und ihre Erzählung »Was bleibt« sprachen: »Ich habe ihr gesagt: ›Was wollen Sie? Sie waren ein Denkmal, und zu einem Denkmal gibt es nur zwei Haltungen: Man kniet vor ihm, oder man stürzt es!‹«

Das ist in New York, Mitte der siebziger Jahre. Diese Stadt hat er oft besucht, in dieser Stadt hat er lange Zeit gelebt, gewohnt, diese Stadt hat er in seinen Romanen porträtiert. Hier wäre er vielleicht geblieben, wäre er denn Architekt geblieben. Dieses Mal, 1974, übergibt ihm der amerikanische Kollege Philip Roth ein Exemplar des gerade erschienenen Romans »My Life as a Man«, ihm, dem geachteten Schweizer Schriftsteller, der auf der Fahrt ins Wochenende ist, auf dem Weg an die Spitze der Halbinsel Long Island, zu einem Ort namens Montauk.

Dort wird der Besucher aus Europa, barfuß am Strand, der Frage nachsinnen, warum das für ihn kein Buchtitel sein könnte (»Mein Leben als Mann«). Und später wird er über dieses Wochenende schreiben, wie er da barfuß am Strand ging, Fragen über sein Leben als Mann im Kopf – eine autobiographische Erzählung, die er dann »Montauk« nennt und die zum Besten gehört, was in den vergangenen zwanzig Jahren in deutscher Sprache geschrieben worden ist.

In »Montauk« stehen überraschende Sätze: »Ich habe mir mein Leben verschwiegen. Ich habe irgendeine Öffentlichkeit bedient mit Geschichten. Ich habe mich in diesen Geschichten entblößt, ich weiß, bis zur Unkenntlichkeit.« Ein Alterswerk (dabei ist er erst Mitte Sechzig), eine erste Summe: »Es stimmt nicht einmal, daß ich immer nur mich selbst beschrieben habe. Ich habe mich selbst nie beschrieben. Ich habe mich nur verraten.« Und der Satz: »Sowie eine Frau mir gefällt, komme ich mir jetzt als Zumutung vor.«

Das ist 1977, der SPD-Parteitag in Hamburg, er am Pult hinter Mikrophonen. Er hat sich nie entzogen, wenn die Politik rief, und jetzt gibt er den Sozialdemokraten zu verstehen: »Ich kann mir nicht denken, daß Politik ohne die lästige Assistenz der Intellektuellen eine geschichtliche Chance hat.« Später wird er noch skeptischer sein, am Ende sich fragen, ob es überhaupt noch eine geschichtliche Chance gibt – mit oder ohne lästige Assistenz. Und schon früh, 1964, vermied er es, seine Rolle in der Politik zu überschätzen: »Bin ich dadurch, daß ich mich vor anderen Mitbürgern auszeichne am Schreibtisch, berufen oder auch nur befugt, Staatsmännern schreibend die Aufgabe zu stellen, der ich mich dann selbst entziehe?«

War er je ein politischer Schriftsteller? Nicht, wenn man darunter versteht, daß er beim Schreiben Rücksichten nahm, um einer Idee zu nützen, um etwas zu propagieren. Er war ein politisch denkender Mensch, einer, der komplizierte Zusammenhänge mit einer raschen Wendung, einer Frage, einer Paradoxie erhellen konnte – aber die Domäne der Literatur war und blieb für ihn etwas anderes. »Fast wage ich zu sagen: das Private. Was die Soziologie nicht erfaßt, was die Biologie nicht erfaßt: das Einzelwesen, das Ich, nicht mein Ich, aber ein Ich: die Person, die diese Welt erfährt als Ich, die stirbt als Ich ...«

Das machte ihn zum Anwalt von Lesern, die die trotzige Hoffnung nicht aufgeben wollen, daß das Ich, ihr kleines Ich, doch vielleicht eine Rolle spielt, daß nicht alles völlig gleichgültig ist. Er machte keine leeren Versprechen, aber er zeigte: daß es möglich ist, sich selbst wahrzunehmen.

Es war ein Wunder und ist vielleicht einzigartig in der Weltliteratur, daß ein Schriftsteller von dieser Bedeutung beliebt sein konnte bei Kollegen und der Kritik, anerkannt vom Publikum und der Wissenschaft, akzeptiert von Lehrern und Schülern – nun schon in der zweiten Generation.

Die Wirkung, die Faszination seiner Prosa (vor allem) läßt nicht nach. Was macht diese Sätze so musikalisch und so klar? Was gibt ihnen diesen Rhythmus, der ein Denkrhythmus ist? Nur ein Wort an einem anderen Platz, und jener Satz würde nicht mehr klingen, den man – im ersten Tagebuch – so oft gelesen hat. »Man hält die Feder hin, wie eine Nadel in der Erdbebenwarte, und eigentlich sind nicht wir es, die schreiben; sondern wir werden geschrieben. Schreiben heißt: sich selber lesen.« Ihn lesen aber heißt: in seinem Rhythmus plötzlich die eigene Biographie neu und vielleicht erstmals zu erfahren.

Und endlich mit Dürrenmatt. Da müßte es eigentlich viele Photos geben. Auf diesem hier sieht man beide vor dem Eingang des Basler Theaters, das mag in den sechziger Jahren sein: Er, sitzend, hat die Pfeife gerade entzündet, das Streichholz noch in der Hand, eine Rauchwolke steigt auf; Dürrenmatt, stehend, blickt mürrisch auf ihn herab.

Das mag für beide nicht immer einfach gewesen sein: Sie waren sich gleichzeitig Weggefährten und Konkurrenten, Freunde und Störenfriede; am Schluß gingen sie einander aus dem Weg – und traten doch merkwürdig synchron von der Bühne ihres Landes ab, auf der sie einst fast gemeinsam aufgetreten waren. In einem der letzten Interviews hat Dürrenmatt, der Jüngere, der vor ihm starb, auf den entscheidenden Unterschied aufmerksam gemacht, als leichte Rüge vorgebracht: »Private Schwierigkeiten soll man mit sich ausmachen. Der Frisch hatte immer viele Frauengeschichten, und jedesmal hat er geschworen, das sei seine letzte. Ein hoffnungsloser Romantiker in dieser Hinsicht.« Und über die Leser von Frisch: »Er ist der Schriftsteller der Intellektuellen. Sie glauben, seine Eheprobleme und Identitätskrisen auch haben zu müssen.« Da scheiden sich die Geister.

»Man sollte nie über einen Menschen spotten«, schrieb Frisch (da war er Anfang Zwanzig) schon in seinem ersten Roman, »man weiß nicht, ob man ihn nicht eines Tages heiratet.« Das ist sein Thema geblieben bis hin zum späten Prosastück »Blaubart« (1982). Dort sagt ein Zeuge vor Gericht: »Schauen Sie, ich bin vierundzwanzig Jahre verheiratet, das ist eine Frage des Humors, das kann einer nicht, wenn er keinen Humor hat ...«

Er wurde uns als Sucher nach der Identität verkauft, dabei ist er immer auf der Suche nach dem Geheimnis der Liebe, des Sexus, der Lust gewesen – darum sind ihm so viele gefolgt, nicht nur die Intellektuellen, die vielleicht am wenigsten.

Hier gehen wir gemeinsam durch Zürich. Ein Gespräch über Dinge, die nicht in die Biographie gehören, nach seiner Meinung. Er erzählt. Er staunt, daß es der jüngeren Generation so einfach möglich ist, über Sexualität zu sprechen. »Im Elternhaus wurde darüber nicht gesprochen: gar nichts. Jeder mußte sehen, wie er mit seinem Trieb hinkommt. Wir gingen in die ersten Liebesbeziehungen hinein und mußten das alles von A bis Z lernen. Keine Anleitung. Die einzige Kommunikation war die Zote. Beim Militärdienst: Manches habe ich gar nicht verstanden. Dabei haben die Männer gar nichts von sich verraten. Damals hat man über das Sexualverhalten der anderen Männer durch die Frauen erfahren. Wenn eine Frau dankbar auf etwas reagierte, mußte ich schließen, daß andere Männer anderes praktizierten. Männer haben sich Erfahrungen vorgespielt und eigentlich wahnsinnige Angst gehabt: blöde, dumme Lügereien.« Viel habe sich da verändert. Allerdings: »Die große Wonne der Wartezeit, der Werbezeit, die war schön.« Andererseits: »Ich bin nur sehr langsam aus diesem puritanischen Schuldgefühl herausgekommen. Bis man gelernt hat, daß die Frau den Beischlaf auch will. Ich hatte immer das Gefühl: Jetzt habe ich das Mädchen so wahnsinnig gern, wie eine Prinzessin – wenn sie mein Ansinnen wüßte, sie würde entsetzt sein!« Er lacht und spricht dann über den Schock, wenn eine Frau aktiv und einladend wirkt.

Warum gibt es in seinem Werk nur sehr dezente Darstellungen der Sexualität? Warum hat er es nie anders versucht? »Ich habe es natürlich versucht. Aber es ist ganz merkwürdig: Ich komme nicht an meine Erfahrungen heran, schreibend.«

Hier telephoniert er. Eben noch hat man mit ihm Hochdeutsch geredet, nun spricht er mit einem Landsmann Schweizerdeutsch. Ein anderer Mensch. Ich habe das Gefühl, eine Intimität zu belauschen, obschon ich kein Wort verstehe. Die Mundart, heißt es in seiner Rede »Die Schweiz als Heimat«, halte »das Bewußtsein in uns wach, daß Sprache, wenn wir schreiben, immer ein Kunst-Material ist«.

Hier hält er das kleine Büchlein in der Hand, seine Biographie. »Ich habe es inzwischen auch gelesen, nicht ohne eine Flasche Wein dazu.« Es folgen ein paar freundliche Worte und die Bemerkung, daß es ihm so leicht wie möglich gemacht werde, seine eigene Vergangenheit zu betrachten. »Daß ich mir dabei sehr gefalle, kann ich nicht behaupten. Sie erraten natürlich die gemischten Gefühle, die man an meiner Stelle hat: Das kleine Bändchen ist abgeschlossen – und was mache ich jetzt?« Eben: ein Klassiker zu Lebzeiten.

Dieses Bild wird es also nie geben: Er hält seine Dankrede in Stockholm. Er ist nicht der einzige, den die Nobeljury vergessen hat, gewiß nicht. Immerhin: Bei einer Umfrage unter deutschen Literaturkritikern, wer den Literatur-Nobelpreis verdiene, stand er im vergangenen Herbst einsam an der Spitze. Für immer: zu spät.

Hier ein Satz aus »Montauk«. »Es ist an der Zeit«, heißt es da 1975, »nicht bloß an den Tod zu denken, sondern davon zu reden.« Er hat schon viel früher davon gesprochen, gleich nach dem Krieg, in seinem ersten Tagebuch. Der Mensch im Gegensatz zum Tier, das den Tod als zeitloses Ganzes in sich trage – »wir leben und sterben jeden Augenblick, beides zugleich, nur daß das Leben geringer ist als das andere, seltener, und da wir nur leben können, indem wir zugleich sterben, verbrauchen wir es, wie eine Sonne ihre Glut verbraucht; wir spüren dieses immerwährende Gefälle zum Nichtsein, und darum denken wir an den Tod, wo immer wir ein Gefälle sehen ... Erst aus dem Nichtsein, das wir ahnen, begreifen wir für Augenblicke, daß wir leben.«

Hier sieht man ihn, Herrn Geiser, auf dem Rückmarsch. Noch einmal der Aufstieg, noch einmal das Gefälle. Was er auf dem Hinweg schon gesehen hat, sieht er nun von der anderen Seite, manches ist gut zu erkennen, anderes sieht anders aus, an manches erinnert er sich schon nicht mehr. Fast verschätzt sich Herr Geiser. Aber: »Ein Weg ist auch ein Weg in der Nacht.« Unterwegs verliert er den Schirm, doch nicht die Taschenlampe, die ist wichtiger. »Solange man geht, ist Erschöpfung fast ein Wohlgefühl in den Adern, und Herr Geiser hat gewußt, daß er sich nicht mehr setzen darf; nachher kommt man nicht mehr auf die Beine.« Er schafft es noch einmal, er kommt an, daheim; niemand hat ihn gesehen.

Vor zwanzig Jahren, im »Tagebuch 1966-1971«, hat er geschrieben: »Es gibt Alterswerke, die mehr sind als nur eine Verlängerung in die Perfektion (Matisse). Sie sind selten.« Die letzten Bücher haben diese Perfektion, und sie haben dieses Mehr, es ist nur noch nicht recht wahrgenommen worden. Nicht allein »Montauk«, auch »Der Mensch erscheint im Holozän«, die Geschichte des Herrn Geiser, ist ein Meisterwerk. Aussparung, Montage, Skizze: Immer sparsamer werden die Texte, leiser, scheinbar entrückt.

Hier noch einmal das Photo: Er im Profil, die weißen Haare. Aus dem Programmheft zur Uraufführung von »Jonas und sein Veteran« (der Bühnenfassung des kleinen Buches »Schweiz ohne Armee?«). Er hat es geschickt und an den Rand geschrieben: »Foto so berühmt – ›von einem unbekannten Meister‹, so kommt's in die Kunst . . .« Als nach diesem letzten Werk – »Schweiz ohne Armee?« – im vergangenen Jahr noch eine Sammlung all seiner Texte zum Thema Schweiz erschien, sollte es dieses Photo auf dem Titelbild sein und kein anderes. »Schweiz als Heimat?« versammelt Arbeiten aus fünfzig Jahren, Dokumente einer Heimatliebe, die das Land ernst nimmt, weil sie nichts hinnimmt. Am Ende, nicht mehr in diesem Buch, der Satz: »Was mich mit diesem Staat heute noch verbindet: ein Reisepaß.« Geschrieben im März 1991.

»Bilder, wahr nur als Bilder«: Er, Max Frisch, hat zu zeigen versucht, daß man anders als in Entwürfen und im Spiel der Einbildung ein Leben nicht fassen kann. Er warnte davor, sich ein Bildnis zu machen, von sich und von den anderen. Aber er wußte auch: selbst die Skizze ist eine Festlegung – man kann nur immer wieder versuchen, dem Bild und der Wiederholung zu entfliehen, noch einmal neu anzusetzen.

»Was also kann, so gesehen, eine Biographie überhaupt besagen?« wird in seinem Theaterstück »Biographie: Ein Spiel« gefragt. »Ob eine bessere oder schlechtere Biographie, darum geht es nicht. Ich weigere mich nur, daß wir allem, was einmal geschehen ist – weil es geschehen ist, weil es Geschichte geworden ist und somit unwiderruflich – einen Sinn unterstellen, der ihm nicht zukommt.« Max Frisch ist am 4. April in Zürich gestorben, kurz vor seinem achtzigsten Geburtstag.

(1991)

Jurek Becker

1937 bis 1997

Sein bedeutendstes Buch schrieb er aus Trotz und im Zorn. Der junge Jurek Becker war Anfang der sechziger Jahre in der DDR von der Universität geflogen, hatte bei der Defa als Drehbuchschreiber angeheuert und war mit einem Skript durchgefallen, das den Titel »Jakob der Lügner« trug.

Becker fand es schade, »das schöne Drehbuch wegzuwerfen«, und so schrieb er es zu einem Roman um, der 1969 erschien. Das war sein Debüt als Erzähler und zugleich ein großer literarischer Triumph (später wurde doch noch ein Film daraus).

Die Geschichte des jüdischen Ghettobewohners Jakob Heym, der mit Erfindungen über die nahende Befreiung (er gibt vor, ein verbotenes Radio zu besitzen) den Mitleidenden Trost und Hoffnung spendet, zählt bis heute zu den anrührendsten literarischen Werken über den Holocaust – noch im November 1996 nannte die »New

York Times« den endlich in einer autorisierten englischen Fassung erschienenen Roman »ein eigenartiges, kraftvolles, bewegendes Werk«.

Die späteren Romane – darunter »Irreführung der Behörden« (1973), »Bronsteins Kinder« (1986) – und Erzählungen konnten gegen den einsamen Zauber dieses Erstlings nur schwer bestehen. Dennoch blieb Becker ein beharrlicher und zäher Schreibarbeiter. »Der Schreibtisch ist der einzige Ort«, sagte er, »an dem ich ein kleines bißchen fliegen kann.«

Erzählen war seine Leidenschaft, nicht nur in Büchern. Die Lust an der Mitarbeit beim Film blieb. Becker, der 1977 mit einem DDR-Visum in den Westen kam, schrieb die erfolgreichen TV-Serien »Liebling Kreuzberg« und »Wir sind auch nur ein Volk«.

Der Umstand, »in eine jüdische Familie hineingeboren« worden zu sein, so äußerte Becker einmal lapidar, habe für seinen Lebenslauf »nicht eben kleine Folgen gehabt«. Als Kind erlebte er die Errichtung des Ghettos in seiner Geburtsstadt Lodz. Der Junge überlebte in zwei Konzentrationslagern und traf erst nach dem Krieg wieder auf seinen Vater, den neben ihm und einer Tante einzig Überlebenden der einst großen Familie.

Becker hatte nur mit wenigen über seine Krebserkrankung geredet. Am Telefon war seine Stimme noch vor wenigen Wochen so klangvoll, dunkel und faszinierend wie immer. Er scherzte gern, provozierte und spielte mit dem Gesprächspartner.

Der Schock über seinen Tod geht weit über den Verlust eines bedeutenden Schriftstellers hinaus. Becker, darin seinem Freund, dem Schauspieler Manfred Krug, wesensverwandt, zählte zu den Zeitgenossen, bei denen sich hinter Schalk und Schlitzohrigkeit jene tiefe Ernsthaftigkeit zeigt, die mehr als bloß Sympathie beim Publikum weckt. Wer ihn kannte, der liebte ihn.

Jurek Becker, der am Freitag vergangener Woche starb

und eine Frau und einen kleinen Sohn hinterläßt, ist nicht einmal 60 Jahre alt geworden.

Genauer läßt sich das kaum sagen. Zwar gibt sein Paß als Geburtsdatum den 30. September 1937 an, doch möglicherweise war Becker jünger. Sein Vater erhöhte die Überlebenschance des Sohnes nämlich im Ghetto durch falsche Angaben: Ältere Kinder ließ man arbeiten. Später, so hat Jurek Becker erzählt, habe sich sein Vater an das exakte Datum nicht mehr erinnert.

Seine Stimme, ganz wörtlich genommen: Sein Ton wird fehlen. Dieser Ton war bei aller Lust an der Polemik – in der Gegenwartsliteratur vermißte er »die Dimension Auflehnung« – von melancholischer Abgeklärtheit. Typisch dafür ein Romananfang: »Vor einem Jahr kam mein Vater auf die denkbar schwerste Weise zu Schaden, er starb.«

(1997)

Gestorben: Ulrich Plenzdorf, 72

Die DDR verdankte ihm einen Welterfolg, und er selbst mußte akzeptieren, daß er vor allem als Autor dieses einen Buchs wahrgenommen wurde: »Die neuen Leiden des jungen W.« (1972). Die auf sozialistische Verhältnisse zielende Aktualisierung von Goethes Werther-Stoff bot genug DDR-Kritisches, um bei der Obrigkeit zunächst auf Widerstand zu stoßen. Auf dem Umweg über eine Theaterinszenierung in Halle machte das ursprünglich als Film geplante Werk später als Prosatext in Ost und West Furore: ein internationaler Millionenerfolg. Plenzdorf, der Arbeitersohn aus Berlin, war 1950 als überzeugter Sozialist in die DDR übersiedelt, dort aber schon bald angeeckt und 1964 Drehbuchautor geworden. Sein Film »Die Legende von Paul und Paula« (1973) wurde in der DDR ein Riesenerfolg. Im Sommer 1978 konnte

Plenzdorf noch einmal mit dem Prosastück »kein runter kein fern« beim Autorenwettbewerb in Klagenfurt glänzen und sicherte sich unangefochten den Ingeborg-Bachmann-Preis. Für seine Mitarbeit an der TV-Serie »Liebling Kreuzberg« erhielt er 1995 den Grimme-Preis. Zuletzt schrieb er auch Verse: »Wir träumten stets und ständig. / Wir lagen auf dem Ohr. / Wir waren nicht lebendig. / Es kam uns nur so vor.« Ulrich Plenzdorf starb am 9. August in einer Klinik nahe Berlin.

(2007)

Kleine Bürger, großer Stil

Er war eine der Schlüsselfiguren der US-Nachkriegsliteratur: Der Schriftsteller und Erfolgsautor John Updike ist mit 76 Jahren an Lungenkrebs gestorben

Die Nachricht vom Tode John Updikes kam überraschend. Noch im vergangenen September hatte er eine ausgedehnte Rußland-Reise unternommen. Im Oktober erschien sein neuer Roman »The Widows of Eastwick«, und Updike gab höflich wie gewohnt Interviews. Das gehörte für ihn zum Geschäft des Schriftstellers dazu.

In einem kurzen Video aus dieser Zeit, zu finden auf der Internet-Seite der »New York Times«, spricht er munter, lebhaft und charmant lächelnd über die bevorstehende Präsidentenwahl in den USA – *⟨http://video.nytimes.com/video/2008/10/30/multimedia/1194829741569/a-conversation-with-john-updike.html?th&emc=th⟩*

Am Dienstag jedoch meldete sein Verlag, daß der 76jährige einem Lungenkrebsleiden erlag. Der Erzähler, Romancier, Dramatiker, Lyriker, Literatur- und Kunstkritiker John Updike hat seit seiner ersten Veröffentlichung im Jahr 1958 gut und gern 50 Bücher geschrieben:

Gedicht- und Essaybände, Erzählungen und vor allem Romane. Sie machten ihn international berühmt, allen voran sein Weltbestseller »Couples«, der im Jahr der Revolte 1968 in den USA erschien. Die deutsche Übersetzung unter dem Titel »Ehepaare« kam ein Jahr später heraus. Das war das Buch, mit dem er am meisten Geld verdiente und sich den Ruf als literarischer Spezialist für Ehebruch erwarb.

Es gibt nur eine einzige Verfilmung eines Updike-Romans, die wirklich erfolgreich war: »Die Hexen von Eastwick«. Alexandra, Jane und Sukie, drei mit der Hexenkunst experimentierende Frauen einer US-Kleinstadt, lassen sich gemeinsam und lustvoll mit dem Teufel ein, der hier als smarter Erfolgsmann auftritt und Gott energisch für die Gunst der menschlichen Sexualität preist. Der Film kam 1987 in die Kinos und spielte Millionen ein: Cher, Susan Sarandon und Michelle Pfeiffer verkörperten das Hexengespann, Jack Nicholson brillierte als teuflischer und viriler Liebhaber.

Updike war mit dem Film allerdings nicht besonders glücklich: »Die Frauen waren gut, und es gab da einige hübsche Einfälle, die nicht im Buch waren. Dann aber hat Hollywood den Sinn verändert. Meine Überzeugung nämlich, daß Frauen nicht die besseren Menschen sind. So bleibt nur Jack Nicholson und eine Reihe von special effects: Alles flog in die Luft.«

Die späte Wiederaufnahme dieses Hexenmärchens nach einem Vierteljahrhundert, die im Sommer unter dem Titel »Die Witwen von Eastwick« auch auf deutsch erscheinen soll, wird nun der letzte zu Lebzeiten publizierte Roman dieses großartigen Menschenkenners und mitfühlenden Erzählers bleiben. Die alten Damen treffen sich erneut, sie reisen gemeinsam durch die Welt und kommen auch wieder nach Eastwick, was alte Wunden aufreißt.

Updike gefiel die Wiederbegegnung mit eigenen Romanfiguren. Seinen berühmtesten und unvergessenen Helden Harry Angstrom, »Rabbit« genannt – »Hasenherz« hieß die deutsche Ausgabe des ersten Bandes –, hat er im Zehn-Jahres-Abstand in vier Romanen auftreten und in einer langen Epilog-Erzählung noch ein letztes Mal aufleben lassen.

Seine Romane haben Updike weltberühmt und reich gemacht. Doch im Grunde fühlte er sich am wohlsten mit der kleinen Form, als Schöpfer wunderbarer Erzählungen, als Lyriker, Essayist und bis zum Lebensende als fleißiger Rezensent. In einer Note an seine vielen deutschen Leser aus dem Jahr 1987 glaubte er sogar, sein Bestes »im Sprint über zehn Seiten gegeben zu haben, bei der einen begnadeten Sitzung, bei der Auftragsarbeit, bei der sich wie im Fall von Aschenputtel herausstellte, daß im verborgenen mehr Qualitäten blühten, als man vermuten konnte«.

Wachsen sei Treulosigkeit, heißt es in einem seiner Romane: »Niemand kann irgendwo ankommen, ohne irgendwo fortgegangen zu sein.« Aber ein wenig hat er die Atmosphäre seiner Heimat Pennsylvania, wo er am 18. März 1932 geboren wurde, besonders des kleinen Ortes Shillington, in dem er aufwuchs, stets mit sich getragen.

Er selbst hat in seinem großartigen Erinnerungsbuch »Selbst-Bewußtsein« geschrieben: »College, Kinder, Frauen, genügend Geld, Ruhm, man könnte das ein glückliches Leben nennen. Aber seit meinem 13. Lebensjahr hatte ich das Gefühl, daß das alles nicht wirklich mein Plan gewesen war. Shillington mit seinen trägen Hintergäßchen und ins Dunkel getauchten standhaften Häusern entsprach meinem Plan.«

Mit Mitte 20 hatte Updike beschlossen, jedes Jahr ein Buch zu publizieren, es mußte kein Roman werden, es konnte auch eine Sammlung mit Gedichten, Erzählungen oder Essays sein. Er hielt sich daran, arbeitete bis zuletzt unermüdlich. Der gläubige Christ war auf demütige Art dankbar für sein Talent und seine enorme Schaffenskraft.

Im persönlichen Gespräch war er bescheiden und wirkte mitunter sogar etwas unsicher, zumal er immer fürchtete, wieder ins Stottern zu verfallen wie in seinen frühen Jahren. Das erste Mal traf ich John Updike im August 1983, damals war er 50 Jahre alt, längst ein weltweit berühmter Autor und ein liebenswerter Gastgeber.

Er war damals gerade stolzer Besitzer jenes herrlichen weißen Anwesens im Kolonialstil geworden, in dem er bis zu seinem Tod wohnte: in Beverly Farms, eine Autostunde von Boston entfernt, mit weitem Blick über die Massachusetts Bay. Und er war noch ein wenig nervös, so als müßte er sich für den Luxus und die prachtvolle Aussicht entschuldigen. »Das ist nicht gerade ein bescheidenes Haus«, sagte er. Er hoffe, es werde ihm kein Unglück bringen. »Ich bin etwas ängstlich angesichts einer so schönen Umgebung.«

Das war kein bißchen kokett: Updike stammte aus kleinen Verhältnissen und verlernte zeitlebens nicht das Staunen darüber, wie gut es ihm mit seiner Karriere als Schriftsteller ergangen war: »Ich war keiner von den jungen Amerikanern, die darangehen, sofort ein großartiges und langes Buch zu schreiben. Ich arbeitete mich langsam voran.«

Das ist nun leider vorbei, und auch der Satz von Marcel Reich-Ranicki, der einer der ersten Kritiker war, die sich für Updike in Deutschland einsetzten, ist nun ungehört verhallt: »Ob John Updike ein würdiger Literatur-Nobelpreisträger wäre? Wer, wenn nicht er, wann, wenn nicht jetzt?«

Der Tod, das Nachdenken über den Tod spielte in Updikes Werk immer eine Rolle, in den letzten Jahren immer bedrängender. »Der Tod verliert nie seine Eigenschaft des Unerwarteten. Das Leben erwartet den Tod nicht, der lebendige Verstand kann ihn sich nicht vorstellen.« So heißt es im Roman »Landleben«.

Und in der Erzählung »Rabbit, eine Rückkehr«: »Das Universum macht weiter, rotiert, explodiert, weiß der Teufel, was es alles macht, weiter und weiter, und irgendwann streikt es, und ich bin immer noch in der Kiste, allein und vollkommen vergessen.«

Vergessen? Das wird er nicht sein, solange Menschen Romane lesen. Mit John Updike geht es dem Leser und Verehrer so, wie er es für seinen Harry Angstrom formuliert hat, den bleibenden Helden der amerikanischen Literatur, nämlich »wie mit dem Tod der Eltern: Man hat einen Zeugen weniger fürs eigene Leben, wenn ein Mann stirbt, den man geliebt hat.«

(2009)

Geburtstag

Würdigungen von bedeutenden Schriftstellern aus Anlaß eines runden Geburtstags, in der Regel vom 60. Lebensjahr an (später bisweilen auch im Fünf-Jahres-Abstand), sind die Domäne der Tageszeitungen, sofern sie über umfangreiche Kulturteile verfügen. Der Lyriker Ernst Jandl (1925-2000) feierte seinen 60. Geburtstag am 1. August 1985.

Eine ganze Sprache, ein ganzes Leben

Der Wiener Lyriker Ernst Jandl wird sechzig

»Mach den Mund auf!« sagten die Eltern dem Kind – so erinnert sich Ernst Jandl in einer autobiographischen Notiz: »nicht wenn ich essen sollte, sondern um mich das deutliche Sprechen zu lehren.« Er hat es gründlich gelernt. Wer außer ihm könnte eigene Verse so vortragen: herausschreien, flüstern, zelebrieren, stottern, zerdehnen, zerhacken, ausspucken, liebkosen?

Jandl macht den Mund weit auf, damit die anderen Augen und Ohren aufsperren. Der kleine Mann mit der leicht gebeugten Haltung, der die Bücher aus einer alten Aktenmappe holt und sorgfältig vor sich aufbaut, kleine Zettel zwischen den Seiten (er stellt für jede Lesung die Mischung neu zusammen), der bescheidene Herr wird im Nu zum Beherrscher des Raums und des Publikums – sowie er die ersten Texte gesprochen hat. Er komponiert seine Leseabende gleich Musikstücken, und er mischt wie ein guter Musiker jene Hits und Evergreens darunter, die die Zuhörer wie selbstverständlich erwarten. So bekannt sind sie, daß man die Titel kaum noch erwähnen mag: »lichtung«, »etüde in f«, »falamaleikum«, »fünfter sein«, »schtzngrmm« und natürlich »ottos mops«.

Der Erfolg Jandls gehört zu jenen Einzelfällen der Literaturgeschichte, die in großen Abständen auftauchen: Ein Schriftsteller erkämpft sich die Aufmerksamkeit für eine Spielart der Kunst, die anfangs verhöhnt und zurückgewiesen wird. Wie etwa Brecht für sein episches Theater, so hat Jandl mit persönlichem Einsatz und dem Begleitschutz kluger Theorie und Selbstanalyse für seine Sache geworben. Der Vergleich mit Brecht mag verwundern – er ist keineswegs abwegig. Schon heute läßt sich Ernst Jandl zu den wenigen wichtigen Lyrikern deutscher Sprache in diesem Jahrhundert zählen – und was er auf dem Gebiet des Dramas noch leisten wird, bleibt abzuwarten; die ersten Schritte Richtung Bühne sind kaum minder bemerkenswert als seine Gedichte.

Gewiß, heute ist es leicht, ihn zu rühmen, den sechzig Jahre alt gewordenen Sprachjongleur aus Wien. Seine Dichtgebilde und Bildgedichte werden an Schulen gelesen, in Reclams universaler Bibliothek sind zwei Bändchen mit hohen Auflagen vertreten, die Gesamtauflage Jandls liegt inzwischen bei rund hundertfünfzigtausend Exemplaren (eine für Lyrik enorme Zahl), Preise überschütten ihn (im vergangenen Jahr erreichte ihn sowohl der Große Österreichische Staatspreis als auch der deutsche Georg-Büchner-Preis), der Luchterhand-Verlag bereitet eine dreibändige Gesamtausgabe vor – und in der »Frankfurter Anthologie« liegt Jandl mittlerweile unter den zeitgenössischen Autoren in vorderster Linie der Beliebtheit bei den Interpreten. Doch Erfolg und Zuspruch sind mühsam errungen.

Ernst Jandl wurde am 1. August 1925 in Wien geboren, wo er heute noch lebt. Schon in der Kindheit zeichnete und dichtete er: zu jenem vom Vater, zu diesem von der Mutter angeregt. Der Vater war Bankbeamter, ein Hobbymaler, der die literarischen Bemühungen seiner Frau unterstützte und sich über deren Erfolge freute: Zeitungen druckten Geschichten ab – und so war es für den Filius, einen unter drei Brüdern, gar nicht verwunderlich, daß eines Tages eine Zeitung auch ein Wintergedicht von ihm veröffentlichte: auf der Kinderseite. Beim Dichten blieb er, auch wenn früh für Ernst Jandl klar war, daß er Lehrer werden wollte.

Nach dem Abitur mußte er unter die Soldaten, das war 1943. Anfang 1945 ergab sich sein Trupp den Amerikanern. In England verbrachte Jandl zehn Monate Gefangenschaft, was für ihn, wenn auch hinter Stacheldraht, eine Befreiung war. Er kam in Kontakt mit der Sprache, mit der englischen Literatur. Also studierte er – im März 1946 war er wieder in der Heimatstadt – Deutsch und Englisch. Schnell, schon 1949, machte er die Prüfung für das Lehramt an höheren Schulen, 1950 promovierte er. Jahrzehntelang arbeitete er im Schuldienst, von dem er seit einigen Jahren beurlaubt ist.

Wien als Ort der Sprachskepsis, der Sprachanalyse, des Sprachspiels hat Tradition. Jandl selbst hat Hugo Ball, Schwitters, Stramm und vor allem die Amerikanerin Gertrude Stein (von der er auch ein Buch übersetzt hat) als wichtige Vorbilder genannt. Zur Wiener Gruppe hat er eigentlich nie gehört, wohl aber sich von ihren Mitgliedern anregen lassen und in »wütendem Wetteifern« – besonders mit Artmann und Rühm – geschrieben: in produktiver Konkurrenz.

Doch das war später. Die ersten Gedichte Jandls erschienen 1952 in einer Zeitschrift, der erste Gedichtband »Andere Augen« 1956: Von jener Poesie, für die sich in den sechziger Jahren der Begriff Konkrete Lyrik einbürgerte, war das alles noch weit entfernt.

Zunächst herrschte ein anderer Ton. Zu der Zeit, als der erste Gedichtband verlegt wurde (verlegt in des Wortes zweifacher Bedeutung, wie Jandl gern scherzt), begann die experimentelle Phase – und beendete vorläufig jede Möglichkeit der Veröffentlichung, zumindest in Österreich. »Man kann als Schreibender ausgehungert werden, durch Boykott«, berichtete Jandl in seiner Frankfurter Poetik-Vorlesung im vergangenen Jahr über diese Zeit. »An den Wochenenden wanderten, um etwas Luft zu bekommen, die beiden Lehrer Friederike Mayröcker und Ernst Jandl immer hinauf auf den Kahlenberg und den Leopoldsberg hinunter [...], und ihre Gespräche bestanden fast ausschließlich in der Frage, werden wir je veröffentlichen können?«

Anfang der sechziger Jahre faßte Jandl Mut, klemmte seine Manuskripte unter den Arm und fuhr in den Sommerferien quer durch die Bundesrepublik. Er heimste Absagen ein, dann – endlich – doch noch die Zusage für einen Gedichtband mit kleiner Auflage. »Laut und Luise« erschien 1966, zehn Jahre nach dem ersten Band, zunächst nur von wenigen wahrgenommen: Das Buch besteht aus Sprechgedichten, deren gedruckte Fassung sich wie eine Partitur zum intendierten Endprodukt verhält, und aus visuellen Texten, die allein auf dem Papier ihre Wirkung entfalten – daher »Laut und Luise« (dies auch als Gruß an die Mutter, die Luise hieß und jung gestorben war).

Wie sollte ein mit experimenteller Dichtung nicht vertrauter Leser hinter der Konsonantenhäufung »schtzngrmm« den Schützengraben ausmachen, den das Gedicht dann – unter ausschließlicher Verwendung dieser Buchstaben – lautmalerisch vergegenwärtigt?

Auch geübtere Leser mußten sich erst einhören und einlesen. 1968 erschien – bei Wagenbach – schon die erste von Jandl besprochene Schallplatte (mittlerweile gibt es sogar eine Videokassette), und langsam wurde die Stimme dieses eigenwilligen Lyrikers nicht nur akustisch deutlich – wie auch seine enorme literarische Spannbreite. Zu welcher poetischen Richtung er zu zählen ist? Auf diese Frage könne er nicht antworten, schrieb Ernst Jandl in jenen Jahren, es sei denn, man nehme nach Belieben »zu keiner« oder »zu meiner« als seine Antwort. Die

Gedichtbände »sprechblasen«, »der künstliche baum«, »dingfest«, »serienfuss« und »für alle« demonstrierten diese Vielseitigkeit – und den gemeinsamen Nenner: Stets sind Jandls Gedichte, ob experimentell oder (eher) konventionell ausgerichtet, auf die knappste Formel gebracht, aufs äußerste konzentriert und reduziert.

Doch kaum hatten die Leser sich eingehört, war Jandl schon wieder ein Stück weiter. In dem 1978 veröffentlichten Gedichtband »die bearbeitung der mütze« überraschte er mit Beispielen einer »heruntergekommenen« Sprache, der er verblüffende Effekte entlockt. Es ist ein poetisches Naivstellen, das – wie der Sprachwitz – an Urängste rührt.

Auch das erste größere Theaterstück Jandls brachte gebrochenes Deutsch auf die Bühne: »Die Humanisten« ist der in doppelter Hinsicht treffende Titel. Es gehöre zu diesem Stück, schrieb Jandl 1976 anläßlich der Grazer Uraufführung, »daß es die Zuschauer aus dem Theater entläßt, ins Nicht-Theater der Welt, und mühsam sollen sie dort ihr eigenes Sprechen wiederfinden.«

Drei Jahre danach hatte in Graz das Stück »Aus der Fremde« Premiere, eine »Sprechoper in 7 Szenen«, inzwischen von mehr als zwanzig Bühnen nachgespielt. Ein wahrhaft verblüffender Erfolg: Denn dieses Worttheater handelt von nichts als einem Schriftstellerleben – und dies in indirekter Rede. Nach dem »falschen« Deutsch nun als »feinstes« Deutsch: Konjunktiv. Für das Schreiben von Literatur mit autobiographischen Zügen gelte nicht die Voraussetzung, hat Jandl zu seinem Stück vorsorglich angemerkt, »daß der Schreiber ein Bewußtsein von einer bestimmten Wichtigkeit seines eigenen Lebens hat«.

Ihm, Ernst Jandl, ist das leichthin gesprochene, ironisch-ernsthafte, bisweilen sehr melancholische Reden über sich selbst möglich. Nie setzt er sich in Szene, nie wirkt er aufdringlich. »Die Unscheinbarkeit der eigenen Person und Existenz verbindet den Autor mit nahezu allen gleichzeitig Lebenden«, schrieb er zu seinem Gedichtband »der gelbe hund«, der 1982 erschien und schon wieder einen neuen (oder alten?) Ton anschlägt. Hier – wie auch in dem neuesten Band »selbstporträt des schachspielers als trinkende uhr« – ist die Sprache ganz schlicht, ganz unauffällig.

Die Zeit der Etüden ist vorbei, das muntere Sprachspiel einer nun zunehmenden Verdüsterung gewichen: Das Leben verliert sich ins Schreiben, aber nur so ist es für einen wie Ernst Jandl zu gewinnen. Was geschrieben ist, ist gelebt. Er testet seine, unsere Existenz unerbittlich dort, wo sie aufgehoben, aber auch erstarrt ist: in der Sprache. Hier erspürt er die Risse, den Druck, die möglichen Katastrophen: und hält grimassierend seine Verse dagegen. Und siehe, sie tragen: auf ein Wort, für den Augenblick eines Gedichts, für die Dauer eines Theaterabends.

Eins der neueren Gedichte heißt »Inhalt«, und es könnte wohl ein Motto für Jandls Werk sein: »um ein gedicht zu machen / habe ich nichts / eine ganze sprache / ein ganzes leben / ein ganzes denken / ein ganzes erinnern / um ein gedicht zu machen / habe ich nichts«. Er hat viel daraus gemacht.

(1985)

Leitartikel

Eher selten wird ein Literaturkritiker von der Chefredaktion darum gebeten, sich als Leitartikler zu betätigen und einen Beitrag für die meist politisch orientierte Kommentarseite zu leisten. Die bevorstehende Buchmesse kann ein Anlaß sein oder die Kulturpolitik eines Landes, wenn sie, wie im Fall der DDR, das Zeug zum Politikum hat. Der folgende Beitrag wurde im November 1987 publiziert, knapp zwei Jahre vor Öffnung der Mauer.

Drüben bleiben?
Die Schriftsteller der DDR und ihr Staat

Die DDR – immer noch eine Heimat für Literaten? Wie viele Enttäuschungen, Einsprüche und Kürzungen kann ein Autor, der sich treu bleiben will, ertragen? Da läßt sich leicht fordern, im anderen Deutschland müsse ein Schriftsteller bei einiger Selbstachtung längst mit der Partei gebrochen, am besten dem Staat ade gesagt haben. So jedenfalls ließ es der Frankfurter Kritiker Marcel Reich-Ranicki in einer Polemik gegen die DDR-Schriftstellerin Christa Wolf jüngst anklingen.

Doch ist alles wirklich so einfach: Hier der goldene Westen, dort der finstere Osten? Die DDR gibt sich jedenfalls große Mühe, dieses simple Schema zu bestätigen. Immer enger wird dort das Netz aus juristischen und ideologischen Fallstricken geknüpft, falls wieder ein Künstler den eigenen Kopf erhebt, wie gerade jetzt der Liedermacher Stephan Krawczyk. Abschiebung, verordnete Arbeit oder Gefängnishaft – an staatlichen Sanktionen fehlt es nicht. Natürlich gibt es auch sanftere Methoden: Striche im Manuskript, Veröffentlichung einer nur minimalen Auflage.

Viele haben aufgegeben, eine große Zahl der bedeutendsten Schriftsteller der DDR lebt heute in der Bundesrepublik, manche in West-Berlin (als sei damit der Bruch abgemildert). Die einen arbeiten hier mit einem DDR-Visum auf Zeit, andere wollen oder dürfen nicht zurück.

Das ist die Situation, in der am nächsten Dienstag in Ost-Berlin der zehnte Schriftstellerkongreß der DDR beginnen wird. Die Obrigkeit kann kaum verhindern, daß sich die im sozialistischen Lande verbliebenen Autoren nach ihrem Verhältnis zu den abgewanderten Kollegen fragen werden. Schon im Oktober hat der Romancier Fritz Rudolf Fries im Ostberliner »Sonntag« auf eine Auseinandersetzung mit diesem Thema gepocht. Doch gleichzeitig wurde den Schriftstellern deutlich gemacht, daß eine allzu konkrete Diskussion höheren Ortes nicht erwünscht ist. Erich Loest, 1981 aus der DDR in die Bundesrepublik gekommen, wollte als Mitglied des westlichen Verbands deutscher Schriftsteller anreisen und wurde demonstrativ ausgeladen; der VS hat daraufhin seine Teilnahme – zu Recht – ganz abgesagt.

Erst vor dem Hintergrund dieser rigiden Ausschluß- und Abgrenzungspolitik ist jene Entscheidung von Christa Wolf zu würdigen, der Schriftstellerin aus der DDR, die in Ost und West immer wieder nach ihrer Loyalität und Integrität gefragt wird: Ihr war aufgetragen worden, dieses Jahr den Träger des westdeutschen Kleist-Preises zu benennen, und ihre Wahl fiel auf Thomas Brasch.

In ihrer Laudatio, die sie kürzlich in Frankfurt am Main hielt, erinnerte sich Christa Wolf an eine Begegnung im finsteren Jahr der Biermann-Ausbürgerung, 1976, und sie fand deutliche Worte, gemessen an dem Umstand, daß sie wieder nach Ost-Berlin zurückkehren wollte: »Thomas Brasch sagte, er wolle weggehen. Er war nicht der erste, der da saß, aber er war der erste, dem ich nicht mehr abraten konnte. Insofern war sein Weggehen, das weiß er nicht, auch für mich ein Einschnitt, plötzlich gab es eine neue Frage, die hieß: Warum bleiben?«

Warum bleiben? Selbst Christa Wolf hat sich das also gefragt – eine Autorin, deren Bücher in der DDR erscheinen können, wenn auch immer wieder mit Verzögerungen, sogar mit Auslassungen (die sie freilich im Fall ihrer »Kassandra«-Vorlesung kenntlich machen ließ – eine Mächtige unter den Machtlosen). Immerhin hatte sie 1976 den Protest gegen die Ausbürgerung Biermanns unterzeichnet – und hat bis heute diese Unterschrift nicht zurückgezogen. Warum nahm Marcel Reich-Ranicki ausgerechnet diese Frankfurter Rede zum Anlaß, ihr »Mut und Charakterfestigkeit« abzusprechen?

Gewiß ist diese Autorin – und sie ist hier nur ein Beispiel – in der Wahl ihrer Worte vorsichtig; gewiß ist es fragwürdig, sich auf einen Streit um Streichungen überhaupt einzulassen. Doch wir dürfen auch nach dem Gewinn des Kompromißkurses fragen. Was stehenbleibt, ist nämlich (wie im »Kassandra«-Fall) immer noch beachtlich genug. Man mag das eine Alibifunktion nennen – doch gibt es nur wenige Autoren wie Christa Wolf, die vom Staat umarmt (bisweilen erdrückt) werden und gleichzeitig den Unangepaßten eine Leitfigur bieten.

Was diese Schriftstellerin – nicht allein, aber doch maßgeblich – bewirkt hat: daß das subjektive Moment in der Literatur über das Dogma eines »Sozialistischen Realismus« dominieren konnte. Heute wagt auch in diesem Staat kaum noch jemand, verbindliche ästhetische Normen auszugeben.

Beharren und Taubstellen, Nachgeben und immer wieder Ausprobieren – solange nicht nur die Opportunisten und Mittelmäßigen, die Nachrücker und Anpasser das Wort führen und drucken lassen können, haben wir zu respektieren, daß Schriftsteller von Rang sich immer wieder die eine Frage stellen – und bleiben.

(1987)

Polemik

Eine Polemik muß zuspitzen, sonst ist sie wirkungslos. Gefragt sind Pointierung und Angriffslust, und wo die Offensive nicht unter die Gürtellinie zielt, darf die Formulierung ruhig auch etwas schärfer ausfallen. Der folgende Beitrag wurde als Auftakt der Buchseiten aus Anlaß der Frankfurter Buchmesse im Oktober 2005 publiziert.

Deutsch: mangelhaft

Schludrige Autoren, überforderte Lektorate, versagende Kritiker – im derzeitigen Literaturbetrieb werden immer mehr Bücher in immer dürftigerer Qualität produziert: Anlaß für einen empörten Protestruf

Es hat gedauert, bis der langerwartete Roman »Neue Leben« von Ingo Schulze endlich erscheinen konnte. »Wir haben bis zuletzt mit dem Manuskript gekämpft«, hat der Schriftsteller jetzt in einem Interview verraten, »mit Wortdoppelungen, Unstimmigkeiten, Satzfehlern.«

Solche Sorgfalt ist selten geworden. Wer sich in der deutschen Gegenwartsliteratur umsieht, sei es als emsiger Leser, als Juror, als Kritiker, der muß mit Befremden feststellen, daß literarische Bücher heute immer liebloser entstehen und produziert werden. Ein »außerordentlich lebhaftes Verantwortungsgefühl bei der Wahl jedes Wortes, der Prägung jeder Phrase«, von dem noch Thomas Mann sprach? Man wäre schon dankbar für die Vermeidung der allergröbsten Schnitzer.

Greifen wir vier Romane aus diesem Jahr heraus, bewußt solche, die mit zum Teil begeisterten Rezensionen aufwarten können, die aus renommierten Verlagen stammen – wobei das Etikett »Roman«, wie oft in letzter Zeit, auch hier zwar auf dem Titel steht, es sich in Wirklichkeit aber zumeist um längere Erzählungen handelt. Von einer »höchst beeindruckenden literarischen Leistung« spricht etwa die »Frankfurter Rundschau« angesichts des Buchs »Das Gefühl am Morgen« von Rainer Merkel – »kunstvoll und behutsam, klug, technisch versiert« sei es erzählt. Ein überraschendes Urteil für einen Roman, bei dem schon die erste Seite nicht frei ist von stilistischen Schnitzern, Ungereimtheiten und falschen Tempusformen.

Eine junge Frau sitzt mit ihrem Freund zusammen im Auto, und sie spricht über den Beginn der gemeinsamen Bekanntschaft: »Sie sagte es so, als sei es ein Geschenk, über das er dankbar sein musste.« Dankbar »über« ein Geschenk? (Dankbar ist man »für« etwas, freuen kann man sich »über« etwas).

Dann heißt es zur Verblüffung des Lesers: »Sie lief auf Zehenspitzen.« Auf Zehenspitzen im Auto? Gemeint ist etwas anderes, nämlich die Erinnerung an eine frühere Situation im Studentenheim. Und da die Autofahrt im Imperfekt erzählt wird, ist hier die Vorvergangenheit notwendig (»Sie war auf Zehenspitzen gelaufen«). Zeitenfolge: offenbar ein Problem.

Natürlich läßt sich selbst das noch positiv verkaufen. »Geschickt baut Rainer Merkel an der Irritation des Lesers«, heißt es dann in der Kritik (»Die Zeit«). Sollte das Diffuse beabsichtigt sein, so würde das auch einen rätselhaften Satz über den Romanhelden erklären, der noch dazu im Klappentext verwendet wird: »Er wusste nicht, ob er in diesem Moment glücklich oder unglücklich war.«

Der Autor schreibt so schwammig, wie ein Pianist spielt, der bisweilen haarscharf neben dem richtigen Ton liegt und zuviel Pedal benutzt, um das zu vertuschen: »Ihre Haare, die er unzählige Male berührt, glatt gestrichen, betastet und untersucht hatte, lagen als Erinnerung noch

Tage lang zwischen seinen Fingern. In Gedanken stellte er sie wie eine Puppe vor sich hin und versuchte die richtigen Stellen zu finden.«

Haare als Erinnerung zwischen den Fingern? (Gemeint ist doch wohl: Er spürt die Haare auch noch zwischen den Fingern, als er sie längst nicht mehr berührt.) Wer ist das Objekt im zweiten Satz? Sie: die Haare? Nein, gemeint ist nun die Freundin, doch was der Held da in Gedanken genau mit ihr anstellt und welche »richtigen Stellen« er zu finden versucht, bleibt unerfindlich.

Als Draufgabe dann der folgende Satz: »Als er am nächsten Tag mit seinem Vater am Flughafen war, tauchte sie für Augenblicke wieder vor ihm auf.« Wer nun? Die Puppe in Gedanken? Oder doch die Freundin leibhaftig?

Manches klingt wie die ungeschickte Übersetzung aus einer anderen Sprache. Der Held auf dem Weg zum Flughafen: »Kolonnen von Fahrzeugen« sind für ihn »Anordnungen, komplizierte Verkettungen, die sich wie der Anfang einer großen Erzählung über seine Augen legten«. Und als wären nicht genügend Wort-Kolonnen auf den Weg geschickt, staut es sich munter weiter: »Der Straßenverkehr war eine Anordnung von fragmentarischen Bewegungen, ein Sich-Strecken und Dehnen, ruckartige Manöver, in denen jemand kurz aufgewacht und dann aber gleich wieder eingeschlafen war.«

Zuvor schon: »eine verführerisch frei bleibende Abbiegespur«. Da würde man sich mitfreuen, wenn der Held diese Abbiegespur nicht sähe »wie in einem Jahrhunderte alten Traum«. Abbiegespuren in jahrhundertealten Träumen?

Größere Schwierigkeiten scheint es auch zu machen, wenn sich zwei Personen in einem einzigen Satz begegnen. Der Einsatz von Pronomen wird zum Glücksspiel. Der Merkel-Held stößt auf einen Fremden: »Er wusste auf einmal mit großer Sicherheit, dass er irgendetwas im Schilde führte und dass er darauf vorbereitet sein musste.« Ein Musterbeispiel für ungenaue grammatikalische Zuordnung (»er« ist mal der Held, mal der andere), wie auch die Fortsetzung: »Er dachte, wenn er es wagen würde, ihn zu berühren, würde er ihn sofort schlagen.« Wer hier wen attackieren könnte, läßt sich nur ahnen.

Sich aus solchen sprachlichen »Klemmen« zu lösen, also eine elegante Lösung zu finden, sei für einen Schreiber »ein Wohlgefühl ganz eigener Art« – glaubte noch der Sprach- und Literaturkenner W. E. Süskind (Vater des »Parfum«-Autors Patrick Süskind) in seinem 1953 erschienenen, bis heute lesenswerten Ratgeber »Vom Abc zum Sprachkunstwerk«, und er setzte hinzu: Dieses Wohlgefühl entstehe besonders dann, »wenn kein Fremder der glatten Fahrt der Sprache anmerkt, über welche Untiefen sie eben hinweggestreift ist«.

Viele Autoren heutzutage scheinen die Untiefen überhaupt nicht mehr wahrzunehmen. Der Ich-Erzähler in Gernot Wolframs Roman »Samuels Reise« wird als Übersetzer eingeführt, der die englische Sprache liebt, doch er vermag seine Tätigkeit nur höchst verworren darzustellen: »Die Sätze treiben aufeinander zu, als kämen sie aus einer Reihe imaginärer Wasserhähne, die jedoch nicht nur Flüssiges, sondern auch Stockendes und Störendes auswerfen.«

Störend wirkt es tatsächlich, wenn gleich darauf in ein und demselben Satz die Sprachen erst »wie Funkwellen« im Kopf des Übersetzers umherschwirren, bevor sie dann als »Suppe« von einem Sprachgefäß ins andere »tropfen«. Der arme Mann – kein Wunder, daß es eines Tages ein böses Erwachen gibt: »Im Spiegel entdeckte ich mein Gesicht, in dem ich beim besten Willen nicht erkennen konnte, was es gerade dachte.«

Selbst wenn man derlei Gehirnakrobatik als Witz gelten läßt (nach dem Motto des am Morgen noch alkoholisierten Mannes, der vor dem Spiegel steht und sagt:

»Kenn ich nicht, rasier ich nicht!«), so bleibt sie sprachlich mangelhaft: Es, das Gesicht (Subjekt im Nebensatz), kann schlecht denken – allenfalls der Ich-Erzähler selbst kann es oder eben nicht. Im einen wie im anderen Fall wird der Satz sinnlos.

Noch ein Beispiel für hirnlose Formulierungen: »Ich war früh aufgestanden, um mir eine Badewanne einzulassen ...« Man kann sich ein Bad einlassen oder auch Wasser in die Wanne; aber die Badewanne selbst kann man schlecht »einlassen« (es sei denn in den Fußboden, nämlich beim Bau des Hauses).

Das alles wird durchgewinkt. Nicht nur das. Gerade an diesem Autor rühmt die »Frankfurter Allgemeine« die »Leichtigkeit und Frische des Tons«, und »Die Zeit« behauptet, es handle sich hier um einen »ungewöhnlich gut lesbaren deutschsprachigen Roman«.

Im Fall von Andreas Maier – sein Roman heißt nach einer Dostojewski-Figur »Kirillow« – ahnt ein »FAZ«-Kritiker zwar, daß etwas in Konzept und Ton nicht stimmt (»Wer immerzu die Totale im Visier hat, der gibt sich mit kleinlicher Textarbeit nicht ab«), kommt dann aber doch zu dem Ergebnis, Maier lenke die Redeströme im Buch »mit hoher Formkunst«.

Doch die Redeströme dieses Romans bestehen hauptsächlich aus Platitüden, besonders wenn es um Politisches geht. »Die Katastrophe war elementar«, heißt es dann etwa, »sie steckte ... in jedem Auto, in jeder Jacke, in jedem Gramm Mehl, das man kaufte im HL. Das man kaufte im Penny. Auf dem Markt. In jedem Russen, der kam. In jedem Deutschen, der ging. In jedem Flug, der flog. In jeder zivilisatorischen Bewegung, die ausgeführt wurde.«

Ungeachtet dieses syntaktischen Verkehrsstaus machen sich Julian und Michaela auf, die Liebe zu entdecken: »Sie fuhren zu ihr«, heißt es, dort gerät wieder alles ins Stocken: »Julian hing eine ganze Weile irgendwelchen Gedanken nach.« »Irgendwelche« scheint eine Lieblingsvokabel von Maier zu sein. An anderer Stelle geht eine junge Frau in »irgendwelche« Geschäftsstraßen, »wo sie irgendwelche Dinge anschauen konnte (Handtaschen, Sonnenbrillen, Kleider)«. Immerhin scheint der Autor die eigenen Unzulänglichkeiten zu ahnen: »Alles hier war ein Klischee und zugleich das genaue Gegenteil davon.« Auch eine Art der Bankrotterklärung.

Manchmal wird auch als Roman verkauft, was tatsächlich nichts anderes ist als das verunglückte Reisefeuilleton von einem Teneriffa-Urlaub. Der Autor Hans Pleschinski ersinnt sich eine Frau von 42 Jahren, um die Ärmste mit kabarettreifer Abgeschmacktheit zu traktieren: »Doch ab vierzig, sann sie, kam es ohnehin nicht mehr auf den dauernden Vollzug an.«

Sie denkt hier nicht etwa an den Strafvollzug, sondern an die ausbleibende Gelegenheit zu sexuellen Ferienabenteuern. Über ihre Erschöpfung ist zu lesen: »Spürbar träufelte sie noch immer aus den Fingerspitzen heraus.« Alt fühlt sie sich »zwischen strahlendem Jungfleisch«, dem »lieben, duftenden Youngstergemüse«, und traurig erinnert sie sich an den Abend, »an dem sich erstmals angedeutet hatte, daß sie unversehens zum Möbel einer vergangenen Zeit wurde«.

Da hilft dann am Ende auch der schöne Titel nicht mehr: »Leichtes Licht«. Oder doch? Er mag den Kritiker der »Süddeutschen Zeitung« bewogen haben, dieses Buch als »reizvoll und überaus komisch« zu loben.

Zu selten erlebt man, daß einem Kritikerkollegen wie Rolf Michaelis (»Die Zeit«) doch einmal der Kragen platzt, wie im Fall eines anderen oft gelobten Autors, Ulrich Woelk. Zu dessen Erzählung »Einstein on the lake« merkt er an: »Kein Lektor hat geholfen. Vermeidbare, handwerkliche Fehler, falsche Bilder, fehlerhafte grammatikalische Formen, sinnlose Verdoppelungen des Ausdrucks, langweilende Wiederholungen: Der ganze Schrott ist da.«

Da ein Autor zum Schreiben eines Romans angeblich nicht mehr braucht als die Sprache, die er ohnehin spricht (anders als der Komponist oder der Maler), scheint alles so leicht zu sein. »Wir sprechen und schreiben für Tagesbedürfnisse mit denselben Worten, mit denen wir zum Kunstwerk gelangen sollen«, warnte der Schriftsteller Alfred Döblin. Gerade deswegen sei die »Geburt einer Kunst aus dem Rohmaterial Wort« schwerer als die aus dem Ton und der Farbe.

Erste Voraussetzung dafür ist und bleibt die Beherrschung des Handwerks. Es kann nicht schaden, bei Karl Kraus noch einmal in die Lehre zu gehen, dem es ein Vergnügen war, regelmäßig »die ärgsten sprachlichen Mißbildungen« vorzuführen, oder aus den Briefen Fontanes das Fazit eines Autorenlebens zur Kenntnis zu nehmen: »Dreiviertel meiner ganzen literarischen Tätigkeit ist überhaupt Korrigieren und Feilen gewesen.«

Literarisches Schreiben – das ist Knochenarbeit im Steinbruch. Manche Autoren und ihre Lektoren haben das entweder nie gewußt oder vergessen.

Krise der Literatur? Ach was. Pure Schlamperei. Nachsitzen!

(2005)

Debatte

Wer sich an Feuilletondebatten, also an der Erörterung strittiger Fragen beteiligt, sollte eine eindeutige Haltung einnehmen und klar Position beziehen. Dies gilt um so mehr, wenn es sich um konsequenzenreiche Probleme handelt, wie etwa die Frage, ob es begründet sein kann, die Publikation eines literarischen Werkes gerichtlich zu verbieten.

Mit Diskretion nichts am Hut

Nach vier Jahren hat der vielbeachtete Rechtsstreit um Maxim Billers Roman »Esra« ein Ende gefunden: Mit der Bestätigung des Verbots traf das Bundesverfassungsgericht eine Entscheidung von ähnlicher Bedeutung wie zuletzt 1971 im Fall von Klaus Manns Schlüsselroman »Mephisto«

Für den Schriftsteller Max Frisch war es selbstverständlich: Er gab im November 1974 das Manuskript der Erzählung »Montauk« vor Drucklegung seiner Frau zu lesen, von der er damals schon mehr oder weniger getrennt lebte.

Marianne Frisch nämlich taucht in diesem autobiographischen Werk unverschlüsselt auf, von gegenseitigem Ehebruch ist die Rede – und von ihrer Äußerung gegenüber dem Ehemann: »Ich habe nicht mit dir gelebt als literarisches Material, ich verbiete es, daß du über mich schreibst.« Frisch zitiert sie damit sogar in »Montauk« und hoffte gleichwohl, das Plazet seiner Frau zu erhalten.

Und er erhielt es. An Uwe Johnson (1934-1984), den mit dem Ehepaar Frisch befreundeten Schriftsteller, schrieb die Porträtierte: Für sie sei es ganz undenkbar, »Max vor der Veröffentlichung des Manuskripts auch nur drei Silben abzuhandeln«. Was freilich nicht hieß, daß sie besonders glücklich war über das Buch, das 1975 erschien und heute als eines der besten von Frisch (1911-1991) gilt.

Was wäre passiert, wenn der 1960 geborene Maxim Biller das Manuskript seines Romans »Esra« (2003) vor Veröffentlichung jener jungen Frau gezeigt hätte, die – trotz Abänderung ihres Namens – deutlich als Vorbild der Titelfigur identifizierbar ist und mit der er längere Zeit liiert war? Wahrscheinlich hätte die Ex-Freundin gefordert, weniger erkennbar zu sein, Einzelheiten ihrer Lebensumstände und der gemeinsamen Liebesgeschichte besser zu kaschieren, ihre Mutter und ihre eigene Tochter nicht in der praktizierten Weise bloßzustellen. Und vielleicht hätte sie den Autor gefragt, warum er einen angeblichen Liebesroman über eine Person schreibt, die sein Ich-Erzähler Adam in einem Atemzug gleichzeitig »unlogisch, irrational, feige, nachtragend, kleinbürgerlich, ängstlich, verhärtet, illoyal« findet.*

Statt dessen schickte der Autor ein schon gedrucktes Exemplar des Buchs an die Verflossene und hoffte in der persönlichen Widmung sogar, sie werde das Buch als nachgereichten Liebesbeweis verstehen – eine reichlich vermessene Hoffnung, wenn man liest, wie Esra, wie diese Liebe im Roman dargestellt wird.

Biller legt es in seinem Buch geradezu darauf an, daß die Figuren ihren Vorbildern in markanten Details ähneln, zeichnet sie als reichlich unsympathische, wirre Zeitgenossen und läßt – wie zum Ausgleich – auch Esras Ge-

* Maxim Biller bat darum, bei Wiederveröffentlichung dieses Beitrags folgende Darstellung aus seiner Sicht anzufügen, die er in einer internen »Stellungnahme zu dem Prozeß um ›Esra‹« formuliert hat: »Seit Sommer 2002 wußte sie [die frühere Freundin] von mir, daß es diesen Roman gibt und daß er im Frühjahr 2003 erscheinen soll. Sie sagte, ich solle den Roman herausbringen, lesen werde sie ihn aber nicht. Für dieses Vertrauen war ich dankbar.« An der Argumentation dieses Debattenbeitrags ändert das freilich nichts.

liebten Adam, hinter dem sich Biller demonstrativ zu erkennen gibt, hier und da ein wenig lächerlich aussehen.

Daß sich die Ex-Freundin wehren würde, war im Grunde absehbar, zumal in dem Roman eben auch die Mutter von Billers Ex-Freundin als Person identifizierbar ist – und dort als recht kämpferische Natur gezeigt wird, was offenbar auch der Realität entspricht.

Die beiden Frauen zogen jedenfalls gemeinsam vor Gericht. Wenige Tage nach Erscheinen des Romans »Esra« erwirkten sie Anfang März 2003 eine einstweilige Verfügung gegen das Buch, und ein vierjähriger Rechtsstreit durch alle Instanzen begann.

Er findet erst mit dem am 12. Oktober 2007 veröffentlichten Beschluß des Bundesverfassungsgerichts sein Ende: mit der grundsätzlichen Bekräftigung des Verbots (Billers Verlag Kiepenheuer & Witsch hatte das höchste Gericht angerufen). Der Roman »Esra« darf nun endgültig nicht mehr verkauft werden – und der Legendenbildung sind Tür und Tor geöffnet.

Schon werden dem Autor nachträglich Lorbeerkränze geflochten, wird sein Roman noch einmal gefeiert: in der »Süddeutschen Zeitung« als »Geschichte einer unglücklichen Liebe«, in der »Frankfurter Allgemeinen Sonntagszeitung« gar als »Meisterwerk« (»Jeder erkennt sich, andere und unsere Zeit darin wieder«).

Die Akte Biller ist in den Zeitungsarchiven innerhalb dieser vier Jahre enorm angewachsen. Ein wackerer Kritiker, der sich für den Roman von Anfang an eingesetzt hatte, schrieb nicht weniger als zehnmal über den Fall Biller, bei jeder Änderung der Sachlage, bei jeder Entscheidung der jeweils nächsten Instanz neu. Mittlerweile gibt es auch schon eine gründliche Studie über den »Schlüsselprozeß« (2006 erschienen, Autor: Bernhard von Becker), und mindestens eine juristische Dissertation ist in Arbeit. Mit einem allenfalls mittelmäßigen Roman, offiziell nicht mehr erhältlich, ist der Autor – vorher bereits als

Polemiker bekannt und berüchtigt – endgültig berühmt geworden.

Ein Buchverbot ist eine gravierende Angelegenheit. Wie immer man zur Person Biller stehen mag und unabhängig davon, welche Intentionen er beim Schreiben gehabt haben könnte und was dabei qualitativ herausgekommen ist: Freuen kann sich niemand darüber, daß nun zum zweiten Mal in der Geschichte der Bundesrepublik – seit Klaus Manns »Mephisto« 1971 – eine Verbotsverfügung gegen ein Buch vom obersten Gericht bestätigt worden ist.

Am Ende vielleicht nicht einmal die beiden siegreichen Frauen. Denn natürlich ist es unausweichlich, daß vor Gericht das, was eigentlich verborgen bleiben soll, die Identität der Vorbilder, gerade zum Gegenstand der Verhandlung und so auch einer größeren Öffentlichkeit bekannt wird. So paradox es ist: Um zu verhindern, erkannt zu werden, muß zur Beweisführung die weitgehende Übereinstimmung von Romanfiguren und realen Personen erst einmal aufgedeckt werden.

Der andere Fall eines höchstrichterlich bestätigten Verbots ist Klaus Manns Schlüsselroman über den Regisseur Gustaf Gründgens – im Buch Hendrik Höfgen, »Mephisto«, der 1936 im holländischen Exil erstmals publiziert worden war. Er wurde 1966 verboten, das Urteil fünf Jahre später von Karlsruhe bestätigt.

Besonders prekär an der Entscheidung war damals, daß nicht der Porträtierte selbst geklagt hatte (er lebte da schon nicht mehr, genausowenig wie der Autor), sondern der Adoptivsohn von Gründgens. Mittlerweile wird der Roman wieder ungehindert verkauft, freilich nur, weil es keine Kläger mehr gibt.

Manche befürchten, das erneute höchstrichterliche Verbot eines literarischen Werks könnte in Zukunft Schriftsteller zu vorauseilendem Gehorsam, zur Selbstzensur verleiten – und Personen, die sich in Werken der Literatur wiederzufinden glauben, zum Gang vors Gericht ermutigen.

So leicht ist es freilich nicht, mit einer entsprechenden Klage Erfolg zu haben. Auch das hat das Richtergremium in Karlsruhe im Jahr 2007 deutlich gemacht. Der Begründung ist zu entnehmen, daß hier ein Ausgleich zwischen zwei Grundrechten zu finden versucht wurde: der Kunstfreiheit einerseits und dem Persönlichkeitsschutz andererseits.

Da es eine staatliche Zensur nicht gibt, gilt die Freiheit von Kunst und Literatur hierzulande uneingeschränkt – es sei denn, sie kollidiert mit einem anderen Grundrecht. Wo dagegen der Schutz von Intim- und Privatsphäre genau seine Grenzen hat, ist schwer zu fassen. Der Inhalt dieses Rechts sei nicht »abschließend umschrieben«, heißt es auch jetzt. Die mögliche Erkennbarkeit einer Person reicht laut Verfassungsgericht jedenfalls nicht aus, es müsse vielmehr eine »hohe Kumulation von Identifizierungsmerkmalen« geben, also eine Häufung von Details, die nur auf diese Person zutreffen.

Wie schwierig das in der Einzelprüfung zu gewichten ist, führt die Entscheidung fast lehrbuchmäßig an den beiden Klägerinnen vor: Im Fall der Frau, die das Vorbild der Figur Esra abgibt, greift der Persönlichkeitsschutz (und führt zu einer Bestätigung des Verbots), im Fall der Mutter jedoch nicht. Der Roman gleite bei ihr »nicht in eine Schmähung ab«, meinen die Verfassungsrichter.

Anders gesagt: Eine negative Schilderung könne erlaubt sein, selbst bei möglicher Erkennbarkeit der Person. Die Klage der Mutter, so das Karlsruher Fazit, sei neu zu verhandeln, weil die Kunstfreiheit in ihrem Fall höher bewertet werden müsse.

Noch plastischer führen abweichende Richtervoten (solche gab es auch im Jahr 1971 schon) die Schwierigkeit der Materie und das Ausmaß der innergerichtlichen Diskussion vor Augen.

Drei der acht Verfassungsrichter plädierten in eigenen Stellungnahmen (zwei in einer gemeinsamen) für eine Freigabe von »Esra«. Die Minderheit argumentierte damit, daß sich in einem Roman »Reales in Kunst« auflöse und nicht mehr zu unterscheiden sei, »was Dichtung und was Wahrheit ist«.

Literaturtheoretische Gutachten sind dabei bemüht und berücksichtigt worden (was vor deutschen Gerichten nicht selbstverständlich ist). Das Problem ist allerdings, daß weder Literaturkritik noch Literaturwissenschaft sich im Fall Biller je besonders einig gewesen sind.

Während etwa ein Kritiker in der »Welt« schrieb, der Roman »Esra« folge erkennbar einem ästhetischen Konzept, »das nicht auf einen denunziatorischen Racheakt an realen Personen zielt«, war sein Kollege von der »Neuen Zürcher Zeitung« der Überzeugung: »Biller hat eine Abrechnung geschrieben, und er hat die Dummheit begangen, sein Personal zu wenig zu verfremden.« War es Dummheit oder nicht vielmehr Kalkül, Lust an der Provokation? Sehr zu Recht nämlich erinnerte ein Kritiker schon 2003 daran, »daß die Selbst- und Fremdentblößung zum Kern von Billers radikaler Poetik gehört«.

Entsprechend widersprüchlich ist denn auch die Argumentation von Billers Fürsprechern. Die einen plädierten gewissermaßen klassisch mit dem Argument, daß es sich bei »Esra« um ein Werk der Fiktion handle, daß also alles nur Erfindung und Phantasie sei – und nicht etwa ein Text, der reale Verhältnisse zeige. Nach dem Motto: Wo Roman draufsteht, ist auch Roman drin.

Die anderen bemühten Begriffe wie »Postmoderne« oder »subjektiver Realismus« und hielten die »Verklammerung von autobiographischen und fiktionalen Elementen« geradezu für ein Qualitätsmerkmal, die es auch gerichtlich zu schützen gelte. Nach dieser Lesart lassen sich Fiktion und Realität ohnehin nicht trennen, und es ist völlig gleichgültig, ob ein Autor erfindet oder autobiographisch schreibt.

Wohin das allerdings führt, zeigte in der »Tageszeitung« ein Bewunderer Billers, Joachim Lottmann, der nicht etwa die Identität von Esra mit der klagenden Ex-Freundin Billers leugnete, sondern wie ein Kneipenkumpel über das Esra-Vorbild herzog: »Natürlich wehrt sich die Angesprochene ... gegen das Buch. Aber sie soll damit nicht durchkommen, nach all dem, was sie dem armen Maxim Biller angetan hat!«

Was Esra ihrem Adam tatsächlich antut (und was offenbar auch die reale Esra ihrem Partner Biller zumuten wollte), ist zum Beispiel die Forderung an den Autor und Geliebten, niemals über sie zu schreiben. Esra: »Ich will dir nicht meine Brüste zeigen und später irgendwo lesen, daß ich dir meine Brüste gezeigt habe.« Adam antwortet: »Zeig her« – und erzählt dann, wie er Esras Brüste entblößt und erregt.

Eine inzwischen vielzitierte erzählerische Volte, bei der sich, wenn man es gut mit Biller meint (wie sein Verleger Helge Malchow), von »postmoderner Spiegelung« sprechen läßt – ebensogut aber auch »von rührender Torheit« (wie der Kritiker Fritz J. Raddatz). Was die Romanszene so oder so zeigt: Der Autor war sich der Problematik seines Romans bewußt.

Daß die Betroffene sich besonders an dieser Passage stößt und sich mit ihrem so hilflosen wie vergeblichen Wunsch nach schriftstellerischer Verschwiegenheit verhöhnt fühlt, ist nachzuvollziehen. Zumal in diesem Zusammenhang auch noch Esras »Engstirnigkeit« beklagt und sie selbst von Adam als »unangenehm kleinbürgerlich« beschrieben wird. Der Erzähler hingegen glaubt sich im Streit mit Esra über die Frage, was einem Autor erlaubt ist, »auf der Seite Thomas Manns und der Freiheit der Literatur«.

Nicht nur Biller (oder sein Alter ego) denkt in solch

literaturhistorischem Zusammenhang. Offenbar läßt es sich kaum vermeiden, daß sein Name in den Berichten über den Fall »Esra« in eine Reihe mit den Namen bedeutender Größen gerückt wird, Dichtern, denen ebenfalls nachgesagt wird, daß sie ungefragt und allzu deutlich auf reale Vorbilder zurückgegriffen hätten.

So unpassend das im Einzelfall auch sein mag, werden im Plädoyer für »Esra« gern Beispiele aus der Weltliteratur angeführt: Goethe und »Die Leiden des jungen Werther« (1774), Thomas Mann und »Buddenbrooks« (1901), Marcel Proust und seine »Recherche« (1913-1927), Thomas Bernhard und »Holzfällen« (1984), Philip Roth und »Täuschung« (1990), natürlich auch die schon erwähnten Bücher »Mephisto« von Klaus Mann und eben »Montauk« von Max Frisch.

Im Fall von Frisch war Uwe Johnson tatsächlich von der Leistung begeistert, »aus dem eigenen Leben mit Mitteln der Literatur ein Kunstwerk herzustellen«. Es dürfe keinem Schriftsteller vorgeschrieben werden, »welche seiner Erfahrungen er veröffentlichen darf und welche er unterdrücken muß«.

Bedeutende Autoren, keine Frage, haben selten Rücksicht darauf genommen, ob sie die Gefühle ihnen nahestehender Personen verletzen, indem sie sie in ihren Romanen, Erzählungen und Dramen nachzeichnen.

»Belletristik ist, wie das Leben, ein schmutziges Geschäft«, schrieb der Amerikaner John Updike, »Takt und guter Geschmack spielen eine geringe Rolle dabei.« Und sein Kollege Philip Roth bestätigte, daß ein ernsthafter Schriftsteller mit Diskretion »nichts am Hut« habe: »Es liegt in seiner Natur, sich da wenig Sorgen zu machen.«

Thomas Mann nahm sich 1905 immerhin vor, sollte er je wegen eines Buchs vor Gericht gestellt werden, tapfer zu sein und zu sagen: »Die bürgerlichen Gesetze sind offenbar andere als die, welche ich in mir trage, aber ich genieße, wie jedermann, ihren Schutz, sie gelten auch mir, und wenn ich in meinem künstlerischen Tun mit ihnen in Konflikt gerate, so ist das ein Unglück, das wohl leider nicht abzuwenden war und dessen Folgen ich auf mich nehmen muß.«

Es sei zu begrüßen, so schrieb Hellmuth Karasek zur Causa Biller, »daß sich Menschen zur Wehr setzen dürfen, wenn man ihre frühere freiwillige Schutzlosigkeit einem exhibitionistischen Zwang unterwirft«.

Und die Frage muß zumindest erlaubt sein, ob im Fall »Esra« der Autor das würdige Etikett »Roman« nutzt, um persönliche Rechnungen zu begleichen, die Literatur also mißbraucht, ob – wie es ein Kollege Billers formuliert hat – »jemand hinter dem Schild der Kunst eine private Abrechnung betreibt«.

Bücherverbote sind immer problematisch und nie wünschenswert. Selten aber präsentieren sich ernsthafte Romane so angreifbar wie Billers Werk, von dem es in der »Zeit« zugespitzt hieß, die Erkennbarkeit des darin vorkommenden Personals sei im Grunde genommen »der einzige Clou des Romans«. In der Tat ist die Provokation besonders gezielt und durchschaubar.

Maxim Biller hat seine Rechnung im doppelten Sinn präsentiert bekommen: Zum Verkaufsverbot gab es einen Aufmerksamkeitsbonus gratis dazu. Der wäre manch gehaltvollerem Buch dieser Jahre zu wünschen gewesen.

(2007)

Aufmacher

Ob ein Beitrag zum Aufmacher wird, also zu jenem Artikel, der eine Literaturbeilage oder den Kulturteil eröffnet, ist eine redaktionsinterne Entscheidung, die oft kurzfristig gefällt wird und mitunter auch der Tagesaktualität Rechnung trägt. In der Mehrzahl der Fälle spielt für die Entscheidung auch Art und Größe des Beitrags eine Rolle; eine Geschichte, die sich nicht auf ein einzelnes Buch (einen Film, eine Theaterinszenierung) beschränkt, sondern einen Überblick gibt oder gar einen Trend beschreibt, hat durchweg größere Chancen an die erste Stelle zu rücken als eine Einzeldarstellung.

Fremdheit, Mitleid, Wollust
Franz Kafkas Leben wird aus Anlaß seines 125. Geburtstags neu ausgeleuchtet: Biographien, Bildbände und Faksimiles seiner Notizbücher lassen kaum ein Detail ungeklärt – der einst als verklemmt geltende Autor von Weltrang erscheint auch als Liebhaber der Frauen in anderem Licht

Tribunal in Berlin: Während in der deutschen Hauptstadt hinter verschlossenen Türen der Erste Weltkrieg vorbereitet wird, sitzt der Prager Versicherungsbeamte und Schriftsteller Franz Kafka in einem Zimmer des Hotels Askanischer Hof drei Frauen gegenüber und fühlt sich wie in einer Gerichtsverhandlung.

Seine Verlobte Felice Bauer ist gekommen, um von ihm eine Erklärung zu verlangen. Sie hat ihre Schwester Erna und ihre Freundin Grete Bloch mitgebracht. Und sie hat Briefe dabei, die Kafka hinter ihrem Rücken an Grete geschickt hat, Briefe, in denen Kafka zweideutig, aber deutlich genug der geplanten Ehe mit ihr, Felice, keine Chancen einräumt.

Daß der Verlobte an seiner Tauglichkeit als Ehemann zweifelt, ist für Felice Bauer nicht neu. Seine Skrupel kennt sie aus rund 350 Briefen, Telegrammen und Karten, die Kafka ihr vom Herbst 1912 an nach Berlin geschrieben hat, oft täglich, bisweilen auch mehrmals an einem Tag. Aber was sie nun über sich lesen muß, ist schroff und unverzeihlich.

Es ist der 12. Juli 1914. Kafka verteidigt sich nicht gegen die Vorwürfe der Frauen. Ohnehin klagt er sich lieber selbst an. Später, im Oktober, wird er in seinem letzten Brief an Grete Bloch schreiben: »Sie saßen zwar im Askanischen Hof als Richterin über mir – es war abscheulich, für Sie, für mich, für alle – aber es sah nur so aus, in Wirklichkeit saß ich auf Ihrem Platz und habe ihn bis heute nicht verlassen.«

Das Verlöbnis mit Felice, erst sechs Wochen zuvor offiziell gefeiert, wird gelöst. Was der »Gerichtshof«, wie er selbst das Berliner Treffen in seinem Tagebuch nennt, aber in Kafkas Innerstem bewirkt und anstößt, zeigt sich erst kurz darauf – in Form eines literarischen Werks von Weltrang.

August 1914: Das ist der Monat, in dem nicht nur der große Krieg beginnt, sondern auch einer der berühmtesten Romananfänge überhaupt zu Papier gebracht wird, der erste Satz des Romans »Der Prozess«: »Jemand mußte Josef K. verleumdet haben, denn ohne daß er etwas Böses getan hätte, wurde er eines Morgens verhaftet« – viel Phantasie gehört nicht dazu, um ein Echo auf die Berliner Tribunal-Situation herauszuhören.

Zu diesem Zeitpunkt waren von Franz Kafka erst wenige Erzählungen und ein Erzählfragment erschienen. Niemand konnte 1914 ahnen, daß der zurückhaltende, literarisch begabte junge Jurist, bei einer Arbeiter-Unfall-Versicherung angestellt, eine Schriftsteller-Ikone des 20. Jahrhunderts werden würde – ein Autor deutscher Zunge, dessen internationaler Ruhm selbst den von Bertolt Brecht und Thomas Mann überflügelt. Kafka: Das ist heute einer dieser Namen, die keinen Vornamen mehr brauchen, wie Shakespeare, Goethe, Schiller, Balzac oder Dostojewski. In diesem Jahr wird sein 125. Geburtstag gefeiert, am 3. Juli 1883 wurde Kafka in Prag geboren.

Aus diesem Anlaß erscheinen jetzt zahlreiche neue Editionen und Reprints seiner Werke, Bildbände und Biographien – sie leuchten das kurze, vermeintlich ereignisarme Leben Kafkas akribisch aus. Über sein Privatleben ist soviel zu lesen wie nie zuvor – besonders bei Reiner Stach, von dessen großangelegter Kafka-Biographie nun der zweite Band erschienen ist (ein dritter über Kindheit und Jugend steht noch aus).

Die Trennungsszene mit Felice Bauer (1887-1960) im Askanischen Hof wird sich natürlich kein Kafka-Biograph entgehen lassen, eine Szene, die sich so kurz vor dem dramatischen welthistorischen Wendepunkt abspielte und für den Dichter eine »der produktivsten schöpferischen Phasen seines Lebens« einleitete, wie Stach schreibt.

Als der Hamburger Kafka-Experte 2002 den ersten Band veröffentlichte, der die Zeit von 1910 bis 1915 umfaßt (»Die Jahre der Entscheidungen«, wie es im Untertitel heißt), erhielt sein voluminöses Buch viel Beifall, und mancher Kritiker fragte sich erstaunt, warum es eine vergleichbare Anstrengung zuvor nie gegeben hatte.

Erst 2005 kam dann mit der einbändigen Kafka-Biographie des Germanisten Peter-André Alt auch eine zweite fundierte und umfangreiche Lebensbeschreibung auf den Markt, die freilich eher akademisch orientiert war.

Stach hingegen vollbringt das kleine Wunder, Kafkas Vita wie einen Roman zu erzählen und zugleich das beruhigende Gefühl zu vermitteln, daß hier einer auf verläßlicher Grundlage arbeitet, was Kafkas Leben und Schreiben wie auch die historischen Zeitumstände angeht. Stach ist so stil- wie faktensicher. Der erste Band endet – nach der anschaulichen Darstellung des Tribunals im Hotel und der Entstehung des »Prozess«-Manuskripts – in den ersten Monaten des Weltkriegs.

Der zweite Band über Kafkas letzte Lebensphase von 1916 bis 1924 (»Die Jahre der Erkenntnis«) knüpft bei »Entlobung und Krieg« wieder an; mit noch mehr Souveränität setzt Stach sein biographisches Erzählwerk fort.

Geschildert wird die Wiederannäherung an Felice Bauer. Gemeinsam machen Kafka und die junge Frau 1916 Urlaub in Marienbad, verloben sich erneut – und trennen sich schon bald wieder. Außerdem erzählt Stach von einer weiteren, erst spät eingehend erforschten Beziehung, die zu einer Verlobung und fast sogar Heirat führte: mit der jungen Julie Wohryzek (1891-1944) in den Jahren 1919/20 – Kafkas verzehrende und unglückliche Liebe zur Journalistin Milena Jesenská (1896-1944) funkte dazwischen.

Auch die Entstehung des fragmentarischen »Schloss«-Romans fällt in diese Zeit, in das Jahr 1922, und der Umzug nach Berlin im September 1923, wo Kafka gemeinsam mit seiner neuen und letzten Liebe Dora Diamant (1898-1952) lebte. Sie stand ihm zur Seite, als er im Juni 1924, nur 40 Jahre alt, in einem Sanatorium in der Nähe von Wien unter schrecklichen Qualen an Tuberkulose starb, was Stach ergreifend zu schildern versteht.

Kafkas Bewunderer und engster Freund in Prag, der Schriftsteller Max Brod (1884-1968), war die treibende Kraft für die wenigen Buchveröffentlichungen zu Lebzeiten. Nach Kafkas Tod zögerte er nicht, unverzüglich mit der Herausgabe von dessen Schriften zu beginnen; den Anfang machte 1925 der »Prozess«-Roman, mit dem der Weltruhm begründet wurde und der jetzt in einem Reprint der Erstausgabe erschienen ist.

Brod setzte sich souverän über Kafkas ausdrücklichen Wunsch hinweg, alle unveröffentlichten Werke zu vernichten – wie er es seinem Freund allerdings auch schon angekündigt hatte. Gleichzeitig nutzte er listig Kafkas Verfügung und ließ sich die verstreuten Manuskripte aushändigen, um sie dem Dichterwillen zum Trotz zu publizieren. Daß ihm diese Sammelaktion überhaupt gelang (und damit die Rettung der Handschriften), ist eines der größeren Wunder der Literaturgeschichte.

Brod war nur der erste in einer langen Reihe von Kollegen, die Kafka begeistern sollte. Den US-Schriftsteller Louis Begley trieb seine Bewunderung für den großen Prager jetzt dazu, ebenfalls eine Kafka-Biographie zu publizieren. Im Umfang eher bescheiden, hat Begleys Buch gegenüber den Werken von Alt und Stach den Vorteil der Übersichtlichkeit. Als Einführung ist es gut zu lesen, doch nicht besonders zuverlässig. Zudem stört das Verteilen von Zensuren (»Hier zeigt sich Kafka von seiner schlechtesten Seite«).

Das Tribunal in Berlin wird bei Begley mit Behutsamkeit behandelt – Stach dagegen erzählt davon, als wäre er dabeigewesen. Dann aber folgen bei Begley Legenden, die von der Forschung heute widerlegt sind. Etwa, daß die Felice-Freundin Grete Bloch (1892-1944) einem Freund erzählt habe, einen Sohn von Kafka bekommen zu haben.

Das Gerücht, das auch Max Brod verbreitet hat, gründete sich auf ein schriftliches Bekenntnis von ihr, der Vater ihres Sohnes sei ein 1924 verstorbener Mann, dessen Namen sie nicht nannte.

Natürlich gaben auch Kafkas Briefe an Grete Bloch immer wieder Anlaß zu Spekulationen. Begley nennt Kafka in diesen Briefen »galant und verführerisch«, was sehr zurückhaltend formuliert ist. In Alts Kafka-Biographie ist die Rede von einem »erotisch aufgeheizten Briefwechsel, dessen intimer Ton unüberhörbar ist«. Der Schriftsteller Elias Canetti (1905-1994) wurde schon 1969 deutlicher und nannte in seiner Kafka-Studie »Der andere Prozeß« die Depeschen »kaum verhüllte Liebesbriefe«.

Die junge Frau war – wie ihre Freundin Felice Bauer auch – berufstätig, sah gut aus, und das Erotische war, so Stach, »für sie eine bewußte Option«, was Kafka offenbar zugleich anzog und irritierte. Grete Bloch wiederum, die zunächst als Mittlerin zwischen Kafka und Felice aufgetreten war, konnte sich der Sprachmacht des Dichters und dem Verführungsspiel aus sicherer Entfernung kaum entziehen.

Stach erzählt davon ausführlich und präzise. Er zitiert die einschlägigen Stellen aus den Briefen, die von Februar 1914 an zunehmend von werbenden Untertönen geprägt waren. Etwa mit Kafkas Geständnis, er fühle sich »gleichzeitig gedrängt und gehalten, irgendwie Ihnen näher zu kommen«. Und: Auch die zu erwartende Verlobung und Heirat mit Felice könnten nichts an ihrem Verhältnis ändern, »in welchem wenigstens für mich schöne und ganz unentbehrliche Möglichkeiten liegen«. Kaum zu glauben, daß Kafka allen Ernstes vorschlug, nach der Eheschließung für einige Monate zu dritt in einer Prager Wohnung zusammenzuleben.

Und kein Wunder, daß es Grete Bloch irgendwann zu heikel und unübersichtlich wurde: Sie zog die Reißleine und übergab der Freundin, die inzwischen mit Kafka verlobt war, eine Auswahl der Dichter-Korrespondenz (wie sie auch schon Kafka an sie selbst gerichtete Schreiben von Felice Bauer zugespielt hatte). Das Ergebnis war das Berliner Tribunal.

In Kafkas letztem, kühlem Brief an Grete Bloch richtete er strenge Worte an seine »Richterin« – doch das war nicht die ganze Wahrheit. Im Tagebuch, wo er den Brief zusammenfassend zitierte, gestand sich Kafka ein, der unnachgiebige Ton rühre nur daher, daß er sich gefürchtet habe, »nachgiebig zu sein«. Tatsächlich wäre er es gern gewesen: »Ich wollte sogar nichts anderes.« Immer noch hoffte er darauf, die Beziehung mit Grete Bloch fortzusetzen – freilich vergebens.

Auch der Neubeginn mit Felice Bauer im Sommer 1916, als es in Marienbad wahrscheinlich zur ersten sexuellen Begegnung kam und die zweite Verlobung stattfand, brachte Kafka nur neue Zweifel und Verzweiflung. »Tür an Tür, von beiden Seiten Schlüssel«, dachte er im Hotel über die »Mühsal des Zusammenlebens« nach und notierte im Tagebuch: »Erzwungen von Fremdheit Mitleid, Wollust, Feigheit, Eitelkeit und nur im tiefen Grunde vielleicht ein dünnes Bächlein würdig Liebe genannt zu werden« (so in der Interpunktion der Handschrift).

Weder Kafkas Briefe an Felice Bauer noch die an Grete Bloch forderte Brod später ein. Vielleicht vermochte nicht einmal er, der damals beste Kenner von Leben und Werk, den Umfang der Korrespondenzen einzuschätzen – die Briefe der Frauen an Kafka sind allerdings nicht erhalten. Felice hütete Kafkas Briefe, bis sie wenige Jahre vor ihrem Tod in den USA in finanzielle Schwierigkeiten geriet. Sie verkaufte das Konvolut bis auf wenige Schreiben, die sie vernichtete, für 8000 Dollar an den Schocken-Verlag in New York. Der ließ die Originale 1987 für mehr als eine halbe Million Dollar versteigern.

Aus dem einst so geheimnisumwitterten Kafka, über dessen Leben es lange keine verläßlichen Informationen gab, ist heute eine bis in alle Poren durchleuchtete, gewissermaßen öffentliche Figur geworden. Die neuen Biographien verstärken diesen Eindruck massiv: Sie gehen Einzelheiten nach, korrigieren Legenden, dringen in die letzten noch erreichbaren Winkel seiner Existenz vor.

Ein Übriges tun die Bildbände, die ihr Material zum Teil Zufall und Glück, zum größeren Teil aber Entdekkerlust und Sammelfleiß verdanken. Waren nach Kafkas Tod zunächst kaum Fotos von ihm bekannt, so ist seine Existenz inzwischen opulent auch im Bild dokumentiert: Fotos von Kafka in verschiedenen Lebensaltern, von seiner Familie, seinen Freundinnen, den Verlobten wie den Angehimmelten, von Freunden und Bekannten, Fotos von Gebäuden, Räumen, Theatern, die er betreten, von Orten, Landschaften, Schwimmbädern, Ausstellungen, die er besucht hat – kaum noch etwas aus seinem Leben, das nicht visuell vermittelt wäre.

Der Kafka-Forscher Hartmut Binder hat sich besonders hervorgetan. Waren in früheren seiner Bildbände nur Ausschnitte zu bewundern – etwa »Ein Leben in Prag«, »Kafka in Paris« und »Mit Kafka in den Süden« –, so will es Binder nun zum 125. Geburtstag seines Helden wissen: »Kafkas Welt« nennt er die neue, im wörtlichsten Sinne gewichtige »Lebenschronik in Bildern«: Rund 1200 Fotos sind hier versammelt. Doch beim Betrachten dürfte sich selbst der Gutwilligste irgendwann fühlen, als wäre er der Hobby-Diaschau eines guten Freundes ausgesetzt. Da kann der bewährte, jetzt in einer erweiterten Neuauflage erschienene Bildband des Kafka-Experten Klaus Wagenbach gut mithalten, besonders von der Größe und Qualität der Fotos her.

Womit man Kafka aber noch viel näher rückt, ist die vom Frankfurter Stroemfeld Verlag 1995 begonnene Faksimile-Edition seiner Handschriften. Hier ist man beim eigentlichen Kafka angekommen, bei der Schrift, seiner Handschrift. Man glaubt ihm gewissermaßen beim Schreiben über die Schulter zu blicken.

Nach dem eindrucksvollen Start mit Kafkas »Prozess«-Roman im Jahr 1997 macht das Unternehmen, das auf insgesamt 30 Bände angelegt ist, gute Fortschritte und auch vor den kleinsten Notizbüchern nicht halt. Von Kafkas Kladden, die in Oxford verwahrt werden, ist nun die zweite Lieferung in einer Kassette erschienen: die »Oxforder Oktavhefte 3 & 4«.

Wieder ziehen die in Originalgröße schwarzweiß reproduzierten, meist gut lesbaren Handschriften den Leser in den Bann (auf einer beigefügten CD sind sie auch in Farbe zu bewundern): Hier kann man genau verfolgen, wie auf den kleinformatigen Seiten die Prosatexte

»Ein altes Blatt«, »Eine kaiserliche Botschaft« und »Ein Bericht für eine Akademie« an Form gewinnen – allesamt zu Lebzeiten in dem Kafkas Vater gewidmeten Band »Ein Landarzt« (1919) erschienen.

Nichts von alldem wäre heute noch vorhanden, wenn sich nicht Max Brod im März 1939 mit sämtlichen von ihm gesammelten Kafka-Originalen auf den Weg nach Palästina gemacht hätte – am Tag nach seiner Abreise aus Prag klopfte schon die Gestapo an seine Tür. Und im Hafen von Istanbul, wo das rettende Schiff wartete, lag bedrohlich daneben ein »Nazischiff«, wie Brod es formulierte. Er mußte mit seinem Koffer, in dem all die kostbaren und unwiederbringlichen Handschriften lagen, zuletzt noch durch eine türkische Paßkontrolle. Auch das ging gut.

Für viele Menschen aus Kafkas Umfeld, die den Nazis nicht entkommen konnten, gab es dagegen keine Rettung. Seine Schwestern wurden in Konzentrationslagern ermordet: Gabriele und Valerie in Chelmno, Ottilie in Auschwitz, ebenso wie Grete Bloch und Julie Wohryzek. Milena Jesenská kam im KZ Ravensbrück ums Leben.

Felice Bauer und Dora Diamant konnten sich retten: die eine in die USA, die andere nach England. Kafka mußte das nicht mehr erleben. Und dem Weltruhm und der Wertschätzung, die er postum erfuhr, hätte er wahrscheinlich hilflos gegenübergestanden.

(2008)

Themenschwerpunkt

Anders als eine Sammelkritik oder ein Aufmacher muß ein Zeitungs- oder Magazinbeitrag mit thematischem Schwerpunkt nicht zwingend einen aktuellen Anlaß haben. Dennoch wird sich ein solcher Artikel zumeist an Neuerscheinungen orientieren und ältere Bücher nur als Beleg anführen.

Das Ende der Beziehungen

Über den Zustand der Liebe in neueren Romanen und Erzählungen

Die Frau ist dreißig Jahre alt. Eines Tages sagt sie zu ihrem Mann, der von einer mehrwöchigen Geschäftsreise zurück ist, ihr sei eine seltsame Idee gekommen, von der sie lieber nicht reden wolle. Als er darauf besteht, erklärt sie ihm, daß sie in Zukunft lieber allein leben möchte. »Für immer?« fragt ihr Mann. »Ich weiß es nicht«, antwortet sie. »Nur weggehen wirst du und mich alleinlassen.« Tatsächlich verläßt der Mann sie und das gemeinsame Kind.

»Die linkshändige Frau« und ihr Mann aus der Erzählung (und dem Film) von Peter Handke stehen mit ihrer Trennung nicht allein. In der neuen Literatur fallen die Paare auseinander, als wäre zusammenleben völlig unrealistisch. Wie sich zwei Menschen begegnen, ist dort kein Thema mehr, wie sie sich verlieren, davon gibt es zahllose Varianten.

Nicht immer geht es so slapstickhaft hurtig zu wie bei Handkes »Linkshändiger Frau«. In Nicolas Borns Roman »Die erdabgewandte Seite der Geschichte« trennt sich ein Paar das ganze Buch hindurch. Am Schluß heißt es: »Es tat überhaupt nicht weh. Es war wie der Traum, tot zu sein.«

Auch Hannelies Taschau schildert in »Landfriede« ausführlich, wie sich eine junge Frau allmählich von ihrem Freund löst. Andere Romane – Jurek Beckers »Schlaflose Tage«, Wilhelm Genazinos »Die Vernichtung der Sorgen«, Gerhard Roths »Winterreise« – demonstrieren die Unfähigkeit des Mannes, eine Partnerschaft zu erhalten und Krisen zu überwinden.

Es sieht ganz so aus, als werde die Liebe heute erst von ihrem Ende her interessant. »Keine Nachricht mehr von Hannah. Sie ist zurück zu den Fremden«, notiert Richard Schroubek aus Botho Strauß' Erzählung »Die Widmung« in das Tagebuch einer Trennungs-Nachgeschichte, der verlorenen Geliebten zugedacht. Der Verlassene erkennt mit klarem Kopf: »Leidenschaft, Briefwechsel eventuell, Wahnsinnstaten gehören heute dem Ende allein, der Krise, der Trennung, dem Gehen.« Denn heute, so notiert Schroubek, bereite es weniger Verlegenheit, das erste Mal mit einer Frau zu schlafen, als sie nach ihrem Nachnamen zu fragen. »Und wieviel Wahnsinnstaten, wieviel Briefwechsel, wieviel Kosenamen und wieviel Gesetz sind einmal aufgewendet worden, um dieser Willkommensgeste biographische Bedeutung zu verleihen!« Das Abenteuerhafte, das Romantische der ersten Begegnung – es muß lange her sein.

In kaum einer dieser Erzählungen oder einem dieser Romane aus der letzten Zeit, den vergangenen anderthalb Jahren, erfährt man Näheres darüber, wieso gerade diese Frau und dieser Mann zusammenleben. Bei Botho Strauß hat sich der Held von Anfang an in seiner Wohnung verkrochen, aus der die Freundin bereits verschwunden ist. Der größte Teil der Erzählung besteht aus Beobachtungen seines Zustands, von dem es heißt: »Keine andere Form gewöhnlichen Scheiterns, weder Krankheit noch Ruin oder Versagen im Beruf, findet einen solch tiefen, grausamen Widerhall im Unbewußten wie die Trennung. Sie rührt unmittelbar an den Ursprung aller Angst und weckt ihn auf.«

Das Leiden am anderen in dem Moment, wo es am stärksten ist, im Augenblick der Trennung, kann aber auch in einen seltsamen Glückszustand umschlagen: Nun endlich dürfen Gefühle deutlich werden; denn jetzt sind sie ohne Konsequenz und nicht mehr einzufordern. Mit sich selbst allein, wird sich der Verlassene der eigenen Liebesfähigkeit bewußt. Wenn er nur dürfte, würde er schon zeigen, wie sehr man auf ihn bauen kann. Die vormalige Angst vor einer Bindung kippt über in eine absolute Lust, sich auszuliefern.

Die Freude, wieder starker eigener Gefühle mächtig zu sein, ist das letzte und nicht Geringste, was der mit wilder Kraft zurückersehnte Partner bewirkt. Denn erst nach seiner Abwesenheit ist seine Idealisierung und die Verklärung der jäh unterbrochenen Beziehung denkbar, einer Partnerschaft, für die nachträglich auch das Wort Liebe nicht zu groß ist. Im tristen Winkel, in dem es sich der Einsame behaglich gemacht hat, blüht der Glaube an das vollendete Glück wieder auf, bunt wie in den Träumen der Kindheit, kitschig wie in den Texten der Schlager.

Die Trauer allerdings ist ein kurzlebiger Wahn. Der Alleingelassene bei Botho Strauß schreibt in seiner »Widmung«: »Irgendwann vielleicht löst sie sich sanft in nichts auf, und von einem Tag zum anderen, plötzlich, stehe ich trauerlos da. Was dann? Fürchterliche Erlösung.« Mit aller Nüchternheit und Selbstironie läßt Strauß seinen Leidenden einige Zeit später erkennen: »Merke wohl, wie meine kühne und festliche Trauer zu Ende geht und eine kleinbürgerliche Schrumpfmelancholie übrigbleibt. Vielleicht sollte ich zugeben, daß ich meine Leidensfähigkeit überschätzt habe.«

In Christoph Meckels Erzählung »Das Licht« steht die Trennung noch bevor. Sie beginnt mit einem Liebesbrief, den der Ich-Erzähler findet. Die Frau, mit der er zusammenlebt, hat ihn an einen anderen gerichtet. Ohne sich mit ihr auszusprechen, tastet der Mann von nun an jede Geste seiner Lebensgefährtin auf seinen Verdacht hin ab. »Liebe, Hoffnung, Vertrauen, das waren Wörter, mit denen wir spielten, sofern wir sie überhaupt für uns in Anspruch nahmen. Es waren keine notwendigen Wörter für uns. Wir waren uns einig ohne Wörter, und was die Liebe war, das wußten wir selbst. Aber ich habe den Wert der Wörter erfahren, seit die gemeinsame Sache in Gefahr ist.« Nur in diesem einen Fall zerstört ein Außenstehender die Beziehung. Sonst hat die Untreue als Trennungsgrund an Bedeutung verloren.

Ehegeschichten und Scheidungsfälle sind das in der Mehrzahl nicht mehr. Die Frauen, hier in der Regel zwischen Anfang Zwanzig und Mitte Dreißig, leben ohne Formalitäten mit ihren Männern zusammen. In Meckels Erzählung haben sie und er, beide berufstätig, sogar getrennte Wohnungen. Der Eheroman hat vorläufig ausgedient, aus Schweden ist der Name »Verhältnis-Roman« importiert worden (so nennt Gun Britt Sundström im Untertitel ihr Buch »Die andere Hälfte«, das ebenfalls eine Trennung protokolliert). Das ist wahrscheinlich eine korrekte, aber unzutreffende Eindeutschung. Denn hierzulande spricht man in solchen Fällen nicht von Verhältnissen, sondern von Beziehungen.

Ist die Literatur der Wirklichkeit dicht auf den Fersen? Dann sähe es bitter aus für die Männer. Denn meist sind es die Frauen, die die Beziehungen abbrechen, nur selten, um sich einem anderen Mann zuzuwenden. Manche der vom Verlassenwerden bedrohten Männer sehen ihrem Schicksal so tatenlos entgegen, als beträfe es sie nicht. Abschaffel etwa, der Büroangestellte aus Wilhelm Genazinos Roman »Die Vernichtung der Sorgen«, vermag die Glücksmomente der Partnerschaft mit Margot nicht in sein Leben aufzunehmen. Er scheint interesselos, kann sich weder für noch gegen die Frau entscheiden. Hier wie auch in Gerhard Roths Roman »Winterreise« liegt das Motiv für die Trennung deutlich in der Unfähigkeit des Mannes, sich zu Gefühlen zu bekennen oder sich ihrer überhaupt zu versichern. Anna, die für den Lehrer Nagl kaum mehr als eine Geliebte ist, erklärt ihm auf einer gemeinsamen Reise nach Italien, wie schwer es für sie sei, sich von ihm zu lösen. Alles, was sie getan habe, auch ihre Versuche mit anderen Männern, habe sie unternommen, um von ihm loszukommen. »Er schwieg. Es war wahr, was sie sagte. Er hatte sich keine weiteren Gedanken um sie gemacht. Manchmal war er froh gewesen, wenn er allein gewesen war. Er hatte auch daran gedacht, mit ihr Schluß zu machen, aber dann hatten sie miteinander geschlafen, und er war nicht losgekommen von ihr ... Er war schwerfälliger, empfindlicher und eitler als sie.«

Die Rückkehr des männlichen Helden zu sich selbst hängt vielfach mit der Sehnsucht zusammen, im fortgeschrittenen Leben die Uhr noch einmal anzuhalten und eine Neubestimmung zu erzwingen. Man kennt das inzwischen unter dem Etikett »midlife crisis«. »Jetzt, wo das Leben nicht mehr vor mir liegt«, sagt der Lehrer Nagl am Anfang der gemeinsamen Italienreise zu Anna, »jetzt ist auf einmal nichts anderes da als sinnlose Gedanken ... Ich war ehrgeizig, daß alles, was ich gemacht habe, ausgeschaut hat, als ob ich es will. In Wirklichkeit ist es so gegangen.«

Nicht viel anders klingt das in der DDR: »Alle Entscheidungen von Belang, die ich selbst zu treffen hatte, sind längst getroffen. Meine Ehe ist beschlossen, mein Beruf steht fest«, heißt es in Jurek Beckers Roman »Schlaflose Tage«. Auch hier ein Lehrer, der seinen Beruf aufgeben will. Zunächst aber verläßt er seine Frau, weil ihm das noch am einfachsten erscheint. Wenn im Leben umgeräumt werden soll, wollen die Helden dabei ungestört sein.

Die Einsicht, daß die eigene Existenz weit von dem entfernt ist, was man sich früher einmal als das eigentliche Leben ausgemalt hat, macht den Betroffenen ungeduldig mit sich selbst. Denn wenn es darum geht, etwas umzuwälzen, trauen sich die Helden aus Ost und West allenfalls noch zu, sich selbst zu ändern. Dabei gehen sie aber nicht etwa einen Schritt über das mißglückte Zusammenleben zu zweit hinaus, sondern zurück: in die Isolation.

Der Weg in die Unverbindlichkeit, weg vom Festgelegten, erscheint einfacher als die Strapazen der Zweisamkeit. Während seine Beziehung zu der einst geliebten Frau noch andauert, vermag der Ich-Erzähler in Nicolas Borns Roman keine Kraft mehr für sie zu mobilisieren: »Ohne wirklich Gefühle zu haben jetzt, warf ich mir vor, erbärmlich zu sein, zu geizen mit diesen Gefühlen, sie zu horten für eine unendlich lange, günstige Gelegenheit, wo alles stimmen würde.« Alles soll noch vor einem liegen, man möchte sich noch einmal aus dem Leben eines Erwachsenen stehlen können – und ahnt schon, daß daraus nichts werden kann.

Bei Born begrüßt die Frau ihren Freund mit den Worten: »Bleib doch weg, dann kann ich wenigstens auf dich warten; wenn du da bist, war das Warten immer umsonst.« Beide sind sie, beieinander hockend, zu keiner Bewegung mehr fähig. Die Automatik ihres Zusammenseins legt sich wie ein Netz über ihre guten Absichten. Die Gangart ist schon lange nicht mehr zu wählen, die Mühle dreht sich, bis alles zermahlen sein wird. »Es fing wieder an, sie fingen wieder an, der alte Anspruch war wieder da, neu gefaßt, von neuen Kräften getragen. Der Spaß daran, uns einfach wiederzusehen, das Lachen, war heruntergewürgt.«

Da kann man natürlich fragen: Was hält so ein Paar überhaupt so lange zusammen? Kinder sind es jedenfalls nicht, es gibt keine gemeinsamen (nur in den Ehegeschichten von Becker und Handke spielt jeweils ein Kind eine Rolle). Finanzielle Abhängigkeit auf seiten der Frau gibt es auch nicht mehr. Und über den Zustand der spontanen Begeisterung füreinander sind diese Beziehungen augenscheinlich weit hinaus. Wozu also diese Mühen, diese Kämpfe, diese Quälereien?

Das fragt sich auch Borns Ich-Erzähler, und seine Antwort, gerade weil sie so ungenau ist, ist wohl die treffendste. »Es wäre ganz einfach gewesen, jetzt wegzugehen. Warum gingen wir nicht beide voneinander weg? Wir hätten uns nicht mehr zu berühren brauchen. Oder sie blieb einfach hier, und ich wäre ganz woanders. Wo war denn ihr freier Wille, wo war meiner. Wir waren aber Süchtige, ohne Genaueres zu wissen. Und die Sucht konnten wir ohne ein Gegengewicht, ein anderes Gefühl, nicht aushalten.«

Die hier genannten Bücher sind mit einer Ausnahme von Männern verfaßt, von Autoren zumal, die zwischen Mitte Dreißig und Anfang Vierzig sind. Die ersten Versuche jüngerer Autorinnen und Autoren, die Erfahrungen der neuen Frauenbewegung und ihre Auswirkungen auf die Partnerschaft darzustellen, sind bisher im Vorfeld der Literatur geblieben. Bei den hier zitierten Autoren herrscht eine resignative Grundstimmung vor: Die Trennungen führen selten in einen weiteren Versuch zu zweit, meist in das Alleinleben.

Die Frauen sind in dieser neuen Literatur Wesen ohne Konturen, bisweilen tauchen sie – wie bei Botho Strauß – nur statistenhaft auf. Oftmals scheinen sie nur dazusein, um den Männern einen Vorwand zu liefern, die eigene Gefühlswelt ausleuchten zu dürfen. Am besten erfüllen sie ihre Aufgabe in Abwesenheit, denn dann stören sie nicht mehr, nachdem sie Anlaß und Anstoß für eine zum Teil etwas wehleidige Empfindsamkeit geliefert haben.

Die Probleme, die hier vorgeführt werden, sind vorerst nur die einer kleinen Gruppe. Die Berufe der Romanfiguren sprechen für sich: Lehrer sind darunter, Journalisten, Studenten, Schriftsteller, ein Buchhändler. Peter Schneider hat so unrecht nicht, wenn er in einem »Kursbuch«-Aufsatz vor vier Jahren schrieb, daß das »Bedürfnis nach Infragestellung der Ehe und Kleinfamilie eben bei denen zuerst durchschlägt, die ihm die geringsten ökonomischen und moralischen Widerstände entgegenzusetzen haben.«

Wenn sich heute ein Paar findet, so heißt das zunächst einmal noch gar nichts. Die Grundlage des Zusammenlebens muß erst ausgehandelt werden. Wenn Kinder nicht mehr selbstverständlich sind, ist es bald auch die Ehe nicht mehr, ja das paarweise Zusammenleben überhaupt (wer folgt zum Beispiel dem anderen noch bei beruflicher Veränderung, wenn beide Partner jeweils eine gute berufliche Position haben?).

Eine Beziehung ohne Kinder ist auch leichter wieder zu lösen. Überdies werden sich zwei Menschen eher um die Stimmungen und Launen des jeweils anderen kümmern, wenn sie nicht durch gemeinsame Erziehungsarbeit von sich abgelenkt werden. In einer Warengesellschaft, die Wahlfreiheit zwischen besseren und schlechteren Möglichkeiten in allen Lebensbereichen suggeriert, ist es kein Wunder, wenn auch der Mensch, den man sich »ausgesucht« hat, ständig auf dem Prüfstand steht. Man möchte heute aus dem eigenen Leben, nicht aus dem des anderen das Beste machen. Dazu probiert man aus. Eine feste Bindung ist nicht mehr Naturnotwendigkeit.

Die Neigung zur Trennung, die Lust an der Trauer, die Unfähigkeit, einen Partner zu halten, der narzißhafte Genuß an der eigenen Empfindsamkeit sind gewiß keine Erfindung der Literatur. »Die Kraft, die eine Liebe bewegt hat, kommt erst im Bruch zur größten Wirkung«, heißt es bei Botho Strauß.

(1987)

Überblick

Die Unterscheidung zwischen Artikeln, die einen thematischen Schwerpunkt haben, und solchen, die einen Überblick geben, ist zugegebenermaßen spitzfindig. Der Überblicksartikel fokussiert neben inhaltlichen oft auch ausschließlich formale Gesichtspunkte und benötigt noch weniger einen aktuellen Anlaß, es sei denn, es gibt – wie im folgenden Beispiel – eine auffällige Häufung von Neuerscheinungen einer bestimmen Gattung.

Eine Lebensart

Der Herbst der Tagebücher: Editionen und Autoren

Er hatte sein Tagebuch schon im Marbacher Literaturarchiv deponiert und »gewissermaßen längst abgeschrieben« – da bekam der in Hamburg lebende Lyriker Peter Rühmkorf, 64, doch Lust, selbst noch einmal hineinzuschauen. Das war zu der Zeit, als »alle möglichen Leute zur Gauck-Behörde wallfahrteten, um sich ihr Leben noch mal von der andern Seite her bestätigen zu lassen«. Da wollte er schon lieber die eigenen Aufzeichnungen heranziehen.

Es muß ihm Vergnügen bereitet haben. Auch wenn Rühmkorf sein 1971 – im Alter von 42 Jahren – begonnenes und bis heute auf rund 15 000 Manuskriptseiten angewachsenes Journal zunächst »unter Ausschluß der Öffentlichkeit« geführt haben will, »ohne auch nur den geringsten Gedanken an Publikation«, so kam ihm just dieser Gedanke nach neuerlicher Inspektion gar nicht mehr so abwegig vor.

Für diesen Herbst war sie versprochen: die erste Lieferung, im Rowohlt-Prospekt angekündigt unter dem Titel: »TABU I«, die Jahre 1989 bis 1991 umfassend, 464 Seiten für 48 Mark. Kostproben (auch aus anderen Jahrgängen) hatte es hier und da schon zu lesen gegeben. Der Autor hofft, sein Tagebuch »so herzgewinnend offen« geführt zu haben, »daß die Leute die Wahrheit am Ende für eine liebenswürdige Erscheinung halten«, und definiert das Unternehmen so: »Tagebuch: das unqualifizierte ressentimentale Gebummse, mit dem man den Tagesablauf begleitet. Das Schicksal. Das Wetter. Die Nachrichten.« Das Buch wird vorerst nicht erscheinen, jedenfalls nicht mehr in diesem Jahr. Im August kapitulierte Rühmkorf, von Kieferschmerzen geplagt, vor der Aufgabe, die Manuskriptberge termingerecht auf das geforderte Maß zurechtzuschneiden. »Ganze Masse war ohnehin in der knappen Zeit kaum zu händeln«, schrieb er in einem Brief. »Erst 1500 Seiten auf 1000 herunterkürzen, dann aus diesen nochmal 500 aussuchen, war alles zeitraubend und kraftfressend, wobei manches, was hier vorn noch zu breit ist (Festivitäten mit Gästen pp), dann nachher am Ende der Parabel fehlt.« Während der Fahrt sei ihm die Ladung verrutscht. Rühmkorf: »Das muß, wenn ich wieder die Kraft zum Bogenspannen zurückgewonnen habe, neu in Angriff genommen werden.«

Goethe warnte schon 1813 vergeblich: »Es ist unglaublich, was die Deutschen sich durch das Journal- und Tageblattsverzetteln für Schaden tun: denn das Gute, was dadurch gefördert wird, muß gleich vom Mittelmäßigen und Schlechten verschlungen werden.« Freilich war er selbst nicht zimperlich, was die Selbstdarstellung anging. Goethes Parole: »Wenn sich einer nur mitteilt, so ist es ganz einerlei, aus was für Motiven er es tut.«

Die Frage ist nur: zu Lebzeiten veröffentlichen oder nicht? Und wenn ja: wie für die Veröffentlichung zubereiten? »Mitwelt oder Nachwelt, das ist hier die alles beherrschende Frage«, weiß auch Rühmkorf – dessen Terminprobleme wohl nicht unwesentlich mit der Schwierigkeit zusammenhängen, ein intimes Journal vor die Augen des Publikums zu bringen.

Viele zeitgenössische Autoren deutscher Sprache haben es Rühmkorf in den vergangenen Jahren vorgemacht und Proben aus ihren Tage- und Notizbüchern gegeben: Ilse Aichinger, Peter Handke, Ernst Jünger ebenso wie Walter Kempowski, Sarah Kirsch, Reiner Kunze, Helmut Krausser, Franz Xaver Kroetz, Paul Wühr und Christa Wolf. Bei anderen Schriftstellern – wie etwa Botho Strauß – verschwimmt die Grenze zwischen Werk und Journal.

Die Vorliebe gerade der Dichter für das »Journal- und Tageblattsverzetteln« hat in diesem Jahrhundert noch zugenommen. Das mag auch damit zusammenhängen, daß vielen Erzählern das Vertrauen in die Kraft der Phantasie und die Welt der Fiktionen verlorengegangen ist. »Wir sind mißtrauisch geworden gegen Erfindungen über das Innenleben unserer Mitmenschen«, schrieb Christa Wolf vor 30 Jahren und meinte damit auch ihre Lesegewohnheiten. »Wir lesen Akten, Briefsammlungen, Memoiren, Biographien. Und: Tagebücher.«

Nicht alle Schriftsteller denken so. Der Schweizer Friedrich Dürrenmatt hielt – ganz anders als etwa sein Landsmann Max Frisch – Tagebücher für unproduktiv. »Für die Erinnerung ist Vergessen das Wichtigste. Es filtert die Erinnerung.« Darum habe er nie ein Tagebuch geführt: »Ein Tagebuch verhaftet die Zeit, verhindert Vergessen.«

Ganz ähnlich hat sich der amerikanische Romancier John Updike, 62, in einem Fernsehinterview geäußert. Tagebuchschreiben komme ihm wie Energieverschwendung vor, sagte er. »Für das Schreiben von Erzählungen und Romanen ist die Fähigkeit, vergessen zu können, ein Segen. Nur das, woran wir uns erinnern, ist wirklich wichtig. Das Gehirn filtert das Besondere heraus. Solche Erinnerungen sind die Anstöße und Grundlagen meiner

Geschichten. Aufzeichnungen könnten in einem Roman leicht wie ein Fremdkörper wirken.«

Dennoch: Wie das 19. Jahrhundert den Roman zur Reife gebracht hat, so erhob das 20. die Kunst des Tagebuchs endgültig zur literaturwürdigen Form – Unterformen wie Aufzeichnungen, Notizbücher, Arbeitsjournale und Werkstattberichte inbegriffen. Nicht nur, daß bedeutende Autoren wie Max Frisch, André Gide, Julien Green und Ernst Jünger beschlossen haben, ihre Tagebücher – oder doch Teile daraus – schon zu Lebzeiten zu publizieren. Auch manche nur für die Nachwelt gedachten Journale wichtiger Schriftsteller sind mittlerweile zugänglich. Oder werden es bald sein. Deutsche Verlage scheuen keine Mühe, um die Tagebücher vor allem der Größen dieses Jahrhunderts sorgsam zu edieren. Einige Ausgaben sind noch im Entstehen:

- Julien Greens Tagebücher (1926-1990) erscheinen in deutscher Übersetzung seit 1991; bisher sind vier von fünf geplanten Bänden publiziert worden (List Verlag);
- Thomas Manns Tagebücher (1918-1921 und 1933-1955) erscheinen seit 1977; bisher neun von zehn Bänden (S. Fischer);
- Arthur Schnitzlers Tagebücher (1879-1931) erscheinen seit 1981; bisher sieben von zehn Bänden (Verlag der Österreichischen Akademie der Wissenschaften);
- Virgina Woolfs Tagebücher (1915-1941) erscheinen deutsch seit 1990; bisher einer von fünf Bänden (S. Fischer).

Vor kurzem sind zudem die faszinierenden Tagebücher des amerikanischen Schriftstellers John Cheever aus den Jahren 1948 bis 1982 in einem Band publiziert worden (Rowohlt) – sie könnten wieder das Interesse auf einen etwas in Vergessenheit geratenen Romancier (»Die Wapshots«) lenken, der übrigens ein Freund und Vorbild Updikes gewesen ist.

Ähnlich wie für Gide und Thomas Mann ist auch für Cheever das Journal eine Möglichkeit, als Schriftsteller – und übrigens: Ehemann und Vater – die eigene homosexuelle Disposition zur Sprache zu bringen. Das Tagebuch als Lebensbegleiter. Lapidar heißt eine der letzten Notizen Cheevers kurz vor seinem Tod: »Zum ersten Mal seit 40 Jahren habe ich es versäumt, dieses Tagebuch sorgfältig zu führen. Mehr scheine ich nicht zu sagen zu haben. Ich bin krank. Ich muß heute morgen den Makler anrufen, Briefpapier bestellen und meine Uhr reparieren lassen. Ich werde mich jetzt hinlegen.«

Der »gute Tagebuchschreiber«, meinte einst Virginia Woolf, schreibe entweder für sich allein oder für eine Nachwelt in so weiter Ferne, »daß sie ruhig jedes Geheimnis hören und jedes Motiv gerecht abwägen kann«. Gerade von Journalen, die nicht für die Zeitgenossen gedacht und zurechtgestutzt worden sind, geht mitunter zeit- und raumübergreifend eine enorme Faszination aus. Autoren, die selbst Tagebücher schreiben, sind im übrigen meist auch Leser von anderen Tagebüchern – und zitieren gern daraus.

Wer literarische Journale schätzt, kommt in diesem Herbst auf seine Kosten – auch ohne Rühmkorf. Erstmals werden die erhaltenen Tagebücher Theodor Fontanes vollständig publiziert, erstmals auch der größte Teil der Tagebücher Erich Mühsams, außerdem Diarien aus dem Nachlaß von Gustav Regler und Gershom Scholem. Und endlich wird das vollständige Tagebuch Franz Kafkas in einer preiswerten Ausgabe greifbar sein.

Übrigens blättern Autoren gelegentlich auch in ihren eigenen Aufzeichnungen – was dann wieder zu neuen Einträgen führt. Am 22. August 1912 notierte Erich Mühsam: »Diese Tagebücher feiern heute ihr zweijähriges Jubiläum.« Und weiter: »Jeden Tag lese ich, was ich vor einem Jahr schrieb (von heute ab werde ich nun auch die Notizen nachlesen, die ich vor zwei Jahren schrieb).«

Endlose Spiegelung. Der französische Schriftsteller Julien Green, 94, blickt auf ein lebensbegleitendes Tagebuch zurück. Im März 1972, so ist in dem soeben publizierten Band »Tagebücher 1972-1981« nachzulesen, korrigierte er die Fahnen eines älteren Tagebuch-Bands: »Es ist sehr anstrengend ... Als ich noch jung war und die ersten Bände dieses Tagebuchs veröffentlichte, kam ich sehr viel schneller voran.« Man komme ihm nicht mit der »Abgeklärtheit des Alters«, notierte er: Er schleppe immer noch »die zahllosen Gespenster seiner Jugend« mit sich herum: »Ich mußte das letzte Heft dieses Tagebuchs wiederlesen, um mir dessen bewußt zu werden.«

Faszinosum Tagebuch: Für den Schriftsteller kann es auch zur Last werden, zur Sucht. »Das Journal intime, obwohl dem Tag gehörig, ist in seiner Formlosigkeit nur dem Alptraum vergleichbar«, notierte in den achtziger Jahren Botho Strauß. Wie das? »Der Schriftsteller, der alles verrät und nichts für sich behalten kann, wird niemals das schöpferische Werk zustande bringen.«

Also stehen sie sich am Ende doch wie Konkurrenten gegenüber: das Werk und das Tagebuch? Im besten Fall ergänzen sie sich. Strauß: »Nur das Tagebuch kann einen physischen Eindruck davon geben, was Lebenszeit in rauher Menge ist. Die Täglichkeit. Alle Tage. Etwas, das keine Biographie erfaßt.«

Auch Christa Wolf schreibt seit Jahrzehnten Tagebuch. »Nie aber ist an Veröffentlichung gedacht«, glaubte sie 1964, »nie wäre daran zu denken: Gerade das ist Grundlage seiner Existenz.« Ganz so konsequent ist sie – glücklicherweise – dann doch nicht gewesen. Wenigstens Proben hat sie von Zeit zu Zeit gegeben, zuletzt in ihrem im Frühjahr dieses Jahres veröffentlichten Prosaband »Auf dem Weg nach Tabou«, einer Sammlung (Untertitel: »Texte 1990-1994«), die nicht nur politische Statements enthält, sondern auch deren nachdenkliche Infragestellung. Was wäre dazu besser geeignet als das Tagebuch?

Die Schriftstellerin hat vor langer Zeit den Vorsatz gefaßt, jährlich einen bestimmten Tag, den 27. September, für ein ausführliches Protokoll zu reservieren. Der Eintrag aus dem Jahr 1993 enthält eine aufschlußreiche Überlegung zum Metier des Tagebuchschreibens:

»Es ist elf Uhr, ich setze mich an mein Maschinchen, um mit diesen Notizen anzufangen, denen dieser Tag ja vorbehalten ist, und ich weiß schon – lange genug halte ich mich ja an diese Übung –, ich weiß, daß im gleichen Moment, da ich, vormittags um elf, beginne, diesen Tag zu beschreiben, die Frage auftauchen wird, ob nun dieser Text den Tag verschlingt, ob er seinen Ablauf bestimmt, ob der Tag um des Textes willen gelebt, der Text um des Tages willen geschrieben wird. Kurz und gut, ob Selbstbeobachtung zu Verfälschung führt, aber was führte nicht zu Verfälschung?«

Franz Kafka äußerte 1913 sogar »Haß gegenüber aktiver Selbstbeobachtung«. Er wollte sich in Zukunft »ruhig ertragen, ohne voreilig zu sein, so leben wie man muß, nicht sich hündisch umlaufen«. Doch das Tagebuch zog ihn immer wieder in den Bann.

Für dieses Magazin haben vier zeitgenössische Schriftsteller ihr Verhältnis zum Tagebuch erläutert: Walter Kempowski, Helmut Krausser, Martin Walser und der Niederländer Cees Nooteboom.

Sowohl Kempowski, 65, als auch Krausser, 30, haben schon Tagebücher veröffentlicht: Kempowski nicht allein die Montage aus fremden Zeugnissen unter dem Titel »Echolot«, sondern auch »Sirius«, »Eine Art Tagebuch« aus dem Jahr 1983 mit Ergänzungen und Kommentaren aus späteren Jahren – die Publikation eines weiteren Bandes mit dem Titel »Alkor« (über das Jahr 1989) ist geplant.

Krausser, der nur sporadisch Tagebuch schreibt, ließ im vergangenen Jahr in kleiner Auflage (777 Stück) das Tagebuch »MAI« heraus, die Aufzeichnungen des Monats Mai 1992. So soll es weitergehen: Jedes Jahr ein Monat. In diesem Herbst erscheint »JUNI«, Notizen aus dem Sommer 1993 (edition belleville).

Nooteboom, 61, und Walser, 67, sind beide chronische Journalschreiber, wie sie gern bekennen. Bei ihnen gehen Werk und Notiz zeitweise ineinander über. »Schreiben ist ja auch eine Lebensart«, führte der Mann vom Bodensee in seiner Antwort aus.

Eine fünfte Reaktion blieb aus. In Zürich starb, bevor er antworten (oder absagen) konnte, Elias Canetti im Alter von 89 Jahren. Er hätte einiges zum Thema beizutragen gehabt. In seinem Testament vermachte er der Zentralbibliothek der Stadt unter anderem seine Tagebücher aus den Jahren 1946 bis 1986, außerdem Notizen aus den Jahren 1925 bis 1937. Allerdings mit einer Sperrfrist: Das meiste darf erst nach 8 Jahren eingesehen werden – die Tagebücher sind sogar für 30 Jahre unzugänglich.

In seinem Buch »Das Geheimherz der Uhr«, mit Aufzeichnungen aus den Jahren 1973 bis 1985, schrieb Canetti: »Was man als ›endgültig‹ aufschreibt, ist es am wenigsten. Doch das Unsichere, vielleicht das Flüchtige, hat durch sein Fehlendes Bestand.« Fazit eines weisen Schriftstellers – und Motto für alle Tagebuchschreiber dieser Welt.

(1994)

Essay

Wer einen Essay schreibt, nähert sich einem literarischen Sujet – mag es formal oder inhaltlich bestimmt sein – in grundsätzlicher Art. Das kann heißen, über die Grenzen des rein Literarischen hinauszublicken und Phänomene interdisziplinär oder im größeren kulturellen Zusammenhang zu betrachten. Vor allem Zeitschriften wie »Merkur« oder »Neue Rundschau« pflegen diese Form, die zwischen Journalismus und Wissenschaft changiert und auch von Schriftstellern gern genutzt wird. Die versuchsweise Annäherung, die keine umfassende Darstellung anstrebt, aber gerne historische Beispiele heranzieht, benötigt keinen aktuellen Bezug – wird ihn aber in Magazinen, Wochenzeitungen oder Wochenendbeilagen zumeist aufweisen, und sei es lediglich als Einstieg.

Im Wunderland der Triebe

Der Streit um das Erotische in der Literatur

War aller Zwist und Hader am Ende nur ein Mißverständnis? Als die Kritikerin Sigrid Löffler und ihr Kollege Marcel Reich-Ranicki im »Literarischen Quartett« aneinandergerieten, war der Anlaß ein Roman des Japaners Haruki Murakami. Das unter dem deutschen Titel »Gefährliche Geliebte« erschienene Werk nannte Löffler sogleich »literarisches Fast Food« – und begründete das mit einem Zitat aus dem Buch: »Ich wollte sie bis zur Hirnerweichung vögeln.« Diese Formulierung hat offenbar nur begrenzt mit dem japanischen Original zu tun. Sie ist, wie jetzt ein Japanologe in der »FAZ« enthüllte, eine Zuspitzung der deutschen Übersetzer: Die hatten den Roman nicht aus dem Japanischen, sondern aus dem Englischen der US-Ausgabe übertragen.

Einerlei, Löffler ist nach zwölf Jahren im Streit aus

der »Quartett«-Runde ausgeschieden. Reich-Ranicki, 80, hatte sie attackiert, weil sie jedes »hocherotische Buch« ablehne. Schon 1964 hatte er in der »Zeit« doziert, nur »von Heuchlern und weltfremden Narren« könne geleugnet werden, daß das Sexuelle eine außerordentliche Rolle spiele: »Es ist nicht das Recht, sondern geradezu die Pflicht der modernen Literatur, diesen Fragenkomplex zu berücksichtigen.« Löffler, 57, fand es nachträglich »jammerschade«, wenn während jener Sendung der Eindruck entstanden sei, »das Erotische der Literatur reduziere sich nur auf die gröblichsten Signale und die zotigste Sprache«.

Doch worüber wird eigentlich gestritten – über die Frage, ob Liebe ein Thema der Weltliteratur sei? Ob Romane sexuelle Szenen enthalten dürfen? Wie derlei von einem Dichter zu formulieren sei, damit es noch als literarisch durchgeht? Oder dreht sich die Debatte um die uralte Frage, wo die Grenze zwischen Pornographie und erotischer Literatur verläuft?

Im Jahre 1978 beschrieb der Philosoph Günther Anders die Antiquiertheit des Sexualtabus wie eine endgültige Tatsache: Das sei nicht nur durch »die Herstellung der Pille« aufgehoben worden, sondern auch »durch die Erzeugung und den öffentlichen Verkauf von Pornobildern, -filmen, -gadgets, von den überall seit zehn Jahren üblichen öffentlichen Schaustellungen von Sexszenen zu schweigen«. Für Anders war die Löschung dieses Tabus »eine der epochalsten Revolutionen in der Kulturgeschichte der Menschheit« – die er keineswegs nur begrüßte.

Tatsächlich gibt es bis heute heftige Diskussionen um die echte oder vermeintliche Verletzung sexueller Tabus. In der Kunstwelt etwa sorgen Motive, die bisher geschlossenen Räumen wie Pornokinos oder Rotlichtbezirken vorbehalten waren, immer wieder für Empörung. Schon 1990 hatte der US-Künstler Jeff Koons seine damalige Gattin und sich selbst in wandfüllenden Bildern und naturgetreuen Skulpturen bei Koitus und Fellatio verewigt. Jüngst präsentierte die 22jährige US-Fotografin Natacha Merritt in Nahaufnahmen ihre sexuellen Aktivitäten in einem Buch; die französische Filmregisseurin Catherine Breillat zeigte in »Romance« ihre Schauspielerin beim handgreiflichen Kontakt mit dem erigierten, immerhin kondomgeschützten Penis eines Pornodarstellers; der Theaterregisseur Johann Kresnik ließ zu Beginn des Hamburger Spektakels »Aller Seelen« einen realen Koitus vorführen.

Und das alles, obwohl auch im Alltag an Nacktheit und erotischen Reizen kein Mangel ist. In vielen TV-Programmen ist Sex zumindest im Abendprogramm allgegenwärtig, Prostituierte und Pornodarsteller sind zu ernsthaft befragten Gesprächspartnern avanciert; weitergehende voyeuristische Bedürfnisse befriedigt heute jede Videothek. Jeder der Akteure gibt sich selbst. Es wird noch inszeniert, aber nichts mehr vorgetäuscht. Anders in der Literatur. Der Leser selbst des obszönsten Romans weiß: Es sprechen und handeln fiktive Figuren – der Autor entblößt und verbirgt sich zugleich, aber er rückt nicht zu nah. Grundregel aller Interpretation: Weder der Erzähler einer Geschichte noch das lyrische Ich sind mit dem Dichter einfach gleichzusetzen.

Und doch ist die Literatur seit ihren Anfängen wegen der Vorliebe für Erotisches berüchtigt – und von Zensoren bedroht: Seit ein römischer Papst Ovids »Ars Amatoria« auf den Index setzen ließ, sind Erotika und pornographische Schriften immer wieder verboten worden; vieles davon blieb, wie etwa die im 18. Jahrhundert von de Sade akribisch beschriebenen Gewaltorgien, zunächst kleinen Zirkeln von Kennern vorbehalten.

Sogar Gustave Flaubert wurde 1857 wegen Verstoßes »gegen die öffentliche Moral, die guten Sitten und die Religion« angeklagt. Allzu verständnisvoll war in seinem Roman »Madame Bovary« offenbar vom Ehebruch die

Rede, von der Gier einer verheirateten Frau, die »noch entflammter, noch liebesgieriger« ihren jungen Liebhaber in einem Hotelzimmer beglückt: »Sie riß sich ohne jede Scham die Kleider vom Leibe und sprengte die Nestel ihres Schnürmieders, das an ihren Hüften hinabglitt gleich einer zischenden Natter.«

Was damals begann, könnte sich heute durch Überdruß erledigen. Der französische Schriftsteller Michel Houellebecq hat diesen Überdruß in zwei neueren Büchern konsequent zu seinem Thema gemacht: »Ausweitung der Kampfzone« und »Elementarteilchen«, 1994 und 1998 im Original erschienen. Eine trostlose Welt tut sich auf, in der die Erwachsenen sich in vulgären Kürzeln verständigen und dem in den Medien vorgegaukelten Idealbild von Potenz und Schönheit hinterhertorkeln.

Houellebecq, 42, bedient sich dabei immer wieder jenes vulgären Vokabulars, das seine Figuren umtreibt, und beschreibt die seelischen Zerstörungen, die für ihn Ergebnis der sexuellen Revolte in den sechziger und siebziger Jahren zu sein scheinen. Eine Frau sagt bei ihm: »Sex hat mich schließlich angewidert; ich konnte das triumphierende Lächeln der Männer nicht mehr ertragen, wenn ich mein Kleid auszog, ihren bescheuerten Gesichtsausdruck, wenn sie einen Orgasmus hatten, und vor allem ihre Rüpelhaftigkeit, wenn der Akt vorbei war.«

Die Neigung des Autors, seine Ansichten in kommentarähnlichen Einschüben zu verdeutlichen, beeinträchtigt seine Bücher als Erzählwerke – und wertet sie zugleich zum idealen Debattenstoff auf. Über die Kultur der Swinger-Clubs etwa heißt es: »Innerhalb eines solchen Systems sind die Schwänze ausnahmslos steif und überdimensional, die Brüste mit Silikon aufgeblasen und die Mösen enthaart und naß.«

Vergleichsweise zurückhaltend nähert sich in Deutschland etwa Botho Strauß dem »Wunderland der Obszönität«. »Dann begnügte sie sich damit, mein Geschlecht in den Mund zu nehmen«, heißt es von einer Tramperin, was den Ich-Erzähler eines kurzen Prosastücks zu der Überzeugung führt, »daß wir einer Welt der vollkommenen sexuellen Gleichgültigkeit entgegenschwebten«.

Von der Begeisterung über die neue Liberalität, die »post-pill licentiousness«, die Zügellosigkeit nach Einführung der Pille, über die Möglichkeit, alles zu bereden und literarisch umzusetzen, ist nicht mehr viel geblieben. Selbst ein Altmeister der erotischen Literatur, der US-Autor John Updike, stimmt inzwischen melancholische Töne an. Das Vergnügen, Sex in den Mittelpunkt zu stellen, sei für ihn vorbei, verkündete er schon Anfang der achtziger Jahre: »Das ist inzwischen soviel gemacht worden, und es ist heute so leicht, verglichen mit dem, was in den fünfziger und sechziger Jahren möglich war.«

Der Einzug der bisher pornographischen Werken vorbehaltenen Sprache und Deutlichkeit in die seriöse Literatur begann im ersten Drittel des 20. Jahrhunderts – vor allem im englischsprachigen Roman: Der Ire James Joyce ließ in »Ulysses« (1922) eine Frau handfeste sexuelle Phantasien und Wünsche formulieren (in einem seitenlangen, damals neuartigen inneren Monolog ohne Interpunktion); der Brite D. H. Lawrence führte in »Lady Chatterley« (1928) den Ehebruch noch unverblümter als gewohnt vor (»sein jähes Erschauern, als sein Samen hervorspritzte«); Henry Miller schließlich, ein Amerikaner in Paris, sang in seinem »Wendekreis des Krebses« (1934) das unerschrockene Loblied einer kompromißlosen Sexualität und hielt sich dabei mit vulgärem Vokabular nicht zurück.

Alle diese Bücher erschienen zunächst in kleinen Auflagen oder Privatdrucken: Der lange Kampf um ihre Freigabe vor allem in den USA ist ein Stück Kulturgeschichte: Erst elf Jahre nach der in Paris publizierten Erstauflage des »Ulysses« rang sich ein US-Richter zu der Überzeugung durch, daß der Roman nicht auf »aphrodisische Wirkung« abziele – also als Kunst, nicht als Pornographie zu gelten habe. Die beiden Romane von Miller und Lawrence wurden erst Anfang der sechziger Jahre freigegeben. Vor allem im notorisch prüde-puritanischen Amerika erschienen in der Zeit danach jede Menge Bücher, die bei der ausgiebigen Beschreibung sexueller Vorgänge keinerlei Scheu mehr zeigten.

Zweifellos spielte dabei Henry Miller, der inzwischen wieder in den USA lebte und weitere Romane wie »Sexus« nachgelegt hatte (dieser Roman erschien 1949 zunächst in Frankreich, 1965 auch in Amerika), die Rolle eines Vorreiters. »Manchmal ist die Wiedergabe eines Geschlechtsakts in seiner ganzen Nacktheit von großer Wichtigkeit«, war seine Meinung. »Das kalte Feuer des Sexus brennt in uns wie eine Sonne; es erlischt nie ganz.« Von Miller beeinflußt, wagte sich eine ganze Schar von US-Autoren an die literarische Kartographie der erotischen Sitten und Gebräuche: Anaïs Nin, Vladimir Nabokov, John Updike, Mary McCarthy, Philip Roth, Erica Jong und viele andere.

Nabokovs legendäre »Lolita« (1955) freilich verzichtet – wie der Autor den fiktiven Herausgeber der angeblichen Memoiren vorweg feststellen läßt – auf jedes obszöne Wort. Allerdings war das verbotene und sehr konkrete Verhältnis eines erwachsenen Mannes zu einer Minderjährigen, anschaulich geschildert, skandalträchtig genug, um fünf US-Verlage vor dem Ankauf des 1954 abgeschlossenen Manuskripts zurückschrecken zu lassen. Erst 1958 gab es nach der (wieder einmal) in Paris publizierten Erst- auch eine amerikanische Nachauflage. Das Buch wurde rasch zum Bestseller, Erotik in der Literatur stieß zunehmend auf ein tolerantes, geradezu begieriges Publikum. Mit anderen Worten: Die Ware ließ sich verkaufen – und so war es kein Wunder, daß die Verlage sich fortan kaum noch zimperlich zeigten.

Einer Deflorationsszene wegen war der Roman »Die Clique« (1963) von Mary McCarthy auch in Deutschland, wo die Übersetzung 1964 erschien, ein Bestsellererfolg. Akkurat wird beschrieben, »wie das Ding, vor dem sie sich so fürchtete, in sie eindrang«. Die naive Haltung der ebenso unerfahrenen wie entschlossenen Romanheldin war für die Zeit gewiß nicht untypisch: »Dann, o Wunder, während sie noch betete, daß es bald vorüber sein möge, fand sie ein gewisses Gefallen daran.«

Nur wenige Jahre später bewiesen Philip Roth und Erica Jong mit Romanen wie »Portnoys Beschwerden« und »Angst vorm Fliegen«, 1969 und 1973 in den USA erschienen und bald Millionenseller, daß es in der Literatur immer noch etwas freier und ungehemmter zugehen kann: Beide blickten mit psychoanalytisch geschultem Blick und Sprachschatz auf ihre sexhungrigen Helden und Heldinnen und ließen sie ungehemmt aus der Schule plaudern.

Im Jahr 1973 erschien auch, zunächst kaum bemerkt in einer Zeitschrift, eine lange Erzählung von Harold Brodkey, die ironisch »Unschuld« betitelt war und nichts anderes beschrieb als den ausgiebigen Versuch des Ich-Erzählers, seiner Freundin oral zum Orgasmus zu verhelfen – wahrscheinlich die genaueste Beschreibung eines Cunnilingus in der Literatur. Allerdings ist diese Darstellung meilenweit vom Sexgeprotze eines Henry Miller entfernt. Längst waren die Helden im Bett ängstlich und unsicher geworden – oder durften es nun endlich zeigen. »Ich tat, als wäre ich sehr erregt«, heißt es bei Brodkey, »in Wirklichkeit war ich so damit beschäftigt, Sicherheit auszustrahlen, daß ich gar nicht wußte, was ich wirklich fühlte.«

Das kann Literatur besser als fast jedes andere Medium: Die Sexualität auch und gerade im Kopf spielen lassen, davon erzählen, was sich im Innersten abspielt, während die Körper sich lieben oder es versuchen – bisweilen gelingt das freilich auch in Filmen glänzend, so zuletzt in »American Beauty«. Das ist es auch, was einen so brillanten Schriftsteller wie Updike an der Darstellung von Bettszenen immer wieder gereizt hat: »Die Leute haben sehr unterschiedliche Gefühle dabei.« Warum sollte er seine Figuren gerade dort nicht beobachten, wo sie so viel über sich verraten?

Am Leben seiner bekanntesten Romanfigur Harry Angstrom, Rabbit genannt, hat Updike den Leser 30 Jahre teilnehmen lassen, ihm zugeschaut bei der beruflichen Karriere, bei Partnertausch und Ehebruch (zuletzt mit der eigenen Schwiegertochter) – nicht gerade ein Heldenleben. Die Lust hat sich am Ende erschöpft – auch wenn Rabbit im letzten, 1990 veröffentlichten Band der Tetralogie (»Rabbit in Ruhe«, deutsch 1992), noch kurz vor seinem Tod tapfer behauptet: »Eines weiß er mit Sicherheit: Wenn er Teile seines Lebens wieder hergeben müßte, das Letzte, das er hergäbe, wäre das Ficken.«

Tatsächlich sind viele Bücher, die im letzten Jahrzehnt des 20. Jahrhunderts aus den USA kamen und sich erneut auf das Thema Eros einließen, bestimmt von Verzweiflung und Vergeblichkeit – eine Melancholie, die sich bis zu aggressiven, mitunter schwer erträglichen Todes- und Mordphantasien steigern konnte. Bei Nicholson Baker begegnen sich die Menschen erst gar nicht mehr: In dem kurzen Roman »Vox« (1992), einem einzigen stundenlangen Telefondialog zwischen einer Frau und einem Mann, die sich noch nie gesehen haben, kommen zwar beide gleichzeitig zum Orgasmus (»Sind deine Beine weit gespreizt?«) – doch eben jeder für sich und am Ende gleich einsam. Im Roman »Aufschneider« von Susanna Moore (1995 in den USA erschienen) schaut die Heldin zu Beginn einer anderen Frau bei einer – genau beschriebenen – Fellatio im Keller einer Bar zu: »Sie wurde allmählich langsamer, als er kam, und ich dachte, dieses Mädchen versteht sein Geschäft.« Als sie sich selbst auf ein sexuelles Abenteuer einläßt, hat das für sie tödliche Folgen.

Die Grenze literarischer Exzesse hatte in den USA schon ein Autor namens Bret Easton Ellis (1964 geboren) mit seinem Roman »American Psycho« (1991) ausgelotet – und auf unangenehme Weise überschritten: In seinem Buch sind die Sex- und Mordorgien (ein Massenmörder schlachtet die Frauen regelrecht, mit denen er Sex hat) nicht nur kalt inszeniert, sondern wie am Reißbrett entworfen. Originalton: »Du bist eine beschissene, häßliche Fotze. Ich würde dich liebend gern abstechen und mit deinem Blut herumpantschen.« Was der Autor damit immerhin erreichte: daß doch noch einmal Abwehr und Protest mobilisiert wurden, ganz wie in alten Zeiten. Sein US-Hausverlag weigerte sich, das Manuskript anzunehmen, in Deutschland wurde die Prüfstelle für jugendgefährdende Schriften tätig und indizierte das Buch.

Die hat einst, Anfang der sechziger Jahre, sogar einem mittlerweile mit Nobelpreis-Würden ausgezeichneten Autor wie Günter Grass nachgestellt, dessen Debütroman »Die Blechtrommel« (1959) damals noch als anstößig galt. Dem Nachfolgewerk »Katz und Maus« (1961) drohte 1962 die Aufnahme in jene Liste, die ein Buch zu einer Existenz unter dem Ladentisch verdammt. Die Schrift enthalte »zahlreiche Schilderungen von Obszönitäten«, die geeignet seien, so die Begründung, »die Phantasie jugendlicher Leser negativ zu belasten, sie zu sexuellen Handlungen zu animieren und damit die Erziehung zu beeinträchtigen«.

Immerhin stimmen in beiden Büchern von Grass die jeweiligen Ich-Erzähler Töne an, die zumindest in der deutschen Literatur des 20. Jahrhunderts bis dahin kaum zu vernehmen gewesen waren. So die kurze Brausepulver-Szene in der »Blechtrommel«, wo Zwerg Oskar aus naiver Perspektive einen Cunnilingus schildert: Schließlich »versagte meine Zunge, und ich ließ mir einen elften Finger wachsen«. Und wie selbstverständlich wird in »Katz und Maus« von kollektiven Onaniepraktiken einer Gruppe Jugendlicher erzählt, angefeuert vom Mädchen Tulla, das auch schon einmal erstaunt hinlangt (»Tullas immer zerkratzte Hände wirkten verloren an jenem Ding, das unter prüfenden Fingerkuppen Umfang gewann, Geäder schwellen und die Eichel anlaufen ließ«).

Beide Grass-Bücher blieben am Ende unbehelligt. Die sechziger Jahre hatten begonnen, die ersten weltweiten Vorzeichen eines liberaleren Geistes ließen auch die deutsche Justiz nicht unbeeindruckt. »Stellen«, die Anstoß erregten, dürften »nicht für sich betrachtet werden«, befand die Koblenzer Staatsanwaltschaft 1963 (im Fall »Katz und Maus«): Entscheidend sei, »daß diese Stellen sich bei unbefangener Betrachtung zwanglos in den Rahmen des Gesamtgeschehens einpassen«.

Heute muß es für Jugendliche, die im Fernsehen Sextalkrunden und -bilder bis zum Überdruß gewohnt sind, schier unvorstellbar sein, daß noch ihre Eltern sich von Literatur, von Romanen und Erzählungen, Anschauung und Aufklärung erhofften – wie es 1982 rückblickend der britische Autor Julian Barnes in einem Roman (»Als sie mich noch nicht kannte«) beschrieben hat: »Wenn einen Eltern und Enzyklopädien im Stich ließen, griff man eben zur Prosa. Für ein geschultes Auge hoben sich Wörter wie ›Büstenhalter‹, ›Busen‹ und ›Lenden‹ so deutlich vom Text ab, als wären sie halbfett gedruckt.«

Die Suche nach den schönen Stellen, zumindest in der Literatur, konnte zur Leidenschaft werden. Mittlerweile gibt es auch dafür Hilfe, nämlich jede Menge Anthologien, die dem Leser alle Mühe abnehmen, indem sie Höhepunkte aus der erotischen Literatur wie Perlen aneinanderreihen – oft recht eintönig: Sie heißen »Die klassische Sau«, »Das erotische Kabinett«, »Geschichten zum

Rotwerden«, »Das Tier mit den zwei Rücken«, »Bitte streicheln Sie mich hier!« oder einfach »Mehr Sex«.

Von körperlicher Lust erzählten auch die erotischen Romane der Französin Marguerite Duras (»Der Liebhaber«), des Italieners Alberto Moravia (»Ich und Er«) oder des Tschechen Milan Kundera (»Die unerträgliche Leichtigkeit des Seins«) – nach dem Ende des sittenstrengen Kommunismus sind mittlerweile sogar die Russen (wie Vladimir Sorokin oder Viktor Jerofejew) gut im Rennen, mitunter drückt hier aber das pure Nachholbedürfnis empfindlich auf die literarische Qualität.

Auch deutschsprachige Autoren schreiben heute über Erotisches unbefangener als noch vor wenigen Jahren – wenn auch nicht gerade in jenem Buch, das im Titel demonstrativ das verheißt, was es am wenigsten zu bereiten beabsichtigte: »Lust«. Der 1989 publizierte schräge Antiporno der Österreicherin Elfriede Jelinek wurde heftig diskutiert und immerhin kurzfristig zum Bestseller, bis die listige Täuschung bemerkt wurde.

Wenn aber einmal ein deutscher Autor da ist, der wunderbar sanft und staunend Liebesszenen beschreiben kann, wie der in Berlin lebende Thomas Lehr, dann wird das vom Publikum kaum zur Kenntnis genommen. Schon in seinem Romandebüt »Zweiwasser« (1993) zeigte Lehr erstaunliche Sicherheit in der Darstellung erotischer Motive, und seinen Roman »Nabokovs Katze« (1999), gewissermaßen eine »éducation sexuelle«, findet auch Sigrid Löffler »sprachlich und erzählstrategisch höchst raffiniert dargeboten«.

In Erzählungen tun sich Deutschlands Schriftsteller leichter mit Lust und Liebe als in umfangreichen Romanen. Von Robert Gernhardts Band »Kippfigur« (1986), in dem sich die hinreißende Geschichte »Reich der Sinne, Welt der Wörter« findet (der erste Satz: »Beim Paar, das sich auf dem schmalen Bett liebte, gab es Schwierigkeiten«), bis hin zu Bernhard Schlinks »Liebesfluchten«

(2000) gibt es jede Menge Sammlungen mit vorzüglich erzählter Prosa. Die Kurzgeschichte scheint aber vor allem die Domäne von Autorinnen zu sein: Anita Albus, Doris Dörrie, Karen Duve, Judith Hermann, Margit Schreiner, Silvia Szymanski, Alissa Walser und Maike Wetzel – sie alle haben in den letzten Jahren Prosastücke verfaßt, die von den Verlockungen und Verzweiflungen, den Widersprüchen und Wirren des Geschlechtslebens zeugen.

Literatur hat, wenn sie sich nicht blind dem pornographischen, verlogenen Taumel unbeschwerter Sinnenlust hingibt, immer auch mit dem Schrecken zu tun, dem jähen Aufblicken und Erstaunen, mit jenen Verwundungen und Abstürzen, die Liebe seit jeher für die bereithält, die sich wirklich darauf einlassen. So einen Fall zeigt die Israelin Shalev in »Liebesleben« – dort verläßt die Heldin am Ende ihren braven Ehemann, ohne bei ihrem Liebhaber das Glück zu finden. Vorher aber beschreibt sie genau den Blick dessen, der sie noch einmal lieben möchte und doch schon verloren hat: »einen hilflosen, verzweifelten Blick, er wußte nicht, was er nun mit meinen Gliedern oder mit seinen anfangen sollte, und er tat mir so leid, ich verstand nur zu gut, was das Wort Mitleid bedeutete«.

Lust, Liebe, Mitleid: Die Literatur ist damit noch lange nicht fertig.

(2000)

Reisereportage

Als Reporter ist der Kritiker nur selten unterwegs. Eine Form der Reportage, die sich anbietet, ist der Besuch eines Schauplatzes der Literatur oder eines Ortes, der für einen Schriftsteller zum Schreiben eines bestimmten Werkes oder als biographischer Wendepunkt von Bedeutung war.

Bleiben ist nirgends

Schloß Duino: Zufluchtsort für Rainer Maria Rilke

Auf diesem Balkon hat er gestanden. Diesen Blick aufs Meer hat er genossen. Mehr als siebzig Jahre ist das her. Der Dichter Rainer Maria Rilke und Schloß Duino: die Geschichte einer kurzen Begegnung und einer langen Wirkung.

Der Steinbalkon, gut zehn Meter in der Länge, ist der Vormittagssonne zugewandt. Die Hitze vieler Jahre hat ihre Spuren in den rostroten Fensterläden hinterlassen. Von hier aus schaut man ins Offene: Der Golf von Triest liegt einem zu Füßen. Die Stadt selbst läßt sich fernab im Dunst der Küste erkennen. Die Sonne zeichnet eine gleißende Schneise ins Wasser, durchbrochen von der Spur eines kleinen Motorschiffs. Das Schloß hat gewissermaßen zwei Vorderseiten zum Meer hin: die andere erwartet die Abendsonne. Beide Fronten stoßen im flachen Winkel aufeinander, die Spitze weist geradewegs aufs Wasser: ein Schiff vor Anker.

Kurz unterhalb des Balkons beginnt der Fels, ein kurzer Vorsprung nur – dann geht es wohl hundert Meter senkrecht hinab. Glasklar und blaugrün das Wasser. Es ist noch kalt an diesem Märztag, frostig, doch die Sonne deutet schon an, was sie noch vorhat.

Rilke wohnte von Oktober 1911 bis Mai 1912 in diesem »immens ans Meer hingetürmten Schloß, das wie ein Vorgebirge menschlichen Daseins mit manchen seiner Fenster (darunter mit einem meinigen) in den offensten Meerraum hinaussieht, unmittelbar ins All möcht man sagen«. So Rilke in einem Brief kurz nach seiner Ankunft.

Der Schriftsteller ist auch vorher und nachher für kürzere Zeit an diesem Ort gewesen. Doch bei jenem Aufenthalt gelang ihm – Anfang 1912 – das Wesentliche: der Auftakt zu einem Gedichtzyklus. Rilke hatte die Fürstin von Thurn und Taxis, der das Schloß gehörte, 1909 in Paris getroffen, wo er seit Anfang des Jahrhunderts vornehmlich wohnte. Rilke, am 4. Dezember 1875 in Prag geboren, war damals schon ein bekannter Lyriker. Erste Gedichte hatte er, als ganz junger Mensch, noch in der Heimatstadt veröffentlicht: mehr oder weniger verunglückte Verse. Er selbst war später sein strengster Kritiker. Den 1894 – noch unter dem Namen René Maria Rilke – publizierten Debütband »Leben und Lieder« hätte er zwölf Jahre danach am liebsten »eingestampft« gesehen. Der immensen Produktion der frühen Jahre stand Rilke insgesamt mit »Ablehnung und Ableugnung« gegenüber.

Erst nach der Jahrhundertwende – zwischen 1902 und 1907 – erschienen jene Lyrikbände, die auch in seinen Augen Bestand hatten: »Das Buch der Bilder«, »Das Stunden-Buch«, »Neue Gedichte«. Und 1906 sein erfolgreichster Titel: das lyrisch gestimmte Prosastück »Die Weise von Liebe und Tod des Cornets Christoph Rilke«. Im Jahre 1910 kam der Tagebuchroman »Die Aufzeichnungen des Malte Laurids Brigge« hinzu, ein Zeugnis deprimierender Großstadterfahrung. »Ach, aber mit Versen ist so wenig getan, wenn man sie früh schreibt«, heißt es in diesem Roman. Und der Held, ein Dichter, träumt in Paris von einer anderen Umgebung: »Wenn ich irgendwo hätte wohnen dürfen, irgendwo auf der Welt, in einem von vielen verschlossenen Landhäusern, um die sich niemand bekümmert.«

Marie von Thurn und Taxis konnte dem Verfasser gleich ein ganzes Schloß bieten. Im September 1911 schrieb Rilke der Fürstin dankbar auf die Einladung hin: »Welcher Segen, daß Sie mich in Duino verbergen wollen: als ein Flüchtling, wie unter falschem Namen, will ich mich dort aufhalten.«

Nach dem »Malte« war er in eine Krise geraten. »Es ist das Furchtbare an der Kunst«, schrieb Rilke Anfang 1912 aus seinem Duino-Zimmer an die frühere Geliebte und beständige Lebensfreundin Lou Andreas-Salomé, »daß sie, je weiter man in ihr kommt, desto mehr zum Äußersten, fast Unmöglichen verpflichtet.« Er verfaßte in den Wochen und Tagen vor dem Beginn der Arbeit am Gedichtzyklus viele Briefe, in denen er umriß, was er als seine Aufgabe ansah. Talent habe kaum noch Sinn in unseren Tagen, »da eine gewisse Geschicklichkeit im Ausdruck allgemein geworden ist«, schrieb er einer anderen Briefpartnerin. »Darum bedeutet Gelingen nur noch etwas, wo das Höchste, Äußerste gelingt.«

Im Januar 1912 schrieb er die erste von insgesamt zehn Elegien, die ihren Titel dem Ort ihres Ursprungs verdanken: »Duineser Elegien«. Daß man über die Entstehungsgeschichte – auch die spätere, jenseits der Schloßmauern – genau Bescheid weiß, ist Rilke selbst zu verdanken. Er, der sich eine große, ja die größtmögliche Leistung abverlangen wollte, bereitete das Echo sorgsam vor. Er inszenierte sein Dichterleben. Die Mitwelt sollte wissen, was da entstand. Die Arbeit am Elegien-Zyklus stagnierte freilich schon bald wieder: noch vor der Abreise aus Duino im Mai 1912. In den Briefen der folgenden Jahre geht es immer wieder darum, wann und wo er endlich die Kraft und Eingebung haben werde, den Elegien-Zyklus voranzutreiben und abzuschließen. Bis zum Kriegsausbruch reiste Rilke umher, besuchte Spanien, Afrika. Doch zu den zwei Elegien und einigen fragmentarischen Zeilen, die er auf Schloß Duino geschrieben hatte, kam im nächsten Jahrzehnt nur wenig hinzu. Anfang 1920 klagte er: »Am meisten Heimweh aber hab ich nach dem ›Richtigen‹ – nach dem *Elegien*-Ort, den ich immer noch erhoffe, erwarte.«

Nicht in Duino, sondern in einem Turm in Muzot vollendete er schließlich das Werk. Dort, in der Schweiz, fand er im Februar 1922 zu jener Konzentration, die ihn den Zyklus komplettieren ließ. In wenigen Tagen, in wenigen Stunden entstand der Rest, hier und da später noch bedacht und überarbeitet. Benommen und erlöst schickte Rilke Geburtsannoncen in die Welt hinaus. Jubelschreie. Der Brief an den Verleger Anton Kippenberg war dabei noch gemäßigt: »Lieber Freund, jetzt erst werd ich atmen und, gefaßt, an Handliches gehen. Denn dieses war überlebensgroß –, ich habe gestöhnt in diesen Tagen und Nächten, wie damals in Duino [...]. Ich bin hinausgegangen, in den kalten Mondschein und habe das kleine Muzot gestreichelt wie ein großes Tier –, die alten Mauern, die mir's gewährt haben. Und das zerstörte Duino.« Das Ganze solle heißen: »Die Duineser Elegien«. Und Rilke fügte hinzu: »Man wird sich an den Namen gewöhnen. Denk ich.« Knapp fünf Jahre danach, am 29. Dezember 1926, ist Rilke im Sanatorium Val-Mont gestorben, etwas über fünfzig Jahre alt. Am 2. Januar 1927 wurde er im Wallis beigesetzt.

Gedichte statt Psychoanalyse

Duino hatte er nach Kriegsausbruch nicht mehr wiedergesehen, jenen Ort, »der doch gleichsam, im Sichtbaren, der Gipfel ist meiner letzten steinigen Jahre« (1914 an die Fürstin). Das zerstörte Duino: In den Kämpfen des Ersten Weltkriegs wurde das Schloß beschossen und beschädigt. Triest und seine Umgebung gehörten zu Österreich (»Schloß Duino bei Nabresina, österreichisches Küstenland«, pflegte Rilke im Briefkopf als Adresse anzugeben). Nach dem Krieg wurde restauriert.

Auf der östlichen Seite des Schlosses gehört noch ein großer Teil des verwilderten Steilufers zum Grundstück. Nur mühsam findet man durch das Gestrüpp. Der Weg führt an drei kreisrunden Trichtern vorbei, mehr als zwei Meter tief, acht Meter im Durchmesser, sie sehen aus wie in den Fels gesägt. Tausend Meter vom Schloß entfernt verschanzten sich hier einst die k. u. k. Soldaten mit schweren Geschützen.

Das Schloß ist keineswegs für jedermann zu besichtigen. Man muß schon ein gezieltes Interesse vorweisen können, um ins Innere vorzudringen. Rilke öffnet da manches Tor. Zu Beginn der siebziger Jahre wurde hier ein Studienzentrum gegründet. Rilke-Tagungen finden regelmäßig im Schloß statt. Es gibt sogar Gästezimmer mit Blick aufs Meer. Oben auf dem alten Turm kann man sehen, wie die reichen Italiener von heute es den Fürsten nachtun: Entlang der Küste stehen die prächtigsten Villen, mitunter so mutig in den schroffen Steilhang gebaut wie das große Schloß.

Als Rilke von hier oben hinabblickte, sah er nur wenig Häuser und viel Natur. »Sie müssen wissen«, schrieb er 1912 in einem Brief, »daß ich den ganzen Winter im Karst am Meer gewesen bin, ganz allein in einem alten starken Schloß meiner Freunde Thurn-Taxis: seltsame Monate, von denen sich erst viel später wird sagen lassen, was sie etwa an mir geleistet haben. Es war eine Einsamkeit von unendlichem Umfang.«

Einsamkeit, ja, aber auch Verdruß. Darüber äußerte er sich allerdings nur in Briefen an die Freundin Lou. Er hatte die Abgeschiedenheit gesucht, nun zerrte sie an seinen Nerven. Der Alltag im Refugium wurde zur Qual. Rilke fühlte sich als Gefangener, beklagte, »daß mir die Natur hier fast nichts entgegenbringt, sogar das Meer läßt mich gleichgültig«. Ja, er berichtete: »Was für Tage, Du machst Dir keine Vorstellung, wie hoch und steil mirs jeden Morgen bevorsteht beim Aufwachen, mit einem unbeschreiblichen Müdesein von Gelenk zu Gelenk bis in die Fingerglieder hinein, schieb ichs hinaus [...]. Es ist wahr, Duino tat mir nie wohl, als ob zuviel gleichgestimmte Elektrizität da wäre, die mich überlädt.« Das war die Kehrseite des zum Elegien-Ort stilisierten Schlosses.

Rilke war zeitlebens ein kontinuierlicher, fast besessener Briefeschreiber. Von Anfang an scheint für ihn die Abfassung oft seitenlanger, Privatestes berührender Briefe die Funktion eines Tagebuchs oder Arbeitsjournals erfüllt zu haben. Ausdrücklich hieß er im Testament vom Oktober 1925 die Publikation seiner Korrespondenz gut. Heute steht das Konvolut der Briefe erkennbar eigenständig neben dem Werk, dieses an Umfang weit überragend. Unter den Autoren deutscher Sprache – zumal im zwanzigsten Jahrhundert – zählt Rilke zu den Fleißigsten: Zehntausend Briefe sind es mit Gewißheit gewesen, die er, oft in jahrzehntelanger Anhänglichkeit, Kollegen und Lesern, Freunden und vor allem Freundinnen in aller Welt zudachte. Hugo von Hofmannsthal (auch er ein Empfänger von Rilke-Post) sprach nach dem Tod des Dichters von der »Vergeudung seiner Sympathie, seines Mitgefühls an ungezählte Existenzen«. Doch für Rilke war diese Art des Schreibens eine sein Werk und das Leben begleitende Daseinsform: Hier konnte er sich aussprechen, mußte nicht die Strenge der Form, das genaue Wort achten – wobei sein Stil fast immer von großer Klarheit und Lebendigkeit geprägt ist. Anders gesagt: auch hier schrieb Rilke.

Das beginnt Ende des neunzehnten Jahrhunderts mit einem rührenden Brief aus Prag an Theodor Fontane. Offenbar hatte der junge Lyriker dem bewunderten Schriftsteller zuvor seinen zweiten (1895 publizierten) Gedichtband »Larenopfer« geschickt, und nun gab es Anlaß, verbunden mit Dank für Lob und Zuspruch, ein Mißverständnis Fontanes aus der Welt zu schaffen: »Sie haben, hochwerter Herr, durch meinen zweiten Vornamen verleitet, in mir eine Dame gesehen; dies ist nun nicht der Fall – ich bin männlichen Geschlechts und hoffe mich auch im Leben stets männlich im besten Sinne des Wortes zu betätigen.« (Bald darauf änderte Rilke den ersten Vornamen von René in Rainer.) Das endet wenige Tage vor seinem Tod mit kurzen Briefen aus dem Sanatorium Val-Mont, nahe bei Montreux, darunter einem an die unvergessene Lou (vom 15. Dezember 1926), in dem er von seiner Qual und seinen Schmerzen berichtet: »Es weht etwas Ungutes in diesem Jahresschluß, Bedrohliches.« Er sollte das Ende des Jahres 1926 nicht mehr erleben.

Der Briefwechsel zwischen Rilke und der so einfühlsamen wie eigenständigen Freundin, erstmals 1952 und erweitert 1975 als Buch erschienen, zählt zu den spannendsten Zeugnissen der Briefliteratur überhaupt – Lou gegenüber, die er seit 1897 kannte, konnte Rilke sich übrigens ohne Probleme zum »Weiblichen in mir« bekennen (so im Februar 1912 von Schloß Duino aus). Auch andere Briefausgaben geben mittlerweile genauen und farbigen Einblick in die Denk- und Lebensweise dieses so überaus wachen, wahrnehmungs- und dialogfähigen Dichters – die Korrespondenz mit seinem Verleger Anton Kippenberg (1995 publiziert) oder mit dessen Frau Katharina (1954), mit Sidonie Nádherni von Borutin (1973), Karl und Elisabeth von der Heydt (1986), Regina Ullmann und Ellen Delp (1987) oder Rudolf Kassner (1997), um nur einige zu nennen. Hinzu kommen allgemeine Sammlungen wie je eine 1950 und 1991 veröffentlichte zweibändige Briefauswahl sowie der Band »Briefe zur Politik« (1992), der überzeugend demonstriert, daß Rilke als Zeitgenosse alles andere als ein Weltflüchtling war.

Gleichwohl war ihm sein liebstes Briefsujet zeitlebens: Rilke. Besonders in den Tagen jener Schreib- und Lebenskrise, die ihn nach Duino flüchten ließ. »Du siehst, ich hab es immer noch eilig, auf mich zu kommen«, nahm er Ende Dezember 1911, an Lou gerichtet, den ein Jahr zuvor abgerissenen Brieffaden wieder auf, »ich setze immer noch voraus, daß dieses Thema interessieren kann, magst Du Dich wieder einmal hineinfinden?« Und es folgte eine einläßliche Selbstdarstellung, wobei der Gedanke an eine mögliche Psychoanalyse, nicht zum ersten Mal, eine wichtige Rolle spielte – und die Angst davor, daß diese Therapieform für ihn eine »zu gründliche Hülfe« sein könnte: »Sie hilft ein für alle Mal, sie räumt auf, und mich aufgeräumt zu finden eines Tages, wäre vielleicht noch aussichtsloser als diese Unordnung.«

Die Freundin war durchaus interessiert – am »Thema« Rilke sowohl als an der Diskussion über die Analyse. Sie antwortete schnell. Im Januar 1912 stellte sich auf Schloß Duino die Frage einer Therapie noch einmal dringlicher: Der Dichter legte Lou eine Antwort des Therapeuten Emil von Gebsattel auf eine entsprechende Anfrage bei und bat sie um Stellungnahme. Gebsattel war ein Freund Rilkes und zugleich übrigens der Therapeut von dessen Frau Clara, die von Rilke seit langem getrennt lebte und zu jener Zeit die Scheidung wünschte – zu der es freilich auch später nie gekommen ist.

Lou, die schon damals viel von der Psychoanalyse verstand und bald danach (von 1913 an) selbst als Analytikerin arbeiten sollte, riet in diesem Fall ab: Sie bestärkte Rilke in seinen Vorbehalten. Am »fertigen« Künstler, meinte sie noch Jahre später, sei diese Therapieform nicht anwendbar, ja geradezu eine Gefährdung der Schaffenskraft. Und so konkret Rilke ihr noch am 20. Januar von Plänen schrieb (»Ich würde unter Umständen nach München gehen, dort an der Universität einiges treiben und gleichzeitig die Analyse versuchen«), so deutlich war wenige Tage später der Stimmungsumschwung. »So gut geht es mir selten«, schrieb er am 23. Januar an die Kollegin Annette Kolb, und am Tag darauf erhielt Lou die Nachricht: »Ich weiß jetzt, daß die Analyse für mich nur Sinn hätte, wenn der merkwürdige Hintergedanke, *nicht mehr zu schreiben,* den ich mir während der Beendigung des ›Malte‹ öfters als eine Art Erleichterung vor die Nase hängte, mir wirklich ernst wäre.« Und noch mit gleicher Post ging auch eine Erklärung an Gebsattel ab. Er sei zu dem Ergebnis gekommen, schrieb Rilke dem Arzt, daß er sich den »Ausweg der Analyse« nicht erlauben dürfe – es sei denn, er wolle ein neues (»möglicherweise unproduktives«) Leben beginnen.

Das wollte er nun keineswegs. Denn der Grund für den Meinungswandel in Duino läßt sich benennen: Genau am 21. Januar schickte er die Reinschrift der ersten Elegie an Marie Taxis, die »liebe Fürstin«. Am Tag zuvor war offenbar während eines Spaziergangs am Fuße des Schlosses etwas über ihn gekommen, was wir – vielleicht zu nüchtern – Eingebung nennen würden, was die Fürstin in ihren »Erinnerungen an Rainer Maria Rilke« (1932) sehr viel poetischer ausdrückte: Es sei dem Dichter gewesen, »als ob im Brausen des Sturmes eine Stimme ihm zugerufen hätte«. Und was hörte er? Eben den Anfang der ersten Elegie, den Rilke dann nur noch in sein stets mitgeführtes Notizbuch habe niederschreiben müssen – jenen mittlerweile berühmten fragenden Auftakt der »Duineser Elegien«: »Wer wenn ich schriee, hörte mich denn aus der Engel Ordnungen?« Das alles mag nach Legende klingen, vieles spricht dennoch dafür, daß der Gast auf Schloß Duino wie ein Besessener das Gedicht in kürzester Zeit notierte und zu Ende brachte – und daß er selbst diesen Durchbruch seiner Kreativität als großes Geschenk empfand. Wenige Tage später bedankte er sich gewissermaßen stellvertretend bei seiner Gönnerin für die Elegie. »Wär sie denn geworden ohne Sie, ohne unsere Gespräche«, fragte er in einem Brief, »ohne Duino, ohne diese meine Retraite hier, zu der ich von Tag zu Tag mehr Mut fasse?«

Vor allem faßte er auch wieder Mut zu sich. Er fühle sich »unendlich stark an das einmal Begonnene« gebunden, »an alles Glück und Elend, das es mit sich bringt«, schrieb er an Gebsattel, »so daß ich, strenggenommen, keinerlei Änderungen wünschen kann, keinen Eingriff von außen, keine Erleichterung, es sei denn die im Überstehen und in der endlichen Leistung einheimische«. An der Psychoanalyse bestand fortan ein eher theoretisches Interesse – auch schon früher hatte er die Schriften Sigmund Freuds, soweit er sie kannte, als »unsympathisch und stellenweise haarsträubend« empfunden (nur »die Sache selbst« habe ihre »echten und starken Seiten«). Im Herbst 1913 lernte er Freud in München während eines Psychoanalytischen Kongresses persönlich kennen – und schätzen. Wer will, kann in der dritten Elegie, im Spätherbst desselben Jahres in Paris entstanden, einige Anklänge an die Psychoanalyse entdecken. Freud selbst hat übrigens dem Dichter später – 1916 in einem Brief an seine Schülerin Lou Andreas-Salomé, die ihm Rilke in München vorgestellt hatte – »zur Wiederkehr in seine Poetenfreiheit« gratulieren lassen.

Rilke war sich schon vor seiner Absage an eine Therapie auf der Couch darüber im klaren, daß das Schreiben für ihn im Grunde eine Form von »Selbstheilung« und »Selbstbehandlung« darstellte. »Wie wäre ich sonst (mit zehn, zwölf Jahren schon) auf die Arbeit gekommen?« fragte er Gebsattel im ersten Duino-Schreiben. Und noch viele Jahre später, wenige Monate vor seinem Tod, sollte sich Rilke in einem Brief – resümierend – ähnlich äußern: »Der Trieb zur Kunst ist ja nichts als eine fortwährende Neigung, die Konflikte auszugleichen, die unser, aus so verschiedenartigen oft widerstrebenden Elementen sich immer neu bildendes Ich gefährden und spannen.«

Wir leben und nehmen immer Abschied

Keine Frage, daß Rilkes Vorliebe für Reisen und Refugien, für Schlösser und Türme, die schon zu seinen Lebzeiten bespöttelt und belächelt wurde, daß der Kult, den der Dichter mit sich und seinem Werk trieb, jene Aura befördert hat, die bis heute besonders die zehn »Duineser Elegien« umgibt. Das jahrelange Ringen, die Qual der Niederschrift: das macht Eindruck – gerade heute, da mehr denn je Markt und Messe die Abgabetermine literarischer Texte bestimmen. Rilke konnte übrigens auch anders: Die Leichtigkeit, mit der er in der Jugend Verse schmiedete, eine fast unheimliche lyrische Gelenkigkeit, hat ihn bis zum Ende nicht verlassen. In den Tagen des Abschlusses der Elegien schrieb er nebenbei nicht weniger als fünfzig »Sonette an Orpheus«. Beide Gedichtzyklen erschienen 1923 und gelten seither als Beiträge zur Weltliteratur.

Rilke – das ist eine Glaubensfrage, immer noch. Für die einen ist er der überspannte Ästhet, der als Freund adliger Damen seine Wehwehchen kultivierte und Verse auf der Grenze zwischen Kitsch und Kunst schrieb. Für die anderen ist er einer der großen Schriftsteller des Jahrhunderts: als Lyriker neben, sogar noch über Benn und Brecht zu stellen. »Aber nein! nein! Nicht analysieren! Nicht kritisieren!« schrieb bei Erscheinen der Elegien atemlos der Kritiker der »Frankfurter Zeitung«: »Rilkes Duinesische Elegien sind ein so Organisches, daß nur eines sich ziemt: mit ihnen zu leben.« Nicht kritisieren?

Da waren manche ganz anderer Ansicht, zumal einige Schriftsteller. »Die Elegien sind, glaube ich, einfach nicht gut.« So Hugo von Hofmannsthal in einem Brief. Oder es störte an Rilke »sein Ästhetizismus, sein adliges Getu', seine frömmelnde Geziertheit«. Das schrieb 1941 Thomas Mann. Doch der fühlte dann selbst, daß der Kollegenneid mit ihm durchgegangen war, und schickte dem Briefempfänger eine Korrektur gleich hinterher – »denn eine Art von lyrischem Genius war der Mann der Duineser Elegien ja zweifellos«. Jedenfalls kann man ihn nicht mit einem Nebensatz abtun. Rilke hat die Dichtkunst in einsamer Größe und großer Einsamkeit betrieben. Manchem ist das heute wieder wichtig. »Daß die hymnische Schönheit, wenn sie nur tief genug, auf dem krausesten Grund entsteht, zu jeder Zeit das höchste Ziel der Dichtung sei, die das Gerümpel sichtende Schönheit«, notierte 1981 (in seinem Buch »Paare, Passanten«) Botho Strauß, »davon möchte man sich immer aufs neue überzeugen, wenn man den Angstträumen des Alltags entfliehen will, in den geschredderten Formen der Gegenwartslyrik keinen Halt findet, wohl aber in den Rilkeschen Elegien.«

»Kindlers Neues Literaturlexikon« zählt den Elegien-Zyklus noch heute fast warnend zu den »am schwersten zugänglichen Werken der neueren deutschen Lyrik«. Dabei erscheinen manche der Verse ganz faßlich und verständlich, wie etwa die Beobachtung, »daß wir nicht sehr verläßlich zu Haus sind / in der gedeuteten Welt«. Die Bilder sind kräftig und anschaulich: »O und die Nacht, die Nacht, wenn der Wind voller Weltraum uns am Angesicht zehrt –« Von einfachen Dingen ist die Rede, von der Kindheit, von Liebenden, von Sterbenden, von Engeln auch, vom Glück, vom Tod. »Denn Bleiben ist nirgends«, heißt es in der ersten, »Hiersein ist herrlich«, triumphierend in der siebten Elegie – und in der achten: »so leben wir und nehmen immer Abschied«. Doch jenseits dieser eingängigen Passagen beginnt das Geheimnis der Verse. Diese Zitate sind nur Halteseile in einem dunklen und unwegsamen Gelände: Sie verlocken zum Aufstieg, zum Besuch einer einzigartigen Verswelt, »der vielleicht größten und reinsten Arbeit meines Herzens«, wie Rilke selbst rückblickend gesagt hat. Ob man ihr erliegt oder nicht – eine betörende Melodie wird man zu hören bekommen.

Auf der anderen Seite des Schlosses, Richtung Venedig, liegt ein Park mit Teich und Goldfischen. Er führt über brüchige Stufen bis hinab ans Meer. Hoch oben das Schloß mit dreißig Fenstern, hier unten die geschützte Bucht mit Umkleidekabine, dem Fundament eines Sprungbretts. Rilke mochte den Platz. Er berichtete der Freundin Lou von der »Idee, unten am Meer zweimal täglich Luft-Bäder zu nehmen, nach denen ich ein sehr deutliches Verlangen fühle und, ausgekleidet, hab ich auch eine Art Zuversicht ins Freie«. Jetzt scheint die Sonne warm auf die Felsen. Eine alte Burgruine steht auf einem vorgelagerten Steilufer, dort soll schon Dante gesessen haben: Rilke war nicht der erste Dichtergast an dieser Stätte.

Was macht es so verlockend, den Spuren der Literatur nachzugehen, in Briefen zu lesen, Entwürfe und Vorfassungen zu studieren, am Ort der Inspiration zu sitzen? Ist es der Versuch, die große Leistung wieder auf ein menschliches Maß zu reduzieren, sie sich handlich zu machen, indem man die mühsamen Wege und Irrwege zum Ziel nachgeht? Und warum lassen wir es zu, daß ein kleiner Teil der Literatur auf den Olymp gehoben wird, auf daß ein großer dem Vergessen anheimfalle? Das alles hat wohl diesen Grund: im Chaos der Erscheinungen Halt zu finden. Indem wir unseren Gegenstand erhöhen, haben wir einen Grund, über ihn zu sprechen. So viele Schlösser gibt es, so viele Küsten, so viele Jahrhunderte, so viele Dichter, so viele Bücher.

Das Wasser plätschert still in der kleinen Bucht unterhalb von Schloß Duino, blau der Himmel und endlos weit der Horizont. Hier hat Rilke gesessen, siebzig Jahre ist es her. Hier hat er seine Spur hinterlassen. »Und wir: Zuschauer, immer, überall, / dem allen zugewandt und nie hinaus! / Uns überfüllts. Wir ordnens. Es zerfällt. / Wir ordnens wieder und zerfallen selbst.«

(1983)

Ortstermin

Diese journalistische Form – ob Ortstermin, Reisenotiz oder anders tituliert – präsentiert einen beispielhaften Ausschnitt, eine Momentaufnahme eines Schauplatzes, der aus aktuellen Gründen aufgesucht wurde. Die Grenzen zur Reportage sind fließend.

Leipzig nickt

Die Messe, die Unke und Günter Grass

Das ist sein Auftritt, seine Messe. Und einen besseren Namen für seine Erzählung hätte er sich nicht einfallen lassen können: Vor einem übermannsgroßen Plakat mit dem eigenhändig gezeichneten Titelbild seines Buches liest Günter Grass aus den »Unkenrufen«. Er liest in der Galerie »Dependance«, im zweiten Stock der ehrwürdigen Jugendstilpassage »Specks Hof« aus dem Jahr 1929. Die Galerie wird es nicht mehr lange geben, das ganze Gebäude mitsamt den Ladenstraßen hat einen neuen Besitzer gefunden: Gnadenfrist für einen lichtdurchfluteten Ausstellungsraum mitten im Zentrum.

Er *hat* es geahnt. Die Verdrossenheit der Menschen hier, die die momentane Streiklust im Westen Deutschlands nicht nachvollziehen können, ihr Gefühl, schon abgekoppelt zu sein, bevor man die freie Strecke überhaupt erreicht hat: Das ist ja sein Reden, sein Widerreden gegen den nun einmal eingeschlagenen Einigungskurs seit jeher. Und das nun alles mühsamer geworden ist als erwartet, das scheint ihm doch recht zu geben, hier in dieser Stadt jedenfalls.

Voll ist es. In Doppelreihe steht man vor der Lesung bis hinunter auf die Straße. Tausend Eintrittskarten sind ausgegeben worden. Eine erwartungsvolle Stimmung im

Saal. Grass genießt es. Hier ist er Star: noch einmal ganz und gar. Übrigens erst, seitdem es keine DDR mehr gibt. Daß er ein Günstling dieses Staats war, das konnen ihm nicht einmal seine ärgsten Widersacher vorwerfen. Erst 1988, fast dreißig Jahre nach der ersten Veröffentlichung in der Bundesrepublik, durfte eine DDR-Ausgabe der »Blechtrommel« erscheinen – Grass, emsiger Kritiker des DDR-Sozialismus seit den Tagen des Mauerbaus, galt hierzustaate als Unperson.

Zuletzt kam er, noch zu Ulbrichts Zeiten, auf Einladung Hans Mayers her. Grass nahm sich die Freiheit heraus, vor der Lesung Grüße von Uwe Johnson zu bestellen, der einige Zeit zuvor der DDR den Rücken gekehrt hatte. Das genügte damals noch, um ausdauernd für Raunen und Flüstern zu sorgen. Es war der letzte Besuch von Grass in diesem Staat für Jahrzehnte.

Seither ist er ein paarmal zu Besuch gekommen. Nun, im Mai 1992, der Auftritt mit seinem neuen Buch, einem Herbsttitel, wie der Verlag geschickt betont und lanciert – eigens für die Leipziger Buchmesse vorgezogen.

Daß er lesen kann, der Dichter in Hemd und Kordhose, stehend hinter seinem Pult und vor einer Parade von Mikrophonen: keine Frage. Er kommt ins Schwitzen, dankbar für das Einverständnis, das ihm – endlich, endlich! – wieder entgegenströmt. Da herrscht Aufmerksamkeit, da wird gelacht und geklatscht. Nach dem Applaus umringen Buchhändler aus Bitterfeld und Weimar den Dichter.

Leipzig ein Jungbrunnen: als ob man noch einmal zurückkehren könnte in jene Zeit, da angeblich alles überschaubar war, weniger aggressiv, weniger schnell, weniger direkt. »So klein und vertraut ging es in den fünfziger Jahren auch in Frankfurt zu«, erzählen einem auf den engen Fluren des Messehauses jene, die damals schon dabei waren. Und wie in einem Film aus alten Tagen sitzt Grass am Stand des Steidl-Verlags, gibt Interviews, er wird umringt, befragt, bewundert. Der Charme der Ungleichzeitigkeit. Immer noch: eine Nische.

Wird das vorhalten? Noch ein Jahr? Noch zwei Jahre? Man wünscht es ja, gönnt den Leipzigern ihre Bücherschau. Aber der westliche Blick, stellt man an sich selber fest, ist wenig beständig: Was uns eben noch, im vergangenen Jahr, auf der ersten gesamtdeutschen Frühjahrs-Buchmesse, gemütlich und hemdsärmelig vorkommen wollte, erscheint nun schon muffig und verrottet. Dabei wurde viel investiert. Neues Design, neue Sitzecken, kleine Cafés überall. Nur entgehen kann man hier keinem, nicht schnell um eine Ecke biegen. Und immer wieder die vielleicht doch bezeichnende Frage: »Sie auch hier?«

Ein Gespräch zwischen Günter Grass und Andrzej Szczypiorski am Freitag vormittag. Eingeladen in die Franz-Mehring-Buchhandlung hat die »Neue Zeit«. »Deutsche und Polen« ist das Thema: den »Unkenrufen« zuliebe, in denen ein älterer deutscher Herr und eine betagte polnische Dame einander die Hand reichen – oder hat Grass ganz einfach das Buch zur Debatte geschrieben? Jedenfalls, stellt er gleich klar, hätte »das späte Paar allein« ihm kein Buch abgenötigt. Die Idee seiner Protagonisten, eine deutsch-polnische Friedhofsgesellschaft zu gründen, einer Versöhnung angesichts des Todes, lasse sich nicht ausblenden. »Man kann die Vergangenheit leugnen, aber dann wird sie uns einholen.«

Der polnische Schriftsteller, voller Respekt vor der Erzählung des Kollegen, erklärt – in vorzüglichem Deutsch – seine Schwierigkeiten mit der deutschen Sprache, vor allem mit einem Wort: »Vergangenheitsbewältigung«. Das klinge für ihn so, als könnte man die Vergangenheit aus der Welt schaffen. Man solle auch mit dem Wort »Versöhnung« nicht zu schnell bei der Hand sein – »die Friedhöfe bleiben schließlich«. Die »Unkenrufe«, da ist sich Szczypiorski allerdings sicher, werden in Polen auf Interesse stoßen, wenn sie dort im Herbst erscheinen.

Man versteht sich. Ermunterung und Beistand. Geborgenheit im Ritual der Übereinkünfte, Versicherung auf Gegenseitigkeit: Der Prophet gelte nichts im eigenen Land. »Viele hier wären mich gern los«, sagt Grass. Er müsse aber bleiben, ermuntert ihn Szczypiorski. Beifall. In seiner Kritik drücke sich »Liebe zu Deutschland« aus, erklärt Grass. Kein Widerspruch. Auch nicht, als er, beflügelt vom Gefühl, hier könne man ihn nicht mißverstehen, von einer späten Verwirklichung des Morgenthau-Plans spricht und die ausbleibende oder recht zögerliche Investitionsbereitschaft westlicher Unternehmen im Osten meint. Die Wirtschaft hier werde plan gemacht. Einen Rückfall in den Manchester-Kapitalismus sieht Grass sich abzeichnen. Unkenrufe, die dankbar aufgenommen werden.

Auch in dieser alten großen Buchhandlung mit ihrem warmen Oberlicht scheint die Zeit wie eingefroren. An den Wänden stehen noch die ehrwürdigen Holzbuchständer mit Rubriken wie »Klassisches Erbe« – unter »Reclam« freilich dominiert schon leuchtendgelb die entsprechende Westware. Einer Bank soll dieses Gebäude einmal gehört haben und, so raunt man, bald wieder zugesprochen werden. Eine hübsche Schalterhalle gäbe dieser Raum in der Tat ab.

So kommt man ins Grübeln in diesem Leipzig 1992. Darüber müsse man sich klar sein, sagt Grass seinen Zuhörern, über die Zukunft der Leipziger Buchmesse werde nicht in Leipzig entschieden, sondern in den Vorstandsetagen der Verlage aus dem Westen.

(1992)

Autoren hinter Glas

Nahaufnahme: Schriftsteller aus Deutschland und China treffen bei der Pekinger Buchmesse aufeinander – mit Hindernissen

Sie wirken ein wenig verloren an diesem Septemberabend in Peking, die deutschsprachigen Autoren. Vor dem kleinen Podium sind drei Stuhlreihen nur für sie und ihre Dialogpartner, die chinesischen Kollegen, reserviert. Dahinter ballt sich das neugierige Publikum.

Doch es geht nicht recht los, und offenbar ist nicht klar, wer wann mit wem reden soll in der »Deutschen Nacht«, die vom hiesigen Goethe-Institut im exklusiven Restaurant Jasmine veranstaltet wird, das sich über drei Stockwerke erstreckt.

Draußen, im Garten vor dem Haus, erklingen Ry Cooders Gitarrenklänge aus Wim Wenders' Film »Paris, Texas«, der in der lauen Sommernacht auf einer Leinwand in chinesischer Synchronisation gezeigt wird. Oben auf der Dachterrasse sitzen die Verlagsleute aus Deutschland dennoch mit aufgekrempelten Ärmeln bei chinesischem Bier.

Deutschland ist in diesem Jahr Gastland, »Land of Honour«, auf der viertgrößten Buchmesse der Welt, der größten Asiens, die zum 14. Mal in Peking stattfindet. Christoph Peters zählt zu den Autoren, die eingeladen worden sind (neben ihm noch Tanja Dückers, Jakob Hein, Judith Hermann und der Schweizer Peter Stamm).

Peters ist nun als erster Autor an der Reihe. Ursprünglich sollte seine Frau den Anfang machen, die Sachbuch- und Bestsellerautorin Veronika Peters (»Was in zwei Koffer paßt«), die mit der gemeinsamen Tochter Carla, 3, ebenfalls dabei ist. »Wir hatten uns gedacht, daß ich anschließend mit dem Kind wieder ins Hotel fahre«, sagt sie, von der Organisation dieses Abends ein wenig überrascht. Bei der Einladung der chinesischen Autoren hat es gehapert, es muß improvisiert werden.

Die kleine Carla aber ist völlig wach und lauscht ihrem Vater, der nun auf dem Podium mit dem erfolgreichen, von der chinesischen Zensur immer wieder einmal behelligten Autor Yan Lianke (»Dem Volke dienen«) sitzt und ein Gespräch über Literatur versucht. Lianke, der rasch eingesprungen ist, gibt sich viel Mühe, eine gemeinsame Grundlage zu finden, und flüchtet sich am Ende in diplomatische Formeln, als ihm Peters ein Exemplar der chinesischen Ausgabe seines Romans »Das Tuch aus Nacht« überreicht. »Durch den Austausch wie heute werden wir unser Niveau erhöhen«, übersetzt die Dolmetscherin seine höflichen Worte, und alle klatschen.

Die deutsche Literatur wird in China wahrgenommen, aber sie hat keinen großen Stellenwert. Die Millionenseller aus dem Ausland sind auch in diesem Riesenreich Dan Browns »Da Vinci Code« oder »Harry Potter«. Zwar gibt es Übersetzungen von Goethe, Brecht und Grass, von Thomas Bernhard (vier Werke in einem Band) und Elfriede Jelinek, von den Erfolgsautoren Daniel Kehlmann, Patrick Süskind und Bernhard Schlink – aber die meisten dieser Bücher haben höchstens eine Auflage von wenigen tausend Exemplaren.

Sinnbild dafür ist die originelle, aber nicht unbedingt einladende schwarze Textbox auf dem sonst vornehmlich in Weiß gehaltenen attraktiven deutschen Messestand. Darin hat auch Christoph Peters schon gelesen. Wer zuhören will, muß zu einem der ausliegenden Kopfhörer greifen und sieht den Autor hinter Glas agieren.

Seit 1997 wird verstärkt aus dem Deutschen übersetzt, in manchen Jahren ist China mit mehr als 500 abgeschlossenen Verträgen größter Lizenzpartner Deutschlands gewesen. Gefragt sind Bände mit Architektur, Design, Fotografie, Tanz – und deutsche Kinderbücher.

Die »Deutsche Nacht« ist gut besucht, nicht nur vom

Fachpublikum. Aus dem Garten ertönt das durchdringende Pfeifen amerikanischer Lokomotiven, die durch Wenders' Film fahren. Drinnen wandelt man durch die verschiedenen Ebenen dieses höchst modernen Gebäudes, das sich als »Restaurant und Lounge« präsentiert und ebenso in Paris oder New York stehen und bestehen könnte.

Als vor mehr als einem Vierteljahrhundert eine Delegation deutscher Journalisten Peking besuchte, war auch der Literaturkritiker Marcel Reich-Ranicki dabei. Er beschrieb 1980 in seinem Reisebericht für die »FAZ« eine Gesellschaft von Fahrradfahrern in Einheitskleidung (»da man Privatautos im heutigen China nicht kennt«). Peking sei ein »Ozean aus Lehm«, eine Stadt, deren Bewohner zumeist in niedrigen Lehmhütten lebten.

Heute sieht man auf den Straßen der Stadt weniger Fahrräder als in Frankfurt am Main oder Hamburg, alles ist verstopft mit kleinen und großen Autos, darunter die neuesten BMW- und Mercedes-Modelle. Beton bestimmt das Bild einer Stadt der Baustellen: Hochhäuser und Stadtautobahnen scheinen sich wie von selbst zu vermehren.

Als schließlich auch Peter Stamm auf dem Podium des noblen Jasmine sitzt, wird eine chinesische Autorin doch ungehalten: Warum der Kollege sich denn nicht ein wenig über sie informiert habe? Es gebe doch das Internet. »Das hätte ich gern getan«, entschuldigt sich der Schweizer, »aber ich habe erst eine Minute vor unserem Auftritt erfahren, wer mir gegenübersitzt.«

Die ansonsten perfekt organisierte Gruppenreise der deutschen Verlagsmitarbeiter, Schriftsteller und Journalisten hat auch einen in die nahe Zukunft weisenden Hintergrund: Im Herbst 2009 soll China Gastland auf der Frankfurter Buchmesse sein. Und bis dahin werden vielleicht auch die deutsch-chinesischen Autorendialoge gut vorbereitet sein.

(2008)

Tagungsbericht

Schriftstellertagungen und -kongresse zu besuchen und davon zu berichten lohnt sich dann besonders, wenn von solchen Treffen zu erwarten ist, daß sie ein historische Dimension erlangen. Der außerordentliche Schriftstellerkongreß, zu dem sich im März 1990 Autoren der DDR noch einmal versammelten, war so ein Fall. Es war vorauszusehen, daß es sich um den letzten Kongreß dieser Art handeln würde.

Drei Tage im März

Was wird, weiß niemand: Außerordentlicher Schriftstellerkongreß in Ost-Berlin

Dieses Mal waren die Schriftsteller unter sich. Und das werden sie nun wohl bleiben: auf sich allein gestellt. Niemand ist mehr für sie da: kein Staat, keine Stasi, keine Partei, kein Buchminister, keine Zensur. Und Geld ist auch bald keines mehr da.

Auf dem X. Schriftstellerkongreß vor gut zwei Jahren konnten die Autoren der DDR noch Erich Honecker begrüßen, »den Generalsekretär des Zentralkomitees der SED und Vorsitzenden des Staatsrates der DDR, unseren Freund und Genossen«, außerdem die Mitglieder des Politbüros Horst Sindermann, Kurt Hager, Joachim Herrmann, Egon Krenz, Günter Mittag und Günter Schabowski sowie schließlich »die Vertreter der Blockparteien und der Nationalen Volksarmee«. Nun, auf dem »Außerordentlichen Schriftstellerkongreß«, der vom 1. bis zum 3. März in Ost-Berlin stattfand, ließ sich von der Regierung niemand blicken, auch nicht der Minister für Kultur.

Er hätte auch schlechte Karten gehabt. Er hat nicht verhindern können, daß der für das Jahr 1990 bestätigte

Finanzplan des Schriftstellerverbands der DDR vom Minister der Finanzen aufgekündigt worden ist. Bis Ende März wird noch überwiesen – was dann kommt, weiß niemand.

Der Verband ist verwöhnt. Er wurde bisher großzügig alimentiert. Im vergangenen Jahr stammten nicht mehr als 6,5 Prozent der Gelder aus Mitgliedsbeiträgen und anderen »eigenen Einnahmen«, für den Rest sorgte die SED: Gut achtzig Prozent kamen direkt aus dem Staatshaushalt, noch einmal rund dreizehn Prozent gaben der Kulturfonds der DDR und entsprechende Einrichtungen der Bezirke hinzu. In Zahlen: 2,5 Millionen Mark (Ost) ließ sich die DDR ihren Verband 1989 kosten, zuzüglich 400 000 Mark aus den Fonds.

Daß die Obrigkeit so sehr die Nähe der Literatur suchte, mögen manche Schriftsteller als schmeichelhaft empfunden haben. Vom Ferienaufenthalt im verbandseigenen Erholungsheim »Friedrich Wolf« in Petzow bis zur Rente war ja alles geregelt. Das personell hervorragend ausgestattete Büro des Schriftstellerverbands hatte für soziale Sorgen ein Ohr, etwa für jene von freiberuflichen Mitgliedern mit Kindern: 35 000 Mark spendierte man 1989 für die »Gestaltung von Weihnachtsfeiern«, für »Geschenke zu Weihnachten und zur Jugendweihe«, als »Zuschuß zu Kinderferienlagern«.

Die staatliche Fürsorge für die Kulturschaffenden war umfassend. Sie hatte ihren Preis. »Zuckerbrot und Peitsche« nannte das Prinzip jetzt auf dem Kongreß Stefan Heym – so naheliegend wie korrekt. Das Interesse der Obrigkeit erwies sich als eine erdrückende, Luft nehmende Umklammerung. Das alles ist nicht neu. Der Verband war stets Lobby und Aufsichtsbehörde in einem. Bei jeder noch so kleinen Entscheidung mischte der Staat mit – ob es sich um Druckgenehmigung, Auflagenhöhe, Verlagswahl oder neue Kandidaten handelte. Geplante Westreisen der Mitglieder wurden im Verbandsbüro in aller

Gemütsruhe mit der Staatssicherheit abgestimmt. Wen die SED partout nicht mehr im Verband sehen wollte, der wurde eben ausgeschlossen. Schon seit vielen Jahren war der Schriftstellerverband der DDR ein sich vornehm gebender Club hinter verschlossenen Türen.

Jüngere, gar unbotmäßige Autoren hatten da keine Chance zum Einlaß, falls sie den überhaupt suchten – das Durchschnittsalter der Mitglieder (Ende 1989 waren es 931): 58,4 Jahre. Die Mitgliedschaft, zumindest die Kandidatur, war jedoch bis vor kurzem Voraussetzung dafür, überhaupt ein Buch in der DDR veröffentlichen zu können.

Was macht man mit so einem Club? Hat der Schriftstellerverband der DDR in Zukunft überhaupt noch eine Existenzberechtigung? Diese Frage wurde – laut – nicht gestellt. Klar war nur: Ein neuer Vorstand, ein neues Statut mußte her. Aus der staatlichen Umklammerung hatte man sich nicht mehr zu befreien – die gab es schon nicht mehr. Und da paßte auch die alte Formulierung nicht länger, daß die Mitglieder »die führende Rolle der Arbeiterklasse und ihrer Partei in der Kulturpolitik« anerkennen würden. Also diskutierte man eifrig, hielt sich an die Regeln, stimmte über Anträge und Gegenanträge, Entwürfe und Gegenentwürfe ab.

So war man beschäftigt. Die bekannten Schriftsteller, auf deren Auftritt viele warteten, beteiligten sich kaum an dieser Diskussion. Und sie forderten auch keine andere ein. Für sie, die im Westen ebenso etablierte Autoren sind wie im Osten, hat der Verband schon jetzt keinerlei Bedeutung mehr. Er ist ein Relikt. An ihn klammern sich nun vor allem jene, die ihren Status als Schriftsteller diesem Verband zu verdanken haben – und ihre soziale Sicherung.

Weder Volker Braun noch Christoph Hein oder Christa Wolf ließen sich für die Wahl zum Vorstand aufstellen, Ulrich Plenzdorf, der verloren in einer Ecke saß, wurde gar nicht gefragt, Heym war am ersten Tag wieder abgereist mit der Versicherung, ein Ehrenamt wäre schon recht (so wurde er denn Ehrenvorsitzender). Helga Königsdorf, die sich immerhin in den Vorstand wählen ließ, wollte nicht für den Vorsitz kandidieren.

Am letzten Tag des Kongresses sah sich Christa Wolf doch noch genötigt, eine kleine Ansprache zu halten. Sie entschuldigte ihre Zurückhaltung damit, daß ihre Bindung an diesen Verband schon des längeren zerstört sei: seit den Ausschlüssen von Kollegen im Jahre 1979. Außerdem sei sie ganz ungeeignet für gewerkschaftliche Arbeit, auf die es nun wohl vermehrt ankomme – und sie wolle wieder schreiben, was sie seit September 1989 nicht mehr getan habe. Die Jüngeren sollten nun rankommen. »Irgendwann muß sich ja jeder von Mutter- und Vaterbildern trennen.« Ihr Resümee des Kongresses: Man habe sich zu lange mit Statutfragen aufgehalten. Für anderes sei kein Raum gewesen. »Man muß das wohl Verdrängung nennen.«

Das muß man wohl. Zwar fand der Antrag eine knappe Mehrheit, eine Untersuchungskommission solle sich mit den dunklen Flecken des Verbandes beschäftigen, Bespitzelungen und Denunziationen nachgehen, Akten einsehen, doch es gab auch laute Stimmen gegen die angeblich zu erwartende »Selbstzerfleischung«. Einer der Gegner dieses Antrags wurde auch prompt zum neuen Vorsitzenden gewählt: der Lyriker Rainer Kirsch, Jahrgang 1934. Er und Joachim Walther, Jahrgang 1943, blieben am Schluß die einzigen, die für dieses Amt kandidierten. Der jüngere Autor (er wurde dann neben Bernd Jentzsch zum Stellvertreter gewählt) hatte vorher den Fehler gemacht, das Statut, an dem er federführend mitgearbeitet hatte, als Provisorium »in einer Übergangssituation« zu bezeichnen.

Das wollte die Mehrzahl der Versammelten so deutlich nicht hören. Kirsch, der 1973 aus der SED ausgeschlossen worden war, konnte auch mehrere Wortmeldungen auf der Habenseite verbuchen, in denen er Forderungen nach finanzieller Absicherung der Verbandsmitglieder angeregt hatte. Und in seiner kurzen Rede nach der Wahl, zum Abschluß des Kongresses, setzte er die Frage nach dem Geld ganz oben auf seine Prioritätenliste. Er wolle sich dafür einsetzen, daß das Ferienheim, die Verbandszeitschrift »Neue deutsche Literatur« und das soziale Netz erhalten bleiben. Doch er wollte wohl auch nicht zu viel versprechen. Geld? »Wir hatten es bisher, wir wissen nicht, ob wir es weiter haben werden.«

Zuvor hatte noch Elke Erb ihre Stimme dagegen erhoben, daß die Schriftsteller der DDR nun anscheinend nur noch an ihre Existenzsicherung dächten und von der Regierung große Summen erwarteten. »Können wir einfach fordern: weiter so?« Vielleicht habe die DDR bald ganz andere Sorgen, etwa: den Verfall der Industrie, die Zerstörung der Umwelt zu stoppen. Helga Königsdorf regte noch einmal dringlich die Diskussion über die Zukunft des Landes an – wenn die Zeit nicht reiche, müsse man sich eben bald wiedersehen. Vergebens: Der Antrag wurde abgelehnt. Und auch als kurz vor Schluß doch noch einer ans Rednerpult schritt, der Lyriker Uwe Grüning, und die Selbstauflösung des Verbandes wegen »Würdelosigkeit« beantragte, hob sich keine Hand für ihn.

Die meisten bewegten deutlich ganz andere Sorgen: eben materielle. Stefan Heym, der Weltgewandte, war es, der den Kollegen ganz am Anfang des Kongresses etwas gar Fürchterliches für den Fall der politischen Einheit in Aussicht gestellt hatte: »Sie werden sich um Ihr eigenes Geschäft kümmern müssen!« Uwe Friesel, der Vorsitzende des VS, des gewerkschaftsintegrierten westdeutschen Schriftstellerverbands, schien ebensowenig geneigt zu sein, Mut zu machen. Die Situation bei uns brachte er auf die Formel: »Nicht gute Lyrik, sondern das gute Geld der Leser wollen die Verlage.«

Dabei müßte man den Schriftstellern der DDR doch einfach nur sagen: Einen finstereren und selbstgerechteren Brot- und Gnadengeber als jene Firma mit Namen SED & Co. werden sie auf Erden so bald nicht finden.

(1990)

Autorenlesung

Wenn Schriftsteller in Buchhandlungen, Literaturhäusern oder einer Universität aus ihren Büchern lesen und sich – was meistens der Fall ist – anschließend noch auf eine Diskussion einlassen, so kann das in Ausnahmefällen zu einem Ereignis werden, das zumindest im Lokalteil einer Tageszeitung Beachtung finden sollte. So war es etwa beim Auftritt des aus der DDR angereisten Schriftstellers Ulrich Plenzdorf im April 1976 in Frankfurt am Main.

Die neuen Leiden des Ulrich Plenzdorf

DDR-Autor las in der Frankfurter Universität vor 400 Zuhörern

Plötzlich, während der Diskussion über seinen gerade gelesenen Text, schaute der DDR-Autor Ulrich Plenzdorf fast betroffen in die Runde, hielt einen Augenblick inne, zog das Mikrophon ganz nah an seine Lippen und erklärte dem Publikum, wie sehr es ihn immer wieder anrühre, daß es einem einzelnen vorne auf dem Podium möglich sein kann, einen ganzen Saal voller Menschen für sich und das, was er schreibt und sagt, zu interessieren. Ein ehrlicher, fast rührender Augenblick, der zeigt, wie zweifelhaft und gebrochen dem erfolgsgewohnten Schriftsteller die eigene Karriere mitunter erscheinen mag.

Daß Plenzdorf, der 1934 in Berlin-Kreuzberg geboren wurde, bei sich zu Hause gefüllte Häuser vorfindet, wenn er aus seinem inzwischen vier Jahre alten Büchlein »Die neuen Leiden des jungen W.« liest, ist bekannt, ebenso wie der Erfolg, den die Theaterinszenierung gehabt hat. Plenzdorf berichtete, daß die gar nicht einmal unbeträchtliche DDR-Auflage seines Buches immer nur ein Tropfen auf den heißen Stein gewesen sei. Die Diskussion um Plenzdorfs Arbeit in der DDR war mehr als nur lebhaft gewesen: sie wurde – etwa in der Zeitschrift »Sinn und Form« – geradezu erbittert geführt und rührte an die Grundfeste sozialistischer Kulturpolitik. 1973 erhielt Plenzdorf den Heinrich-Mann-Preis der Ost-Berliner Akademie der Künste, gleichzeitig wurde ihm von offiziöser Seite seine angebliche »Fäkaliensprache« vorgehalten.

Schon 1974 war Plenzdorf anläßlich einer Goethe-Matinee nach Frankfurt eingeladen worden, um hier aus seinem Buch zu lesen; damals sagte er ab. Diese Woche nun war er, kurze Zeit nach dem DDR-Autor Klaus Schlesinger, doch noch in die Geburtsstadt desjenigen Dichters gekommen, dessen eigenes, in Jugendjahren verfaßtes Erfolgsbuch Pate nicht nur für den Titel von Plenzdorfs Buch gestanden hat. Im Hörsaal V der Universität gab Plenzdorf also Episoden aus dem Leben und vom Sterben des Edgar W. – zum wievielten Male? – zum besten, der seine Gesellschaft mit langen Haaren und Jeans provoziert, um sie dann aber doch durch eine Tat zu versöhnen. Der Autor, der diese Figur erfunden hat, las ihre schnoddrigen Redefiguren monoton, leise, fast überdrüssig vom Blatt: er wirkte wie ein Sänger, der vom Publikum gebeten wird, noch und noch den einen Hit zu spielen, den man aus dem Radio kennt.

War das der Wunsch des Publikums? Was für ein Interesse zeigten die Frankfurter überhaupt an Plenzdorf? Überraschend: Plenzdorf ist auch hierzulande Begriff genug, um einen großen Saal zu füllen. An die vierhundert Personen, überwiegend Studenten, waren gekommen – ein Interesse, mit dem von den westdeutschen Autoren allenfalls Böll, Walser, Lenz, Handke oder Wallraff rechnen könnten. Schnell kam nach der Lesung auch eine lebhafte Diskussion in Gang, die mit ihren unnachsichtigen, aber immer an der Sache orientierten Fragen die neue Ruhe an den Universitäten fast wie ein Gerücht erschienen ließ. Zunächst wollte man wissen, warum er eigentlich immer wieder diesen einen Text lese, wenn man ihm den Unmut darüber doch anmerke. Warum bringe er nicht etwas, was ihn heute beschäftige? Würde er jetzt in einem ähnlichen Ton weiterschreiben? Wie repräsentativ sei seine Figur für die Jugend in der DDR?

Sein Buch komme ihm selbst immer wieder in die Quere, antwortete Plenzdorf, es sei für ihn keine abgeschlossene Sache; der Erfolg selbst sei für ihn wichtig gewesen. Ein Problem ergibt sich für ihn aus der Wirkung, die es gehabt habe: eine neue Arbeit komme nicht recht voran, einmal weil ihn seine Lesetourneen immer noch viel Zeit kosteten, zum anderen, weil der Anspruch an sich selbst größer geworden sei. Von heute aus gesehen, meint Plenzdorf, er habe dabei möglicherweise seinem Spaß an Gags etwas zu sehr nachgegeben: »Ich werde mich hüten, so was noch mal zu machen.« Auch behage ihm nicht mehr das Ausmaß des Identifikationsangebots seiner Hauptfigur. Wieweit dessen Haltung unter der DDR-Jugend verbreitet sei, könne er nicht sicher sagen, gewiß sei aber, daß sein Held ausnehmend viel Anklang gefunden habe. Wenn eine literarische Figur den Leser allerdings in erster Linie dazu bringt, zu sagen: »Dufte, der ist wie ich«, dann reiche ihm das heute nicht mehr, erklärte Plenzdorf, der während der Diskussion zusehends auftaute und lebhafter wurde, so daß er mehrfach Sympathiekundgebungen und Heiterkeitserfolge für sich verbuchen konnte.

Man soll Schluß machen, wenn es am schönsten ist. Daran mußte sich auch Plenzdorf notgedrungen halten: er hatte abends noch ein Flugzeug zurück nach Hamburg zu erreichen, wo die Premiere seines Stückes am Ernst-Deutsch-Theater vorbereitet wurde. Zugleich erklärte sich damit auch die Abgespanntheit Plenzdorfs während der Lesung: er war am frühen Abend von den Proben nach Frankfurt gekommen und hatte vor der Lesung gerade noch Zeit für ein Rundfunk-Interview und ein Abendbrot gehabt.

(1976)

Kommentar

Der Kommentar zu einem strittigen Thema bemüht sich um Klärung des jeweiligen Falles oder die Beurteilung seiner bisherigen journalistischen Aufarbeitung. Er sollte geeignet sein, den Vorgang zu referieren und einzuordnen. Um eine Bewertung handelt es sich in jedem Fall, doch anders als ein Beitrag zur Debatte bemüht sich der Kommentar nicht um ein weiteres Anheizen der Diskussion.

Auf dünnem Eis

Daß Walter Kempowski einst Kontakte zum amerikanischen Geheimdienst hatte, war bekannt – nach Aktenfunden fragt sich jetzt: War er tatsächlich ein Spion?

Die zündende Idee hatte der amerikanische Germanist Alan F. Keele schon vor mehr als einem Vierteljahrhundert. Keele, ein Kempowski-Forscher und späterer Freund des deutschen Schriftstellers, fragte sich, was in den Archiven der U. S. Army wohl an Informationen über Kempowskis Gespräche mit dem amerikanischen Geheimdienst in den Jahren 1947/48 zu finden sein könnte.

Walter Kempowski (1929-2007) hatte in seinen Romanen »Uns geht's ja noch gold« (1972) und »Ein Kapitel für sich« (1975) solche Kontakte geschildert – Vorgeschichte zu seiner Verhaftung in Rostock im März 1948 und der Verurteilung wegen Spionage durch ein sowjetisches Militärgericht. Zwar steht Kempowskis Romanzyklus unter dem Motto »Alles frei erfunden!«, doch hat der Autor nie einen Hehl daraus gemacht, daß diese Werke weitgehend autobiographisch sind.

Unter dem Titel »Walter Kempowski als Spion« trug der Wissenschaftler aus dem US-Bundesstaat Utah in der vorvergangenen Woche die Ergebnisse seiner Recherchen in Rostock auf dem »Internationalen Walter-Kempowski-Symposium« vor. Außerdem gab Keele der »Frankfurter Allgemeinen« ein Interview, das unter der verwirrenden Überschrift »Walter Kempowski war doch ein Spion« veröffentlicht wurde.

Wieso »doch«? Der Kontakt des 18jährigen Kempowski zu den Amerikanern war nie ein Geheimnis. Jetzt fragt sich mancher Kempowski-Leser: Hat der Erfolgsautor etwas verschwiegen? War er vielleicht ein vom Geheimdienst ausgebildeter Spion? Ist er gar zu Recht zu 25 Jahren Arbeitslager verurteilt worden, von denen er acht Jahre im berüchtigten Zuchthaus Bautzen absitzen mußte?

Kopien von US-Dokumenten aus dem Jahr 1948 befinden sich in Nartum bei Bremen, im »Haus Kreienhoop«, das Walter Kempowski nach eigenen Vorstellungen bauen ließ und das heute einer Stiftung gehört.

Dem Germanisten Keele wurden die Kopien im August 1982 auf Grundlage des »Freedom of Information Act« zugesandt, des amerikanischen Auskunftsgesetzes, das auch für ehemalige Staatsgeheimnisse gilt. Doch diese Unterlagen sind kaum geeignet, die These vom gewieften Spion Kempowski zu unterstreichen, im Gegenteil.

Das einst als »top secret« eingestufte Memorandum vom 20. April 1948 erwähnt zunächst die routinemäßige Befragung eines »illegalen Grenzüberschreiters« – der junge Kempowski (»unverheiratet, schmales ovales Gesicht, blondes Haar, graue Augen«) war Ende November 1947 auf eigene Faust aus der sowjetischen in die amerikanische Besatzungszone übergewechselt, wo er inzwischen Arbeit gefunden hatte.

Er bot den Amerikanern zwischen Dezember 1947 und Februar 1948 mehrmals Informationen an, zunächst wohl über die Verschiffung demontierter Anlagen aus der Sowjetzone. Allerdings schien das Counter Intelligence Corps (CIC) daran nicht besonders interessiert zu sein. Also wollte Kempowski, so das Memorandum, allgemeines Material (»general information«) aus Rostock besorgen – und wurde darauf hingewiesen, daß er dabei nicht im Auftrag des CIC arbeite und sich nicht auf die Organisation berufen dürfe.

Anfang März 1948 wurde Kempowski in Rostock verhaftet. Der sowjetische Geheimdienst war über seine Gespräche mit dem CIC offenbar bestens informiert. Der jugendliche Leichtsinn brachte am Ende ihn und seinen Bruder Robert vor das stalinistische Militärtribunal, auch ihre Mutter wurde verurteilt. Ein Leidensweg begann, der zur rastlosen Kreativität des späteren Schriftstellers wesentlich beigetragen haben dürfte.

Der Germanist Keele trug in seinem Rostocker Vortrag für seine »spektakuläre Enthüllung« (faz.net) über den Spion Kempowski schwache Argumente vor. Der Autor habe das Ausmaß seiner Tätigkeit dadurch verschleiern wollen, daß in den Romanen nur von einer einzigen Begegnung mit dem amerikanischen Geheimdienst die Rede ist. Außerdem – so Keeles Spekulation – habe auch das CIC im April 1948 die eigene Rolle bei der Reise Kempowskis nach Rostock »vertuschen« wollen, indem es im Hinblick auf dessen Spionagetätigkeit tiefstapelte – immerhin war der junge Mann inzwischen im Osten inhaftiert worden. Keele bekannte selbst, mit seinen Thesen »auf sehr dünnem exegetischem Eis« zu schlittern.

Zugleich wurde eine wirkliche Entdeckung heruntergespielt: Tatsächlich wurden die im Roman »Uns geht's ja noch gold« erwähnten Frachtbriefe weder von Walter Kempowski noch von seinem Bruder jemals den Amerikanern übergeben.

Warum aber bat dann Kempowski den Germanisten 1982, als der ihn über seine Funde informiert hatte, alles erst nach seinem Tod zu veröffentlichen?

Dafür präsentierte Keele eine plausible Erklärung. Als

die Brüder Kempowski nach ihrer Haftentlassung 1956 im Westen befragt wurden, ob es irgendwelche Geheimdienstkontakte gegeben habe, machten sie unterschiedliche Angaben. Walter schrieb »Ja«. Robert Kempowski dagegen, der heute in einem Berliner Altersheim lebt und nicht mehr befragt werden kann, antwortete damals mit »Nein« – eine Falschaussage, wegen der er hätte Schwierigkeiten bekommen können. Der Schriftsteller wollte den Bruder durch das Hinauszögern der Veröffentlichung offenbar schützen.

Im übrigen konnte Walter Kempowski sich genau ausmalen, wie ihn das linke »juste milieu« der Bundesrepublik attackiert hätte, wenn er als amerikanischer Spion gebrandmarkt worden wäre. Neu bewertet werden aber muß nichts im Fall des bedeutenden Schriftstellers Walter Kempowski. Ein gefährlicher Spion, der aus dem Westen kam, ist er nie gewesen.

(2009)

Buchmarktanalyse

Zu den Aufgaben des Literaturkritikers gehört auch die Beobachtung des Verlagswesens und des Buchmarkts inklusive der Bilanzen. Von Interesse sind wirtschaftliche Fragen insbesondere dann, wenn sie die Arbeitsbedingungen von Schriftstellern beeinflussen, wenn es etwa um Verlagsverkäufe, den Einfluß großer Handelsketten auf den Buchmarkt, um Aspekte des Lizenzgeschäfts oder Urheberrechtsfragen geht.

Literarische Handelsbilanz

Unter den ausländischen Abnehmern deutscher Romane steht Spanien an der Spitze

Ausländerfeindlichkeit ist zumindest für den deutschen Buchkäufer ein Fremdwort. Seine polyglotte Leselust steht ziemlich einzig in der Welt da – Vielsprachigkeit hier natürlich im übertragenen Sinne verstanden. Denn eifrig wird eingedeutscht, die literarische Übersetzungskultur hat hohes Niveau (genauso wie die Synchronisation ausländischer Filme im deutschen Kino). Belletristik macht dabei den Löwenanteil aus. Fast 40 Prozent aller 2003 ins Deutsche übersetzten ausländischen Titel gehören in diese Kategorie.

Besonders viel hatten dabei die Übersetzer englischsprachiger Werke zu tun, also von Büchern aus den USA, Großbritannien und anderen Ländern: Die englischsprachige Ware machte weit mehr als die Hälfte des belletristischen Transfers aus, nach der Statistik des deutschen Börsenvereins exakt 1702 von insgesamt 2888 eingedeutschten Titeln – gefolgt von Übersetzungen aus dem Französischen (227 Werke), dem Italienischen (104), Russischen (93) und Spanischen (86). Will man eine Art literarischer Handelsbilanz versuchen und im Gegenzug die entsprechenden Romanexporte aus Deutschland auflisten, so fällt das Ergebnis – ebenfalls für 2003 – ernüchternd aus: Lediglich 28 deutsche Belletristik-Lizenzen fanden ihren Weg in die englischsprachige Welt, 16 konnten nach Frankreich vergeben werden, 29 nach Italien, 53 nach Rußland; nur mit Spanien kam es immerhin zum Ausgleich.

Wie viele Romane deutscher Sprache pro Jahr übersetzt werden, sagt diese Statistik noch nicht. Die Zahlen für verschiedene Sprachen lassen sich nicht einfach addieren (es können von demselben Roman mehrere Lizenzen für verschiedene Sprachen vergeben worden sein).

Doch selbst die Gesamtzahl der Lizenzvergaben aus der deutschen Belletristik ins Ausland reichte 2003 nicht annähernd an die Summe allein der epischen Importware aus dem Englischen heran.

(2005)

Meldung

Wenn ein Literaturkritiker gleichzeitig verantwortlicher Redakteur ist, wird auch von ihm wie von seinen Kollegen die Beschaffung aktueller Meldungen erwartet. Da das Schreiben von Büchern im Regelfall eine wenig dramatische und eher stille Arbeit ist, sind Nachrichten aus dem literarischen Bezirk rar. Zwar hat die Buchmarktanalyse einen festen Platz im Feuilleton, doch Vorgänge wie Verlagsfusionen oder das Erstarken großer Handelsketten sind eher für den Wirtschaftsteil von Interesse. Selbst der Verlagswechsel eines wichtigen Autors ist nur in Ausnahmefällen eine Meldung wert, die gerichtliche Auseinandersetzung um eine literarisches Werk dagegen schon (siehe Debatte, S. 194 ff.).

Meldungen aus dem Literaturbetrieb nehmen nicht selten Glossencharakter an. Oder die aktuelle Nachricht wird ergänzt und kommentiert, wie im Fall der jährlichen Entscheidung der Stockholmer Nobelpreisjury. Der Neuigkeitswert spielt dann nur noch eine untergeordnete Rolle – wie grundsätzlich bei Nachrichten, die im wesentlichen (etwa durch Meldungen der Online-Redaktionen) schon bekannt sind.

Vom Glück in der Hölle

Die Stockholmer Akademie sprach dem Ungarn Imre Kertész, einem eigenwilligen Erzähler des Holocaust, den Literaturnobelpreis zu – und wird allseits dafür gelobt

Was für eine Wegstrecke: von jenem Tag im April 1945, als ein junger jüdischer Ungar, 15 Jahre alt, aus dem Konzentrationslager Buchenwald befreit wurde, bis zum Donnerstag vergangener Woche, da er gegen 13 Uhr in Berlin den Anruf aus Stockholm entgegennahm, der ihn, Imre Kertész, 72, darüber informierte, daß in diesem Jahr er den Nobelpreis für Literatur erhalten wird, verbunden mit einer Summe von 1,1 Millionen Euro – als erster Überlebender und literarischer Chronist des Holocaust überhaupt.

Sein Hauptwerk mit dem eigenwilligen, eingängigen Titel »Roman eines Schicksallosen« besitzt längst Weltgeltung – auch das war ein weiter Weg: Die Entstehungs- und Wirkungsgeschichte dieses Buches ist ein Roman für sich. Mit der Niederschrift begann der ehemalige Auschwitz- und Buchenwald-Häftling Kertész 1960 in Budapest, 15 Jahre nach seiner Befreiung.

Es war die selbsterfahrene Willkür des Stalinismus, die den letzten Ausschlag gab: Kertész hatte als Journalist seine Arbeit verloren, die Niederwerfung des Ungarn-Aufstands 1956 erinnerte ihn daran, »was eine so unbarmherzige Macht mit den Menschen machen kann« – erst dann sei er reif genug gewesen, sagte er 1996 im Interview, »um über Auschwitz zu schreiben«.

Freilich wollte er nicht einfach seine Erinnerungen notieren: In seinen Augen kann nur ein Kunstwerk ins Innere des Erlebten vordringen, in eine Hölle, die ohne ihr Gegenteil nicht zu zeigen ist: die Erfahrung von Glück – und sei sie noch so rudimentär. Kertész schildert in seinem Roman den Alltag des Lagerlebens konsequent aus dem Blickwinkel eines Jugendlichen, ohne zu moralisieren und zu werten.

»Denn sogar dort, bei den Schornsteinen, gab es in der Pause zwischen den Qualen etwas, das dem Glück ähnlich war« – solche Sätze verwirrten die ersten Leser. Als das Buch nach 13 Jahren abgeschlossen war, winkte einer der beiden großen ungarischen Staatsverlage gleich ab. Der andere druckte 1975 eine kleine Auflage und stapelte sie heimlich in einem Lager außerhalb Budapests. Der Autor persönlich holte 200 Exemplare ab, um sie wenigstens »an Freunde und Bekannte zu verteilen«.

Damals wollte Kertész sich tapfer damit abfinden, daß

seine Bücher »nicht auf fruchtbaren Boden fallen«. Dennoch hat er über das langsame Werden (und Entdecktwerden) seines »Romans eines Schicksallosen«, der erst 1996 in einer gültigen Übersetzung auf deutsch erschien, Protokoll geführt: in dem Roman »Fiasko« (1988) und in seinem »Galeerentagebuch« (1992). Wieder und wieder umkreist er da die scheinbare Unmöglichkeit, Auschwitz zu erzählen – nicht selten paradox zugespitzt: »Das Konzentrationslager ist ausschließlich als Literatur vorstellbar, als Realität nicht. (Auch nicht – und vielleicht sogar dann am wenigsten –, wenn wir es erleben.)«

Zusammen mit dem 1997 nachfolgenden Notizwerk »Ich – ein anderer« ergibt sich eine Sammlung poetologischer Glanzlichter: Mit Kertész wird nicht nur ein begnadeter, sondern auch theoretisch versierter Erzähler geehrt. Und, das zeigen die Reaktionen auf die Auszeichnung, ein in europäischen Literatenkreisen beliebter und geliebter Mann. Selten fand eine Wahl mehr Beifall.

»Wer spricht denn von Literatur? Die letzten Zuckungen festhalten, das ist alles«, so hat Kertész bescheiden notiert – und etwas Großes daraus gemacht. Das gibt ihm, dem Überlebenden und nun vor aller Welt Ausgezeichneten, das Recht, auch einmal von Gott zu sprechen, dem er »über das alles Rechenschaft abzulegen« habe, weil er, Gott, »hören und wissen will, was er tat«. Und Imre Kertész erlaubt sich die Frage: »Wenn Gott tot ist, wer lacht dann am Ende?«

(2002)

Westreise abgelehnt

Dem in Leipzig wohnenden Schriftsteller Erich Loest, Jahrgang 1926, ist kurzfristig eine zweiwöchige Lesereise in die Bundesrepublik abgelehnt worden, an die sich ein Aufenthalt in Holland anschließen sollte. Loest, der in den fünfziger Jahren eine Haftstrafe von sieben Jahren wegen »konterrevolutionärer Gruppenbildung« erhalten hatte, war zuletzt mit seinem Roman »Es geht seinen Gang«, der auch in der Bundesrepublik erschienen ist, ein Erfolg in seinem eigenen Staat gelungen: die auf 9000 Exemplare begrenzte Auflage war sofort vergriffen, und das Buch wurde später mit dem zehnfachen Preis gehandelt. Eine – wieder dosierte – Neuauflage in einem anderen Verlag der DDR ist bereits vor Erscheinen hoffnungslos ausgebucht: zehntausend angekündigten Exemplaren stehen angeblich 170 000 Bestellungen gegenüber. In der Bundesrepublik erscheint dieser Tage ein Erzählungsband von Loest, der zum Teil in der DDR bislang nicht gedruckte Arbeiten erhält.

Interessant wird die Ablehnung der Lesereise Loests vor dem Hintergrund von Äußerungen, die der stellvertretende Kultusminister Klaus Höpcke während der Leipziger Buchmesse machte. Er sprach dort mehrfach davon, daß in Zukunft Auslandsaufenthalte von Autoren aus der DDR auf ihren Nutzen hin ausgewertet werden sollten und danach entschieden werden solle, ob dem betroffenen Schriftsteller auch in Zukunft solche Möglichkeiten offenstehen könnten.

(1979)

Glosse

Von der Meldung unterscheidet sich eine Glosse schon rein formal: der aktuelle Nachrichtenwert, von dem auch diese journalistische Form zehrt, steht nicht im Zentrum – sie steht nicht einmal unbedingt am Anfang, wie es sich bei einer echten Zeitungsmeldung gehört. Die Glosse ist eine Art Randbemerkung, ein spielerisches und möglichst unterhaltsames Umkreisen der eigentlichen Nachricht. Freies Assoziieren ist das Gebot. Eine Meldung soll knapp und präzise sein, die Glosse darf ausufern und Umwege gehen. Auch Alltagsbeobachtungen oder ganz persönliche Lektüreerfahrungen können Gegenstand einer solchen Randbemerkung sein, für die nicht selten ein fester Platz in der Zeitung vorbehalten und deren Umfang zumeist festgelegt ist.

Letzte Helden

Im Kino und in Biographien gibt es neue Stars: die Dichter

Man gibt sich bescheiden. »Was tut ein Schriftsteller denn anderes, als vorgegebenes Material zu sortieren, redigieren & arrangieren?« fragt der amerikanische Romancier William S. Burroughs. Und die Französin Marguerite Duras schreibt auf den ersten Seiten der Erzählung »Der Liebhaber«: »Heute scheint Schreiben recht oft nichts mehr zu sein. Manchmal weiß ich: wenn das Schreiben nicht, alle Dinge vereinend, ein flüchtiges Sprechen in den Wind ist, so ist es nichts.«

Das klingt nicht gerade nach Heldenliedern. Und wo sollen sie auch herkommen, die Helden für die Romane und Dramen? Schauen wir uns um in Politik und Wirtschaft: wackere Verwalter und Umverteiler des Bestehenden – aber Helden? Auch Kriege bringen keinen

Spaß mehr. Ohnehin weiß niemand, worum es eigentlich geht außer einem kleinen Terraingewinn für den eigenen Stamm. Einer wie Tasso müßte angesichts der Weltläufte verzweifeln. Kein Fürstenhof mehr, an dem er verzückt ausrufen könnte: »So bindet der Magnet durch seine Kraft / Das Eisen mit dem Eisen fest zusammen, / Wie gleiches Streben Held und Dichter bindet.«

Nein, Helden und Poeten bindet nichts mehr. Oder doch? Der Dichter nämlich, der sich in diesem Jahrhundert so verzagt gibt – er selbst ist der heimliche Held dieser Jahre. Man muß nur ins Kino gehen, dorthin also, wo wir immer noch, wenn schon die Bücher und das Leben ihn uns vorenthalten, den starken Kerl erwarten.

Und wirklich: Wer rückt da neben dem Cowboy aus der Zigarettenreklame, neben dem Terminator und dem Hund namens Beethoven ins Bild? Der Außenseiter. Der Träumer. Der Zartbesaitete. Nicht nur des Dichters Bücher werden verfilmt, nein, der Schreibende selbst ist der Held. Da sieht man ihn, bevor der Film noch recht begonnen hat, die Feder über das Papier führen, da sieht man die Dichterin Duras an ihrem Schreibtisch, da wird Burroughs Teil seines »Naked Lunch«. In Bertoluccis Romanverfilmung »Himmel über der Wüste« ist der Dichter sogar leibhaftig dabei: Der alte Paul Bowles sitzt in der Ecke eines Cafés, um am Ende die letzten Worte seines Romans zu sprechen.

Ob Tania Blixen (»Jenseits von Afrika«) oder Charles Bukowski (»Barfly«), ob ein unbekannter Dramatiker, den es nach Hollywood zieht (»Barton Fink«), oder eine in der Kindheit gequälte Lyrikerin (»Herr der Gezeiten«): Die Dichter sind die letzten Helden der Leinwand.

Und nicht nur das. Sie sind auch Gegenstand umfangreicher Erzählungen, nämlich großer Biographien. Nicht allein die Politiker, Wirtschaftsbosse und Erfinder, sondern auch jene, die ihre Tage am Schreibtisch zubringen, sind die Helden gewichtiger Wälzer.

Die Prosastücke von Beckett neigten sich immer mehr dem Schweigen zu, doch die Biographin Deirdre Bair brachte es auf gut 890 Seiten über das Leben des Dichters. Donald A. Prater über Rilke: 745 Seiten. Richard Ellmann über Joyce und Oscar Wilde: 780 und 870 Seiten. George D. Painter über Proust: 1210 Seiten. Peter de Mendelssohn starb über der Arbeit an seiner Thomas-Mann-Biographie; nur der erste Teil (1180 Seiten) erschien zu seinen Lebzeiten, gerade eben wurden aus dem Nachlaß noch zwei abgeschlossene Kapitel ediert. Als Motto für den geplanten zweiten Band hatte der Biograph das Mann-Wort aus einem Brief vorgesehen: »Nochmals, ich bitte Sie um Geduld. Der Mensch kann sich nie als Ganzes zeigen. Nur Stückwerk wird jeweils sichtbar. Aber allmählich enthüllt sich doch das Ganze und die Zeit wird lehren, daß ich nie aufgehört habe, mir selber treu zu sein.«

Das mag es sein, was uns am Leben der Dichter fasziniert: Ihre Verzagtheit einerseits, die uns Zutrauen gibt, und ihr Kinderglaube an einen Zusammenhang des Lebens andrerseits, der uns Hoffnung macht – Hoffnung darauf, daß auch wir mehr als Material sind, das irgend jemand bloß sortiert und arrangiert.

(1992)

Lara will kein Kind

Neues Leben für alte Romanfiguren: im Fortsetzungsfieber

Einige haben schon abgeliefert, andere schreiben noch. Nach dem »Scarlett«-Welterfolg gibt es kein Halten mehr. Was eine Routineschreiberin namens Alexandra Ripley auf dem Rücken von Margaret Mitchells Roman »Vom Winde verweht« austrug, läßt andere nicht ruhen. Unbekannte Schriftsteller wagen sich an literarische Größen wie Emily Brontë, John Galsworthy, Boris Pasternak und Mark Twain. Sie wollen uns erzählen, was in den Romanen »Sturmhöhe«, »Doktor Schiwago«, »Forsyte Saga« und »Huckleberry Finn« nicht mehr berichtet wird.

Neu ist das Verfahren nicht. Kaum war Goethes »Werther« auf der Welt und ein Erfolg, häuften sich schon die Parodien, die Um- und Fortschreibungen – unter denen Friedrich Nicolais »Freuden des jungen Werthers« die bekannteste wurde. Fröhlich läßt Nicolai den jungen W. auferstehen. Zwar setzt der sich auch bei ihm die Pistole an die Schläfe, überlebt jedoch – und Albert gibt Lotte frei. Ende gut, alles gut: »In wenigen Monaten ward Werthers und Lottens Hochzeit vollzogen. Ihre ganze Tage waren Liebe.« Schließlich kann Albert Werther auf die Schulter klopfen: »Freund! warst ein Weichling, bist nun ein Mann worden!«

Goethe fand das überhaupt nicht komisch. Außer sich vor Zorn verfaßte er eine lyrische Schmährede auf Nicolai. Hindern konnte er den Nachschreiber nicht. Auf die Idee, das Copyright an seiner Schöpfung anzumahnen, wäre er nie gekommen. Ein Urheberrecht in unserem Sinne kannte man im 18. Jahrhundert nicht.

Wem gehören Romanfiguren? Bei »Scarlett« waren es Margaret Mitchells Erben, die nicht nur ihr Placet, sondern sogar den Auftrag zur Auferstehung der schönen Romanheldin gaben. Aber schon beim geplanten »Schiwago«-Revival gibt es Probleme. Die Fortsetzung soll im Herbst 1993 in London publiziert werden, der Titel wird mal mit »Lara's Child« und »Lara's Daughter« kolportiert. Die Weltrechte an Pasternaks Roman und seinen Figuren liegen freilich bis zum Jahr 2010 in Italien, und von dort hat sich die Verlegerin Inge Feltrinelli klipp und klar vernehmen lassen: »Lara will kein neues Kind.«

Gegen eines wird im übrigen kein Gericht der Welt vorgehen können: daß Schriftsteller auf eigene Geschöpfe aus älteren Büchern zurückgreifen und deren Leben weiterspinnen. Seit dreißig Jahren praktiziert das etwa der Amerikaner John Updike, der 1960 in seinem Roman »Rabbit Run« die Figur Harry Angstrom eingeführt hat. Eine Fortsetzung war zunächst gar nicht geplant. Im Jahre 1971 nahm Updike den Faden zum ersten Mal wieder auf. »Die Leute hatten mich oft gefragt: Wie geht's denn weiter mit Rabbit?« Fortan schrieb Updike alle zehn Jahre einen neuen Rabbit-Roman und ließ seinen Helden entsprechend altern. Der vierte und letzte Roman (»Rabbit At Rest«), ein glänzendes Finale, ist für diesen Herbst in deutscher Sprache angekündigt.

»Soll, darf man ihn wiederbeleben?« Das fragte sich – in seiner »Rättin« – vor wenigen Jahren auch Günter Grass und meinte niemand anderen als Oskar mit der Blechtrommel. Er fragte nur rhetorisch, und so mußten wir erfahren, was wir gar nicht unbedingt wissen wollten: »Unser Herr Matzerath hat allerlei und bald auch seinen sechzigsten Geburtstag hinter sich.« Nicht immer, das zeigt die »Rättin«, ist eine Figur beim geistigen Urheber in den besten Händen.

Romanfiguren können sich weder ihre Eltern noch ihre Adoptiveltern aussuchen. Die Versuchung ist groß: auf bewährte literarische Gestalten zurückzugreifen – man muß sie beim Publikum nicht erst einführen. Es gibt nur eine Hoffnung: Es könnte sich schon bald herausstellen, daß ein Kommerzerfolg wie »Scarlett« nicht beliebig wiederholbar ist. Erst wenn sich das Fortschreiben nicht mehr lohnt, werden die Originale ihre Ruhe haben.

(1992)

Teil V
Nebenschauplätze

Filmkritik

Wenn es sich um die Verfilmung eines bedeutenden literarischen Stoffes handelt, wird mitunter der Literaturkritiker von der Filmredaktion gebeten, in die Pressevorführung des Films zu gehen und die Kritik zu schreiben – oder er bewirbt sich selbst, wenn ihm der verfilmte Roman besonders am Herzen liegt.

Die fixe Idee Liebe

Volker Schlöndorffs Verfilmung eines Romankapitels von Marcel Proust

Proust verfilmen? »Was wir die Wirklichkeit nennen, ist eine bestimmte Beziehung zwischen Empfindungen und Erinnerungen, die uns umgeben«, heißt es im letzten Band des großen Romanwerks »Auf der Suche nach der verlorenen Zeit«, »eine Beziehung, die bei einer einfachen kinematographischen Wiedergabe verlorengehen würde, da diese sich um so mehr von der Wahrheit entfernt, je mehr sie sich auf sie zu beschränken vorgibt.« Diesen Fingerzeig hat Marcel Proust mit prophetischem Blick wie einen Bannspruch in seinem Werk versteckt.

Vierundzwanzig Stunden aus dem Leben von Charles Swann. Wir sehen ihn in seinem Bett, er schreibt (an seiner Geschichte?). Wir hören seine Stimme: »Meine Liebe zu Odette geht weit über das körperliche Begehren hinaus. Sie ist so eng mit allem verbunden, was ich tue, was ich denke, mit meinem Schlaf, mit meinem Leben, daß ich ohne sie nicht mehr existieren würde.« Dann eine Rückblende, Großaufnahme: Swann befestigt eine Cattleya-Blüte am Ausschnitt einer Frau, er fragt, ob er daran riechen dürfe. Die Frau atmet laut und erregt.

Volker Schlöndorffs Film »Eine Liebe von Swann« beginnt mit einer puren Behauptung: Da gibt es einen Mann, der einer Frau leidenschaftlich verfallen ist. Punkt. Jeremy Irons stellt diesen Swann entsprechend elegisch dar: Der Blick des Briten ist vornehmlich nach innen gewendet, bisweilen schaut er auch ein wenig närrisch. Daß Swann schlecht aussehe, bestätigen ihm die Menschen, denen er an diesem Tag begegnet: Sie wissen von seiner verzehrenden Liebe zu Odette, und sie amüsieren und sorgen sich.

Swann hat Zutritt zur besten Gesellschaft, doch sein Aufenthalt bei einem Empfang der Guermantes ist von kurzer Dauer. Die Musik gemahnt ihn an seine Sucht. Er begibt sich auf die Suche nach seinem Rauschmittel. Er findet Odette an der Seite eines anderen, doch wie selbstverständlich wendet sie sich Swann zu. Er darf sie nach Hause begleiten. »Cattleya« allerdings findet nicht statt: Die Blüte ist Sinnbild und Synonym für die körperliche Vereinigung der beiden geworden. Odette will in die Oper, ohne Swann, er darf ihr beim Umziehen zuschauen: ein Narr seiner Liebe.

Die Italienerin Ornella Muti spielt ihre Odette ganz aus dem Körper heraus. Sie besitzt die Sprache, die der Mann versteht. Eine jähe Wendung ihres Kopfes, eine Bewegung in ihrem runden Gesicht, eine Entblößung ihres vollen Busens, ein verzückt-lockendes Zucken ihres Mundes: sie kalkuliert und dosiert diese Wirkungen. In ihr steckt tatsächlich jener »stets sich entziehende, unangreifbare, verstockte Wille«, von dem Proust spricht. Kurz bevor Odette in die Kutsche steigt, um zur Oper zu fahren, öffnet sie ein wenig ihren Umhang, gibt die Schulter für einen Augenblick frei, majestätisch gewährte Gunst. Swann stürzt sich darauf und küßt ihre Haut wie ein Trunkener.

Er versucht, sie nach der Oper abzufangen: er kommt zu spät. Er findet sie in einem Restaurant, in der Gesellschaft der Verdurins: an der Seite seines Nebenbuhlers. Er will sie nach Hause begleiten: es wird ihm nicht gestattet. Spät nachts klopft er wie ein Schuljunge an ihr Fenster. Als sie ihn hereinläßt, durchsucht er die Wohnung, blind vor Eifersucht. Später dann, im Bett, kurz vor dem Höhepunkt, deutet Odette ihren Heiratswunsch an. Am nächsten Morgen glaubt sich Swann von seiner Liebe erlöst.

Er täuscht sich: Viele Jahre später, so zeigt der Schluß des Films, als schon die ersten Automobile durch Paris kreuzen, will der kranke Swann seine Tochter Gilberte den Guermantes vorstellen. Doch er wird von der feinen Adelsgesellschaft nur noch geduldet: und auch nur er allein, nicht seine Familie. Die Mutter von Gilberte nämlich ist Odette, nun Ehefrau von Swann.

Was hier zu sehen ist, nennen die Franzosen »amour fou«: die verrückte Liebe zwischen Menschen, die nicht zusammenpassen. Der Feingeist Swann ist sich über den Lebenswandel von Odette durchaus im klaren (in einem Bordell hat er auf seine Art Erkundigungen über sie eingezogen), doch die Erkenntnis, daß sie eine Kokotte ist, eine Edelprostituierte der vornehmsten Art, hilft ihm nicht, sich ihr zu entziehen. Denn es ist Prousts im Roman vorgetragene Überzeugung, »daß wir, wenn wir in eine Frau verliebt sind, einfach einen Zustand unserer Seele in sie hineinversetzen und daß infolgedessen nicht der Wert der Frau, sondern das Niveau unseres Zustands einzig von Wichtigkeit ist«.

Schlöndorff ist durch die Beschränkung auf einen Tageslauf und den Epilog (wie sie schon im Drehbuchentwurf von Peter Brook und Jean-Claude Carrière vorgegeben war) zu einer kompakten und bündigen Filmerzählung gekommen. Er hält sich in Szene und Dialog weitgehend an das Romankapitel »Eine Liebe von Swann«, für den Schlußteil greift er auch auf andere Teile aus »In Swanns Welt« und den Band »Die Welt der Guermantes« zurück. Tatsächlich ist nämlich der Abschnitt »Eine Liebe von Swann« innerhalb des Romanzyklus gar nicht ein abgeschlossener Teil, wie oft behauptet wird: Die Pointe (die Eheschließung) wird von Proust wie nebenbei in einem späteren Kapitel offenbart, ein faszinierender Akt erzählerischer Selbstbeherrschung.

Schlöndorff kann diese Volte im Film nicht schlagen, weil er das Heiratsbegehren Odettes zu deutlich macht. Er interpretiert – was sein Recht ist – die Frau in einem sehr heutigem Sinn: Odette erobert, sie will nicht leiden, nicht Spielzeug Swanns sein, also muß er das ihre werden. »Sie entzieht sich und betrügt ihn«, erläutert Schlöndorff in einem Kommentar, »als er anfängt, sie wie einen Besitz zu behandeln.« Freilich kann der Regisseur nicht deutlich machen, wogegen Odette eigentlich kämpft: Der Swann des Films ist von Anfang an ein liebeskrankes, hinter ihr her trottendes Opfertier.

Auch die Rückblenden, auf die Schlöndorff dann doch nicht verzichten kann, machen nicht klar, was Swann – bei Proust – gewesen ist, bevor er Odette traf, nämlich, mit einem altmodischen Wort gesagt: ein Schürzenjäger. Im Roman heißt es von ihm unübertrefflich: »Er baute nicht Hütten in dem, was er sich an Beziehungen geschaffen hatte, sondern schlug statt dessen lieber überall da, wo eine Frau ihm gefiel, eines jener leicht abzumontierenden Zelte auf, wie die Forschungsreisenden sie mitzuführen pflegen.« Die Beschränkung auf vierundzwanzig Stunden kann die schleichende Ausbreitung der »fixen Idee, die man Liebe nennt«, nicht sinnfällig machen: Was dem Film vordergründig an Klarheit und Stringenz zugute kommt, geht an Tiefe verloren. Schon der Selbstkommentar Swanns zu Beginn verschiebt die Perspektive. Bei Schlöndorff ist er sich über seine Verfallenheit im klaren. Proust dagegen kommentiert »diese Krankheit Swanns, seine Liebe«, von außen, in der dritten Person. Im Roman glaubt sich Swann immer wieder erlöst und geheilt. Erst dieser Irrtum (den die Eheschließung am Ende offenlegt) macht deutlich, was der Autor meint, wenn er schreibt: »Wieviel weiter führt das Leiden in die Psychologie hinein als bloße Psychologie!«

Hat uns Schlöndorff unter der Flagge Prousts einen flachen Liebes- und Eifersuchtsfilm untergeschmuggelt, ein Ausstattungsstück, ein triviales Historiengemälde? Das zu behaupten wäre ungerecht. Hier wurde Aufwand mit viel Liebe zum Detail getrieben, und das auch im Sinn einer Verbeugung vor dem Genius Prousts. Über den Versuch des Komponisten Hans Werner Henze, eine im Roman beschriebene Sonate zum Leben zu erwecken, wurde schon anläßlich der Pariser Erstaufführung des Films ausführlich berichtet. Die anschmiegsame Kameraführung (Sven Nykvist) ist ebenso hervorzuheben wie die vortreffliche Ausstattung der Salons und die Nachbildung der von Proust besonders akkurat beschriebenen Kostüme. Was die Schauspieler angeht, so steht dem (im übertragenen wie konkreten Sinn) etwas blassen Swann Jeremy Irons' mit Alain Delon als Baron Charlus ein leb- und schalkhafter Freund zur Seite, den der Franzose mit selbstgefälliger Mimenkunst spielt. Fanny Ardant, in der Rolle der Herzogin von Guermantes, wirkt adliger als jene echt adligen Chargen, die in diesem Film mitwirken.

Und doch bleibt ein Unbehagen. Die Falle, in der Schlöndorff sich verfangen hat, ist die zwischen Ehrfurcht vor dem Roman und eigenständiger Filmerzählung. Was seinem Kollegen Karel Reisz mit der Roman-Verfilmung »Die Geliebte des französischen Leutnants« (nach einem Buch von John Fowles) gelang, nämlich ein literarisches Modell in Filmsprache zu übersetzen, hat Schlöndorff nicht oder doch nur ansatzweise versucht (der schreibende Swann in seinem Bett: eine fragwürdige Anspielung auf Proust). Er meint, in der Beschränkung dem großen Werk am besten Reverenz zu erweisen. Das ist zu respektieren.

Doch nun fehlen viele Bezüge, und nicht nur Proust-

Lesern wird vielleicht die Filmgeschichte von Swann und Odette etwas banal vorkommen. Dabei ist »Eine Liebe von Swann« innerhalb des Romans nur eine Art Vorecho, ein Seitenthema jener breiten Melodie, die davon spricht, »daß Lieben eine böse Verzauberung ist, wie sie in Kinderwünschen vorkommt, gegen die man nichts vermag, bis der Zauber gebrochen ist«. Dieses Romankapitel ist das einzige, das vor der Geburt des Erzählers spielt. Es ist im Romanwerk eine Rückblende, die einzige Phantasie in der Er-Form, die das Roman-Ich sich leistet. Freilich mit vielerlei Bezügen zu seiner eigenen Geschichte: Jene Gilberte, die am Ende des Films mit anderen Kindern spielt, ist die erste große Liebe dieses Erzählers. Er könnte einer der Knaben sein, die man dort kurz im Bild sieht. Es zeugt schon fast von Proustscher Selbstbeherrschung, wenn Schlöndorff diesen Hinweis unterläßt.

Wäre nicht doch eine kleine Hommage an das Alter ego Prousts hier angebracht gewesen? Freilich wäre damit womöglich etwas vom Geist der Erzählung in den Film gedrungen. Und Prousts Darstellungsweise hat so gar nichts mit der bündigen Filmsprache Schlöndorffs zu tun: sie ist vielmehr ein kreisendes Ineinandergreifen der Zeiten, ein kommentierend-erzählendes, behutsames Vorwärtsdrängen. Davon gibt der Film keine Vorstellung, dafür hat Schlöndorff keine Entsprechung gefunden. Aber vielleicht ist es auch zuviel verlangt, jene »Beziehungen zwischen Empfindungen und Erinnerungen, die uns umgeben«, in Film so aufleuchten sehen zu wollen wie bei Proust. Es mag sogar ein Trost sein: Noch sind wir des Lesens mächtig, noch steht neben dem Kino ein Buchladen.

(1984)

Theaterkritik

Was für den Film gilt, trifft stärker noch auf das Theater zu: Der Literaturkritiker wird nur in Ausnahmefällen um Unterstützung ersucht. Das kann etwa dann der Fall sein, wenn er die besseren Verbindungen zum Autor hat und so erreichen kann, die Generalprobe einer Neuinszenierung besuchen zu dürfen – was für Wochenzeitungen und Magazine von Bedeutung sein kann, sofern der Premierentag ungünstig für eine aktuelle Berichterstattung liegt.

Jedermann und Jedefrau

Generalprobe in Wien: »Die Ähnlichen« von Botho Strauß

Am Anfang und am Ende: drei Frauen auf einem Bett. Dazwischen, an unterschiedlichen Orten, Spiele: Liebesspiele, Wechselspiele, Zwischenspiele – moralisches und unmoralisches Episodentheater oder, in der Diktion des Dichters, »Moral Interludes«: So heißt das neue, am vergangenen Samstag im Rahmen der Wiener Festwochen im Theater in der Josefstadt uraufgeführte Stück von Botho Strauß im Untertitel.

»Die Ähnlichen« ist das 16. Stück des für die Bühnen mittlerweile fast konkurrenzlos attraktiven deutschen Gegenwartsdramatikers – in der Regie von Peter Stein, 60, dem seit alten Berliner Schaubühnen-Tagen bewährten Strauß-Intimus, erweist es sich als ein Schauspiel ganz auf der Höhe der Strauß-Klassiker »Groß und klein«, »Kalldewey, Farce« und »Schlußchor«.

Wieder einmal widmet sich Strauß, 53, den Fragen nach der menschlichen Identität und der Beziehung der Geschlechter – und hat dabei, wieder einmal, den Frauen die attraktiveren Parts zugedacht. Jutta Lampe, Mirjam

Ploteny und Dörte Lyssewski spielen in schönem Einklang drei Schwestern, Freundinnen und Feindinnen – mit wechselnden Namen und Rollen.

Zu Beginn heißen sie Agathe, Vilma und Magda: neuzeitliche Passantinnen, ganz im Hier und Heute mit Minirock und Falk-Stadtplan, und gleichzeitig weibliche Fabelwesen. Die drei sind, da erweist sich Strauß abermals als umfassend gebildeter Traditionalist, Wiedergängerinnen der Graien, jenes schwesterlichen Trios aus der griechischen Mythologie, das schon Goethe im »Faust« sagen läßt: »Des Chaos Töchter sind wir unbestritten.«

Die erste große Leistung der drei Schauspielerinnen: wie hingebungsvoll sie die »Ähnlichen« geben und auf Individualität verzichten, von nahezu identischem Outfit. Sie reden und quasseln wie aus einem Munde durcheinander, gegeneinander und miteinander. Agathe, Vilma und Magda wird es auf ihrem Hotelbett immer heißer und sie entledigen sich langsam des größten Teils ihrer zivilen Kleidungsstücke – wunderbares Boulevardtheater.

Feste Rollen gibt es bei Strauß und Stein im ganzen Stück nicht, weder für die Frauen noch für die Männer. Zum Stamm der »Ähnlichen« gehören auch zwei Brüder aus dem eben noch geteilten Deutschland. Christian, der sich 1981 in den Westen abgesetzt hat, und Christoph, der in der DDR geblieben war, streiten um ihr Erbe: August Zirner und Daniel Friedrich erweisen sich – so auf der Hauptprobe in der vergangenen Woche – als regelrechte Kampfhähne und dann wieder als Kumpane, teils angestachelt, teils beschwichtigt von den drei Frauen, die nun zu Else und Ellen, den Gattinnen, und Odile, einer von beiden Männern besuchten Hure, mutiert sind: Fließende Übergänge sind eine Spezialität des Strauß-Theaters, das auf zusammenhängende Handlung verzichtet.

Dann haben sich die Brüder mit Ellen und Odile, der neuen Partnerin des einen, im Schneesturm verirrt und versuchen, einer veritablen Märchenhexe ihr Reisigbündel zu entreißen – die aber, hinter deren Maske sich die verlassene Else verbirgt, reißt statt dessen dem Ex-Mann bei lebendigem Leibe das Herz aus der Brust.

Nach diesem archaischen Höhepunkt (und nach der Pause) weicht Regisseur Stein von der gedruckten Fassung des Stücks ab: An die Stelle des kleinen Metaspiels »Einzelprobe«, eines Spiels mit dem Theater im Theater, in dem sich die Verwandlung von Odile/Magda fortsetzt, stellt er eine Szene, die einem anderen neuen, noch nicht aufgeführten Strauß-Stück entnommen ist, gefolgt von einer eigens für diese Inszenierung geschriebenen Episode: In beiden Fällen wird der angedeutete Erzählbogen, der fragile Zusammenhalt des Stücks, ohne Not strapaziert.

Schade – denn gerade in den danach noch folgenden Szenen erweisen sich Strauß und Stein als hinreißend genaue, herrlich witzige Inszenatoren heutiger, ewiger Geschlechter-Querelen. Wie da ein geschiedenes Ehepaar um den halbwüchsigen Sohn kämpft, wie da ein Halbentschlossener eine fast schon verführte Frau (»Ich bin an sich geneigt, in dem Ereignis selbst – wenn's je eines würde, Ihr Wort in Gottes Ohr! – restlos aufzugehen«) schließlich doch nicht erobert: Das sind Wortgefechte und Dialogverästelungen, denen man atemlos lauscht.

»Das Chaos wächst, wir setzen unsere kleine Symmetrie entgegen«, knüpft Strauß bei Goethe an – die »Ähnlichen« sind schließlich auch eine neue Spezies von Mensch. Die Befürchtung, »daß die Ähnlichen es am Ende schaffen werden«, die schon im Strauß-Band »Die Fehler des Kopisten« (1997) vorkommt, heißt nichts anderes, als daß die zukünftigen »Menschenähnlichen« kein Profil mehr haben könnten, kein eigenes Gesicht: lauter Jedermänner und Jedefrauen. Auch diesmal also übt Strauß, wie von vielen herbeigehaßt-ersehnt, Kulturkritik.

Zum Theaterereignis aber macht die Wiener Uraufführung nicht zuletzt das Bühnenbild von Ferdinand Wögerbauer, der einen bestechend wandlungsfähigen Raum aus Lichtquadern vor zumeist schwarzem Hintergrund geschaffen hat: Darin gelingen Stein und seinen Schauspielern Bilder, die selbst in der an Blickfängen nicht armen Geschichte der Strauß-Inszenierungen ihresgleichen suchen.

(1998)

Fernsehkritik

Fernsehsendungen, die sich mit Literatur oder dem Buchmarkt beschäftigen, die Porträts von Schriftstellern oder Verlegern präsentieren, gehören ebenfalls zum Arbeitsfeld des Literaturkritikers. Die Beurteilung eines TV-Beitrags kann auch – wie es bei der folgenden Fernsehkritik der Fall war – in Form einer Vorausberichterstattung erfolgen.

Erotisch gewissermaßen

»Der Verleger oder die Lust am Buch«: Siegfried Unseld im Porträt

Eine »Spezial-Ehe« nennt Martin Walser das Verhältnis zu seinem Verleger, und dann fällt ihm gleich das Beispiel des Harems ein: Hundert Autoren suchen die Nähe eines Mannes. Der aber könne sich zwischen hundert Autoren entscheiden. Hat der Verleger Macht? »Nein«, sagt Siegfried Unseld, er entscheide doch nur darüber, ob ein Manuskript ein Buch werde oder nicht. »Natürlich hat er Macht«, sagt Marcel Reich-Ranicki, und das sei auch ganz in Ordnung so. Thomas Bernhard präzisiert: Da existiere schon eine gewisse Abhängigkeit des Autors von seinem Verleger – »was dem Bauern der liebe Gott, ist der Verleger dem Autor«. Aber vielleicht seien es auch zwei Götter, die sich gegenüberstehen, überlegt Bernhard: »Die Autoren machen aus sich Götter, um dagegen bestehen zu können.«

Siegfried Unseld, »der junge Mann aus Ulm«, wie ihn einst Peter Suhrkamp nannte, kann heute auf ein Lebenswerk blicken. Er sei verliebt in das Gelingen, sagt Unseld. Er brauche das Gefühl, daß das, was er macht, richtig ist: »erotisch gewissermaßen«. An seiner Wand hängt gedruckt die Variante eines ausgiebig zitierten Adorno-

Satzes. »Es gibt kein falsches Leben im richtigen«, heißt es nun schlicht. Und Unseld trägt die Gewißheit wie ein Schild vor sich her, es sei ihm nichts schiefgelaufen im Leben.

Das muß seine scheuen Dichter irritieren – und faszinieren. Ob Freundschaft mit so einem Mann möglich sei, will Walser beim Schachspiel und vor laufender Kamera lieber nicht beantworten. Daß Unseld siegt (hier beim Schachspiel), wundert den Verleger selbst am wenigsten. »Es ist nicht zu fassen«, sagt dagegen sein Autor, und tapfer erklärt Walser: Wenn er nicht das Gefühl hätte, einmal auch der Sieger zu sein, dann würde er nicht spielen.

Das gibt Unseld ein neues Stichwort: »Ich muß meine Arbeit als ein ernstes Spiel betreiben.« Er, Jahrgang 1924, kam 1952 zum Suhrkamp Verlag, wurde 1958 Gesellschafter und ein Jahr später Besitzer. Seither verkörpert er den Verlag mit intellektueller und physischer Präsenz. Für den Porträtisten ist so ein Mann eine leichte und am Ende fast unerfüllbare Aufgabe. Wer Ohren und Augen, Mikrophon und Kamera hat, muß im Grunde nur abwarten. Es kommt übergenug an fertigen, abrufbaren und fast immer fesselnden Erklärungen zum eigenen Leben und Werk. Doch das ist die Fassade. Ob es dahinter noch einen anderen Unseld gibt, ist ein altes Rätsel.

Auch Hilde Bechert und Klaus Dexel sind in ihrem einstündigen Fernsehporträt nicht dahintergekommen. Ihre Dokumentation lebt – und das ist ja auch in Ordnung so – von der Lebendigkeit ihres Helden, einer Lebhaftigkeit, die sich auch noch in den Äußerungen des Literaturkritikers und der verschiedenen Schriftsteller spiegelt. Max Frisch: »Er ist ein fanatischer, ein besessener Verleger.«

Unseld beim Diktat einer täglichen Chronik (aus der vielleicht einmal eine Verlagsgeschichte werden wird), Unseld in der Post- und Lektorenkonferenz, Unseld als

Redner bei einer Verlagsfeier: Es lebe der Selbstdarsteller! Schließlich Unseld beim Schwimmen; jeden Morgen dreht er seine Runde, er schwimmt seit dem sechsten Lebensjahr. Und vielleicht habe es ihn gelehrt, was einen Verleger auszeichnen müsse, Originalton Siegfried Unseld: »Panikresistenz und Simultankompetenz.«

(1987)

Hörbuch-Hinweis

Die Produktionen aus Hörbuch-Verlagen werden von der Literaturkritik im allgemeinen wenig berücksichtigt. Das hat damit zu tun, daß heute parallel zu fast jeder neuen Buchpublikation eine – nicht selten gekürzte – Hörbuchfassung erscheint, gelesen von mehr oder weniger begabten Schauspielern oder den Autoren selbst. Es wäre müßig, darauf in jeder Rezension hinzuweisen oder gar näher einzugehen. Freilich gibt es literarische Hörbücher, die sich vom Buch weitgehend unabhängig machen und einen ungewohnten Weg der Darstellung gehen. Sie lohnen den Blick des Literaturkritikers und verdienen einen Hinweis.

Taumel von Wahnsinn

Es war eine wilde Liebe, eine verrückte Ehe – eine von vieren der Brigitte Reimann, eine Schriftstellerehe: Siegfried Pitschmann und seine Frau wetteiferten, damals in der DDR, im Schreiben und fühlten sich zugleich »in einen Taumel von Wahnsinn geworfen«. Es nahm kein gutes Ende: »Er muß schrecklich gelitten haben« (Reimann). Pitschmann erinnert sich dennoch im Gespräch liebevoll der 1973 an Krebs gestorbenen Autorin: »Wenn das eine fremde Geschichte wäre und nicht zufällig meine eigene, würde ich das ganz schön spannend finden.« Der Zuhörer der CD »Und trotzdem haben wir immerzu geträumt davon« darf das ganz ungeniert: es spannend finden. Pitschmanns anrührender Bericht wird durch Auszüge aus dem Tagebuch der Reimann ergänzt – dem wiederum eine zweite, ebenfalls spannende Hörbuch-Produktion gewidmet ist: »Ich bedaure nichts« (beide im Audio-Verlag). Die in der DDR aufgewachsene Schauspielerin Jutta Hoffmann läßt die Jahre 1955 bis 1963 (ein zweiter Teil mit Eintragungen bis zum Tod wird folgen) durch die bewegenden Notate von Brigitte Reimann großartig auferstehen – gewissermaßen aus seelischen Ruinen.

(2000)

Laudatio

Auch Kritiker haben Lieblingsschriftsteller, mit deren Werk sie sich immer aufs neue befassen und für die sie sich einsetzen, wenn es um die Vergabe von Literaturpreisen geht. Wird so ein Schriftsteller dann tatsächlich ausgezeichnet, ist es nicht selten der Kritiker, der zum Laudator bestellt wird.

Kein Anfang und ein Ende
Über den Sprachkünstler Ror Wolf

Ist das ein Anfang? »Nun, nachdem ich alles beschrieben habe, diese zurückliegende Zeit, diesen Weg, mit den Bewegungen und Erscheinungen, den Bildern und Geräuschen, diese Landschaften, mit den Knollen, Kuppeln und Buckeln, den Rinnen, Wannen und Gruben, nähere ich mich dem Ende des Berichts.« Ein grandioser Anfang: der Beginn des ersten Buches von Ror Wolf, eines Debüts, das im Titel frech eine »Fortsetzung des Berichts« verspricht und schon von Anfang an mit dem Ende spielt. Das Buch erschien 1964.

Wann beginnt etwas, wann endet etwas? Geschichten gehen, anders als das menschliche Leben, nie zu Ende, es sei denn, der Mensch überhaupt verschwindet von diesem Erdball, die bewohnte Welt geht ganz und gar zu Ende, sonst aber überdauern sie jeden Schluß, da sie sich immer wieder fortsetzen und forterzählen, kein Ende finden. Eine folgt aus der anderen, eine folgt auf die andere, stets gibt es noch eine davor und noch eine, stets gibt es Fortsetzungen und Ergänzungen, neue Versionen und Varianten, immer andere Neuigkeiten und Berichte, Fortsetzungen der Berichte und neue Nachrichten aus der bewohnten Welt – wie gesagt: solange die noch bewohnbar ist, und auch danach gäbe es vielleicht noch Geschichten, nur wäre, soweit wir wissen, niemand mehr da, sie zu erzählen.

Die Prosa von Ror Wolf kennt keinen Anfang und kein Ende, auch wenn natürlich, da Literatur immer noch – zum Glück – in Form von Büchern und nicht in Form von Endlosschleifen auf einem Bildschirm zu uns kommt, seine Texte irgendwo beginnen und irgendwo enden. Es gibt auch bei ihm einen ersten und einen letzten Satz. Aber kaum etwas wird bei diesem Schriftsteller so durch den Kakao gezogen wie der Glaube, man könnte die Welt und die Geschichten (und was ist die Welt anderes als eine wirre Folge von Geschichten) fein säuberlich in Einheiten zerlegen, in Päckchen abpacken, sie überhaupt entwirren.

Am Anfang stand also eine »Fortsetzung« – ein furioser Erstling. Und wie dann weiter? Mit einem neuen Anfang, der wieder keinen richtigen Anfang hatte und zu keinem oder einem völlig abrupten Ende kam: Drei Jahre später, 1967, erschien eine »Abenteuerserie«, so die Gattungsbezeichnung. Die Titelhelden: »Pilzer und Pelzer«.

Wieder eine souveräne, frech-frappierende Eröffnung: »Gut, also von vorn, an diesem Punkt einsetzen, wo ich abgebrochen habe, der Himmel, wie war das, jawohl, der Himmel sehr blau ...« Und eine faszinierende Schlußkadenz: »Nein, ich habe nichts mehr zu sagen. Ich bin vollkommen ruhig. Meine einzige Sorge besteht darin, daß jetzt, im letzten Moment, noch ein unvorhergesehener Zwischenfall den Schluß dieser Angelegenheit, das Ende, auf weitere Zeit hinausschieben könnte.«

So gehen die Geschichten von Pilzer und Pelzer zumindest in der ersten Ausgabe zu Ende, spätere Ausgaben hat der Autor ergänzt und verändert. Denn es ist ein Spiel, aber kein Spaß – Ror Wolf findet kein Ende (auch wenn er immer wieder die schönsten Schlüsse erfindet), seine Bücher sind nicht fertig, er reißt wieder auf, baut an, baut um. Wo alles fließt, ist nichts abzuschließen, nur abzutrennen, abzuhacken, zu unterbrechen. Das Buch als Prokrustesbett, als Folterbank für Text und Autor. Aber eben: Anders ist die Prosa nicht zu haben für das Publikum – als in abgeschlossener Form. Jedenfalls vorerst, bis zur nächsten Auflage, zur Neuausgabe, zur Taschenbuchedition.

Ich überspringe einige Bücher (den Band »Die Gefährlichkeit der großen Ebene«, die Prosaminiaturen »Mehrere Männer«), um zum neuesten Werk zu kommen. Ich lasse auch alle Seitenstränge des literarischen Weges von Ror Wolf beiseite: die Hörspiele, die Fußball-Collagen, die lyrische Produktion mit dem wunderbaren Moritatenband »Hans Waldmanns Abenteuer«, die ironischen und voluminösen »Ratschläge für alle Fälle der Welt«, hinreißende Parodien auf die Lexikonweisheiten des Bildungsbürgertums. Nur soviel: Wir haben es hier mit einem Autor zu tun, der kontinuierlich gearbeitet hat und nicht etwa jetzt nach einer langen Zeit des Schweigens wiederauftaucht. Dennoch, zugegeben, ist der Eindruck entstanden, daß er etwas verschwunden war und nun wieder da ist. Das hängt nicht zuletzt damit zusammen, daß dieser Schriftsteller, der zu den wichtigsten der Gegenwart zählt, eine unbequeme Odyssee durch die deutsche Verlagslandschaft hinter sich hat und mit der breiten Palette seines Angebots nicht recht präsent war, eine Odyssee, die hoffentlich jetzt ein Ende gefunden hat.

In seinem 1991 veröffentlichten Buch »Nachrichten aus der bewohnten Welt« wird auf das schönste mit diesem Verschwinden und Wiederauftauchen gespielt. »Man weiß ja, daß ich ein Fortläufer bin«, heißt es da, »ein Virtuose des raschen Verschwindens, und wenn ich schon einmal fortlaufe, bleibe ich fort.« Nun, das eben stimmt nicht, und schon korrigiert sich der Erzähler und fügt hinzu: »Ich verschwinde gleichmütig, ohne Rührung; aber ebenso gleichmütig wie ich verschwinde, bin ich eines Tages doch wieder da.« Dem Burschen ist also nicht zu trauen. Seine Nachrichten sind von der entschieden unzuverlässigen Art.

Und doch hören wir ihm hingerissen zu, weil er den richtigen Ton findet, so wie ja auch das Kind der abendlichen Geschichte nicht deswegen lauscht, weil alles seine Richtigkeit hat, sondern weil die Stimme gefällt, die erzählt, die Art des Vortrags, zu der, ganz im Gegenteil, gerade das Flunkern, das Flackern der Glaubwürdigkeit, das Schwanken zwischen Wahr und Falsch gehört.

Schon setzt der Erzähler den Bericht fort, und dahinter sehen wir bisweilen den Autor, der sich ins Fäustchen lacht, hier zum Beispiel: »Von mir war so oft und ausführlich in den hiesigen Blättern die Rede, daß ich der Meinung bin, daß das Aufsehen, das ich bisher erregt habe, für eine Weile ausreichen sollte. Ich entschloß mich daher, die Öffentlichkeit zu verlassen, um mich im Hintergrund mit meinen Erinnerungen zu beschäftigen, mit denen ich später die Welt zu überraschen gedachte. Ich tat das mit einer Lautlosigkeit, wie sie bis dahin wahrscheinlich noch niemals gehört worden war.« Die Folge: »Mein Name verschwand für lange Zeit aus der Presse. Ich verließ die Gegend.«

Daß der Erzähler die Gegend verläßt, ist natürlich auch nur ein Gerücht. Wo will er nicht überall gewesen sein, in West und Ost, in Nord und Süd, aber auch in Italien, in Ohio, in Nebraska, in New York. Dort übrigens, so behauptet er, sei ihm das folgende passiert: »Es dauerte nicht lange, schon lief ich über die Straßen Manhattans, wo mich ein Auto erfaßte und in die Höhe warf. Bisher ist alles vorübergegangen, dachte ich, als ich so durch die Luft flog; also wird wohl auch das vorübergehen.«

Alles wird vorübergehen. Das Spiel mit Anfang und Ende ist ein Grundelement dieser Prosa. Denn Anfang und Ende, das heißt auch: Aufbruch und Abbruch, Losgehen und Verharren, Draußen und Drinnen, Bewegung und Stillstand, Gehen und Sitzen, Liebe und Tod.

Ein Reisender? Nein, das glaubt niemand, aber um so lieber hören wir den Reiseabenteuern zu, gerade weil der Held, der Erzähler, ganz offen davon spricht, daß alles erfunden sei: »Ich schrieb«, heißt es mittendrin, »ohne diese Stadt, mehr noch: ohne dieses Hotel, noch mehr: ohne dieses Zimmer im Dachstock und ohne den Platz, an dem ich saß, jemals verlassen zu haben, über diese bewohnte Welt, die ich niemals gesehen hatte und dennoch so eindrucksvoll darzustellen vermochte, daß jedermann glaubte, ich sei ein Reisender, der auf seine Erlebnisse aufmerksam macht.«

All das ist nicht etwa neu bei Ror Wolf: das Hotel, die Geräusche im Nebenzimmer, das bewußte Keuchen und Stöhnen, das angebliche Herumreisen, das Locken und Zurücknehmen, das Ich, das sich im Vorgang des Erzählens immer mehr abhanden kommt – virtuos im Verschwinden. Nicht neu: aber warum sollte es auch? Über diese Urmuster des Erzählens, des Erfindens, des Hin und Her, des Vor und Zurück, weiß kaum einer so gut Bescheid wie Ror Wolf.

Daß in dem Buch »Nachrichten aus der bewohnten Welt« nicht nur der längere und titelgebende Prosatext enthalten ist, sondern auch eine Vielzahl kürzerer, zum Teil ganz kurzer Texte, zeigt zunächst einmal eines: wie sorgfältig Ror Wolf seine anscheinend so uferlosen und ausufernden Geschichten baut. Manches Stück dieser Kurzprosa ließe sich nämlich nahtlos in den Rahmen der größeren Prosa einspannen. Der Autor aber hat es vorgezogen, das alles lieber unverbunden nebeneinanderzustellen, als es zwangsweise zu vereinigen. Und zudem gibt das dem Schriftsteller natürlich mehr Spielraum, sein größtes Kunststück dem Publikum immer wieder vorzuführen: einen Schluß zu finden, ohne wirklich zum Ende zu kommen. So viele Geschichten: so viele Finale.

Etwa hier: »Es ist Sommer geworden und wir kommen zum Ende; das ist wirklich kein schöner Schluß, doch ich glaube, ich kann mit dem bisher Erwähnten ziemlich zufrieden sein.« Kein schöner Schluß? Dann eben so: »Das Ende kommt, wenn es soweit ist. Ich glaube, jetzt ist es soweit.«

(1992)

Geburtstagsbeitrag

Die literarischen Vorlieben der Kritiker sprechen sich rasch herum, schließlich ist ja nachzulesen, wer wessen Werk über Jahre, gar Jahrzehnte begleitet und fördert. So kann es dann vorkommen, daß der Literaturkritiker anläßlich des Geburtstags eines von ihm geschätzten Autors um einen Beitrag für eine Festschrift gebeten wird, außerhalb der Zeitung, des Magazins oder der Rundfunksender, für die er gewöhnlich arbeitet.

Daher die Bühne
Botho Strauß zum 60. Geburtstag

Einer geht voran. Früher – damals, im 20. Jahrhundert – waren es vielleicht wirklich die Autoren des Experiments, jene, die sich selbst zur Avantgarde rechneten und stets auf neue Techniken, Stile, Brechungen und Verfremdungen abzielten. Heute kann es derjenige sein, der zurückschaut, der nicht allein nach unbegangenen Wegen sucht, sondern der Wege offenhält, der sich schreibend bemüht, daß uns im Fortschreiten nicht alles einst Begangene und inzwischen Vergangene aus dem Blick verschwindet, hinter uns verwildert, zuwächst und sich dem Blick entzieht.

Bescheiden klingt das Programm, das im Grunde kein Programm ist, sondern eher eine Art Selbstbeobachtung: »Im wesentlichen berichte ich den toten, den von mir geliebten Autoren, die unverständig aus mir herausblikken auf diese Welt, von den unerhörten Dingen, die sich dort zutragen.« Botho Strauß versucht, sich einer Sprache zu bedienen, die ehemaligen Schriftstellern, wie er hoffe, »bekannt vorkommt«.

Gerade so einer kann ein Lotse sein: einer, der jene Gegenwartsströmungen und Untiefen kennt und erkennt, über die andere munter plaudernd und erzählend hinweggleiten. Wenn sie zurückschauen, betäubt vom Fahrtwind, verwechseln sie die kurzlebige Spur, die ihr wendiges Boot in die Wellen geschnitten hat, mit Leistung und Erinnerung.

Wie in jedem Leben gibt es auch bei ihm vieles, das ihn »berührte, das hängenblieb, mich hartnäckig verfolgte«, das also Stoff sein könnte für Rückschau, Erinnerung, episches Aus- und Wiederholen – und doch: »niemals könnte ich darüber etwa schreiben. Über etwas ohnehin nicht.«

Dennoch könnte es ein Mißverständnis sein, in ihm einen Gegner vor allem der traditionellen Erzählkunst zu sehen. Selbst gediegene Erzähler und Romanautoren stehen ihm am Ende näher als die Sprachbastler mit ihren »linguistischen Laubsägearbeiten« (wie es W. G. Sebald einmal anläßlich Arno Schmid formulierte). Nur glaubt er sich selbst zum epischen Präteritum ganz unbegabt, sogar zu seinem ausdrücklichen Bedauern. Auch daher die Bühne. Im Theater ist immer Gegenwart, selbst die Rückschau muß dort verkörpert werden, jemand muß damit vor das Publikum treten und mit seinen Worten bestehen: jetzt, in diesem Augenblick.

Was ihn zum Schreiben treibt, oder – wie es bei ihm heißt – was er »in der Sprache zu suchen« hat: »gewiß nicht die Sprache selbst und noch viel weniger ihr schöner Zweck, andere mit Erzählen zu unterhalten«, sondern: »Mir macht Sprache Gesichte, aus ihr entsteht Gesehenes, also etwas, das letztlich aus ihr heraus- und hervortreten will.« Oder anders gesagt: »Nicht der Blick erweitert dein Sehen, sondern das Entziffern.«

(2004)

Interpretation

Jede Form von Analyse und Beschreibung eines literarischen Werks, auch die gewöhnliche Rezension, enthält einen interpretatorischen Kern. Die Einzelinterpretation eines Gedichts oder einer bestimmten Textpassage bemüht sich mit Blick auf die Details und die Zusammenhänge (auch mit anderen Texten dieses Autors) um eine Einordnung und Erläuterung der formalen und inhaltlichen Eigenheiten. Für solche Interpretationen findet sich nur selten Raum in Zeitungen und Zeitschriften. Die »FAZ« ist da seit vielen Jahren eine große Ausnahme: Woche für Woche erscheint in der Samstagsbeilage »Bilder und Zeiten«, betreut von Marcel Reich-Ranicki, ein Gedicht mit Interpretation.

Unterm Schutt II
Von Inge Müller

Und dann fiel auf einmal der Himmel um
Ich lachte und war blind
Und war wieder ein Kind
Im Mutterleib wild und stumm
Mit Armen und Beinen die ungeübt stießen
Und griffen und liefen Bilder ringsum
Kein Boden kein Dach
Was ist – verschwunden
Ich bin eh ich war.
Ein Atemzug Stunden
Die andern! Ein Augenblick hell wie im Meer
Da klopft einer –
Den Globus her!
Daß ich mich halte
Brücken Land Pole
Millionen Hände brauch ich

Mich trägst du nicht, Tod, ich mach mich schwer
Bis sie kommen und graben
Bis sie mich haben
Du gehst leer.

Das Mädchen, die Trümmer, der Tod

Ein Albtraum, wie ihn wohl jeder fürchtet: unter Trümmern verschüttet zu sein – ohne Nahrung, ohne Bewegungsmöglichkeit, allein in Stille und Dunkelheit. Ob als Folge eines Erdbebens, einer Gasexplosion oder eines Luftangriffs: Es trifft den einzelnen mit elementarer Wucht, physisch wie psychisch.

In diesen Versen von Inge Müller – dem mittleren von drei erstmals 1965 in der DDR publizierten Gedichten mit dem Titel »Unterm Schutt« (I bis III), deren autobiographischer Hintergrund bekannt ist – wird eine Situation gegen Ende des Zweiten Weltkriegs in Berlin vergegenwärtigt.

Im April 1945 war die spätere Lyrikerin, Hörspielautorin und Ehefrau von Heiner Müller als frisch einberufene Helferin der Wehrmacht auf der Suche nach Wasser für ihre Flakbatterie unterwegs und wurde unter einem einstürzenden Haus begraben: Nachwirkung eines vorangegangenen Luftangriffs. Drei Tage lang blieb die junge Frau – sie hieß damals noch Ingeborg Meyer und war gerade 20 Jahre alt geworden – lebendig begraben, bevor sie gerettet werden konnte.

Die Phasen des Schreckens skizziert das Gedicht in leisen Tönen und ruhigen Bildern, in einer fast liedhaften Sprache. Da ist der Moment der Überraschung, der paradoxen Reaktion (»Ich lachte und war blind«), der Augenblick schockartiger Anpassung an die neue unvergleichliche Situation, erlebt mit kindlicher, ja embryonaler Hilflosigkeit, dann das langsame Bewußtwerden einer umfassenden Orientierungslosigkeit (»Kein Boden kein Dach«) – und schließlich der völlige Stillstand der Zeit (»Ein Atemzug Stunden«).

Gezielt nutzt die Autorin an wenigen Stellen den Reim, etwa als Ausdruck trotziger Hoffnung: »Bis sie kommen und graben / Bis sie mich haben.« Hier hält die Verschüttete Zwiesprache mit dem Tod – ein feiner Anklang an Matthias Claudius; doch anders als in dessen Gedicht »Der Tod und das Mädchen« kann die junge Frau bei Inge Müller vorerst weiterleben: Sie wird ausgegraben und gerettet.

Für die Dichterin war das Erlebnis ein Trauma, unter dem sie, wie die Müller-Biographin Sonja Hilzinger zu Recht geschrieben hat, »lebenslang litt«. Hinzu kam, daß sie als junge Frau nur wenige Tage nach ihrer Rettung und zugleich der Kapitulation Berlins einen neuen Schock zu verkraften hatte: Als sie sich endlich auf die Suche nach ihren Eltern machen konnte, fand sie deren Haus völlig zerstört vor. Ingeborg Meyer war nun selber unter denen, die in den Trümmern gruben. Ihre Eltern aber konnten nur noch tot geborgen werden. Nicht alliierte Flugzeuge übrigens hatten das Haus bombardiert, sondern Maschinen der deutschen Luftwaffe, die den Vormarsch der Roten Armee im Nordosten der Stadt stoppen wollten.

Alle Versuche Inge Müllers, diese Erfahrungen literarisch in Prosaform zu verarbeiten, blieben bruchstückhaft; ein umfangreiches Fragment (»Ich Jona«) fand sich im Nachlaß. Nur im Gedicht konnte die Annäherung an das Trauma offenbar gelingen. Verwunden hat sie die Erfahrung nie, auch wenn niemand genau wissen kann, warum sie 1966, mit nur 41 Jahren, freiwillig aus dem Leben schied.

(2006)

Kolumne

Kolumnen sind durch einen gewissen Rhythmus gekennzeichnet, sie erscheinen wöchentlich oder monatlich. Eine jährliche Kolumne ist ein Sonderfall, und sie setzt Durchhaltevermögen voraus, damit sie überhaupt als solche erkannt wird. Dem folgenden Beispiel liegt eine im Grunde einfache Idee zugrunde: den Tag von Goethes Geburtstag, den 28. August, Jahr für Jahr zum Anlaß zu nehmen, um dessen Lebenssituation 200 Jahre zuvor zu beleuchten, also zu berichten, was dem Dichter jeweils in den letzten zwölf Monaten widerfahren ist – in diesem Fall in der Zeit von August 1807 bis August 1808.

Heißer Sommer in Karlsbad

Vor 200 Jahren: Goethe wird 59

Er ist zufrieden mit sich, soweit ihm das möglich ist. Seinem Verleger hat er schon im Juli die »Wahlverwandtschaften« angekündigt und überhaupt neuen Mut zu literarischer Produktion bekundet. Aus Karlsbad schrieb er: »Der Roman ist gar ein angenehmes allgemein faßliches und auch den Schriftsteller bequem unterhaltendes Genre, ich habe große Lust mehr als bisher was ich zu sagen habe in dieser Form zu geben.«

Am 28. August 1808 sieht Johann Wolfgang von Goethe in Karlsbad die erste Niederschrift des neuen Romans durch. Er hat sich »Die Wahlverwandtschaften« – so notiert er an diesem Tag – »wieder vorgenommen und sie in verschiedenen Beziehungen durchdacht«. Es wird an seinem 59. Geburtstag nicht groß gefeiert, es wird gearbeitet.

Druckreif nämlich ist das Werk noch lange nicht, das in diesem Sommer in rasender Geschwindigkeit entstanden ist: In wenigen Wochen, zwischen dem 29. Mai und dem 30. Juli, hat Goethe die erste Fassung runterdiktiert.

Seit dem 17. Mai hält er sich in Karlsbad auf (»Bei den Drei Mohren ist mein Quartier«), und er wird erst Mitte September nach Weimar zurückkehren. So hat er es auch im Vorjahr gehalten. Seine Frau Christiane (1765-1816), mit der er seit zwei Jahren verheiratet ist und seit nunmehr zwei Jahrzehnten zusammenlebt – sie war 23, als er sie kennenlernte –, hat sich damit abgefunden, daß ihr Mann sich gern für längere Zeit zurückzieht.

Immerhin schreibt er liebevolle Briefe. So bedankt er sich an dem Tag, als er mit dem Roman beginnt, für die Liebe und Treue, »die Du an mir thust, und mir das Leben so bequem machst, daß ich nach meiner Weise leben kann«. Auch tröstet er sie – in einem Brief vom 2. Juli – wegen der Lästereien, die offenbar trotz Legalisierung ihrer Beziehung in der feinen Weimarer Gesellschaft anhalten. Sie solle sich davon nicht anfechten lassen. »Wir wollen in unserer Liebe verharren«, schreibt er ihr, »ohne uns um andere zu bekümmern.«

Recht unbekümmert erzählt er jedenfalls von seinem Alltag im Kurbad: Er habe bisher »in kleiner aber guter Gesellschaft gelebt«. Er erwähnt im selben Brief die Familie von Ziegesar, die er samt Kindern seit langem kennt und schätzt und die nun leider »abgegangen« sei. Besonders hat es ihm dieses Mal offenbar die Tochter Sylvie (1785-1855, von ihm Silvie geschrieben) angetan. »Fräulein Silvie ist gar lieb und gut, wie sie immer war«, berichtet er der Gattin, »wie haben viel zusammen spaziert, und sind immer bei unsern Partien gut davongekommen, ob es gleich alle Tage regnete.«

Er ist fast den ganzen Juni über täglich mit der Familie zusammengewesen, hat vor allem mit Sylvie viel Zeit verbracht. Und hat der jungen Frau zu ihrem 23. Geburtstag am 21. Juni ein launiges Gedicht geschrieben. Und eine Woche, nachdem die Familie von Ziegesar nach Franzenbad weitergereist ist, fährt Goethe kurz entschlossen hinterher und bleibt zwei Wochen dort, bis er am 2. Juli nach Karlsbad zurückkehrt.

Er muß Sylvie in diesen Tagen nähergekommen sein, auch wenn er, ein bald 36 Jahre älterer Mann, die Angebetete weiterhin siezt. Kaum ist er am Morgen der Kutsche entstiegen, schreibt er ihr sofort einen Brief, morgens um sechs Uhr. »Wie ich herübergekommen weiß ich selbst nicht«, berichtet er. »Ich war in Gedanken bei Ihnen geblieben und merkte nicht daß es fortging.« Dem Brief legt er eine Locke von sich bei, »ein armseliges Büschelchen«, im Austausch gegen die »schöne, reiche, geringelte Gabe«, die sie ihm offenbar mit auf den Weg gegeben hat.

Erstaunlich, wie Goethe hier – es wird nicht das letzte Mal sein – eine junge Frau anhimmelt, die er schon als kleines Kind gekannt hat. Er kenne, notiert er später über die Familie von Ziegesar, »Eltern und Nachkommen bis in alle Verzweigungen«. Und die Kinder seien ihm in diesem Sommer 1808 »stattlich und liebenswürdig herangewachsen« vorgekommen. So kann man es auch formulieren.

Dem eigenen Sohn gegenüber, wenige Jahre älter als Sylvie, gibt er sich ganz väterlich besorgt. August (1789-1830), das einzig überlebende von fünf Kindern, die Christiane zur Welt brachte, hat in Heidelberg das Jurastudium aufgenommen. Von Karlsbad aus reagiert Vater Goethe auf einen Brief des Sohnes mit guten Ratschlägen. Er lobt, »daß Du nur wenige Stunden besuchst«, denn es komme beim Studieren darauf an, »daß man über das, was man sich zueignen will, Schritt für Schritt Herr bleibe«. Als hätte er das abschreckende Beispiel eines heutigen Bachelor-Studiums vor Augen, resümiert der Dichter: »Sobald einem das Überlieferte über den Kopf wächst«, werde man entweder dumpf oder verdrießlich und komme »gar zu leicht in Versuchung alles abzuschütteln«.

In seinem 59. Lebensjahr hat er selbst sich vorgenommen, in die Zukunft zu schauen, seine Projekte anzupakken, kurz: sich »durch das was mir vorliegt durchzuarbeiten«. So heißt es in einem Brief vom Februar 1808: »Noch nie war ich weniger gestimmt rückwärts zu sehen.«

(2008)

Personalie

Auf der Personalienseite eines Magazins oder einer Zeitung sind kurze und pointierte Beiträge gefragt, die eine kleine Geschichte oder Anekdote erzählen – auch aus dem Bereich der Literatur oder des literarischen Betriebs.

Niemand kennt mich

Die Frauen erfolgreicher Schriftsteller haben es schwer. Ihre Männer stehen im Rampenlicht, sie selbst hinter, allenfalls neben ihnen: als Gefährtin eines berühmten Mannes. Zu Hause müssen sie für Trost und Aufmunterung sorgen, die Depression aufhellen, wenn das Schreiben nicht läuft, den Höhenrausch ertragen, wenn es läuft. Kein leichtes Amt. Und manche dieser Ehen ist daran gescheitert. Als Joseph Heller, der amerikanische Romancier (»Catch 22«), noch mit Shirley verheiratet war, klagte die eines Tages der Feministin Susan Brownmiller (die sich neuerdings mit »Weiblichkeit« befaßt, so der Titel des jüngsten Buchs) ihr Leid: »Niemand kennt mich, niemand weiß meinen Namen, immer bin ich nur die Frau von Joseph Heller.« Susan Brownmiller konnte das verstehen und nahm sich vor, beim nächsten Treffen, an Joseph Heller vorbei, gleich auf die Ehefrau zuzusteuern und sie mit ihrem Namen anzureden. Ein Vierteljahr später traf man sich wieder, die Feministin und der Romancier haben denselben Agenten. Susan Brownmiller ließ den Kollegen Heller, der schon auf sie zugehen wollte, links liegen und begrüßte mit Nachdruck seine Frau: »Hallo, Shirley, wie geht's?« Die antwortete: »Danke, gut. Und wer sind Sie?«

(1984)

Auskunft

Jede Kulturredaktion kann ein Lied davon singen: Studenten erbitten Informationen für eine Seminar- oder Abschlußarbeit. Bisweilen wollen sie auch ein Interview mit dem Literaturkritiker führen; zumeist aber schicken Sie einen Fragenkatalog und bitten um rasche Antwort. Wenn Zeit ist, wird die Bitte erfüllt, zumal die Fragen oftmals dazu zwingen, eigene Ansichten und Erfahrungen zu formulieren. Das gleiche gilt für Umfragen unter Kritikern, etwa für eine Zeitschrift oder ein Buch, zum Beispiel die 1984 vom Verleger und Kritiker Jochen Jung für eine Anthologie gestellte Frage danach, »Was Kritiker gerne läsen«.

Lesen und gelesen werden

Antwort auf eine Umfrage

Was ich gerne läse? O nein, das verrate ich nicht. Damit später einer kommen kann, der sich verkannt fühlt? »Kein Wunder, daß er meinen Roman nicht kapiert hat, wenn er nur durch die Scheuklappen seiner sturen Erwartungen blickt.« Ein Kritiker weiß nicht, was er lesen will. Er hat kein Bild zu haben von dem, was er gern lesen möchte. Er schlägt ein Buch auf ohne Erwartung und will überrascht werden. Ist es so? Natürlich nicht. Wenn ich mir ein Buch zur Rezension wünsche, kenne ich entweder die Ankündigung im Verlagsprospekt (und sie hat mein Interesse, genauer: meine Phantasie geweckt), oder ich habe schon andere Bücher von demselben Autor gelesen und bin auf sein neues neugierig. Ich erwarte etwas. Etwas, das mit mir zu tun hat?

»Ich bin und bleibe ein kleiner Leser«, schrieb Paul Valéry 1937, »denn ich suche in einem Werk nur herauszubekommen, ob es mir etwas gibt oder nicht gibt für meine eigene Aktivität.« Der Literaturkritiker muß ein großer Leser sein: er muß nicht nur viel lesen, er muß auch ein weites Herz haben. Was ihm nicht gefällt, soll er besonders sorgsam prüfen. Spätestens, wenn er bei jedem zweiten Buch meint, das könne er besser, müßte er sich fragen, ob er noch ein Kritiker ist.

Der Leser der jeweils aktuellsten Literatur (also auch der Kritiker) ist ein Masochist. Er wühlt sich durch den Berg aus Tand und Tollerei, immer auf der Suche nach den zwei, drei Goldkörnern. So verschwendet er seine Lebens- und Lesezeit, die vielleicht (Arno Schmidt hat es berechnet) sonst gerade und mit Glück für die wichtigen Werke der Weltliteratur hinreichen könnte. Es ist eine Sucht, diese Suche, die immer wieder enttäuscht wird und von der nicht loszukommen ist. Wie der Spieler, der natürlich weiß, daß die Einlage in der Bank sicherer ist als der Einsatz auf Zero in der Spielbank, und der doch wieder ins Casino rennt, so kann auch der süchtige Leser keine Ankündigung von literarischen Novitäten erblikken, ohne die Hoffnung zu spüren, diesmal sei es dabei. Was? Eben das Werk, das ihn meint, trifft. Diese Hoffnung gibt die Energie, sich immer wieder auf den Bücherberg zu werfen.

»Literaturkritiker neigen dazu, ein langweiliges Buch zu überschätzen«, schreibt, nicht ohne Spott, mein Kollege, der Theaterkritiker Georg Hensel: »Sie vergnügen sich während der Lektüre mit ihren eigenen Einfällen.« Ein schlechtes Buch kann spannend sein. Um die Lektüre überhaupt zu ertragen (der Kritiker kann ja nicht, wie andere Leser, ein Buch aus Langeweile zur Seite legen), muß man etwas hinzutun: Das kann aus der eigenen Erinnerung oder der Phantasie kommen. Das mag solche Lektüre am Ende aufregender machen als die eines guten Buches. Oder ist ein Buch vielleicht gerade dann gut, wenn es von sich ab- und hinlenkt zum Leser? Die »Lust am Text« läßt sich mit Roland Barthes ja auch so verstehen:

»Der Text erregt bei mir die beste Lust, wenn es ihm gelingt, sich indirekt zu Gehör zu bringen; wenn ich beim Lesen oft dazu gebracht werde, den Kopf zu heben, etwas anderes zu hören.«

Aber das ist hier nicht die Frage. Hand aufs eigene Herz: gibt es gar keine Vorstellungen über ein Thema, eine Form, keine Wünsche an die Literatur von 1984, 1985? Also gut, ich gestehe, daß ich in der deutschen Literatur der Gegenwart etwas vermisse. Da gibt es doch einen bemerkenswerten Umbruch in der Gesellschaft der Bundesrepublik: jenen Umbruch der Sexualmoral der sechziger Jahre meine ich, der einmal Befreiung verhieß – was ist daraus geworden? Die Autoren der Jahrgänge um 1950 müssen das doch auf eine paradoxe Weise erlebt haben: Ihre eigene Pubertät fiel zusammen mit der »Aufklärung« eines halben Volkes. Den Kolle las damals jung und alt, Profumo stürzte – und noch nicht am Strand, aber in der »Bild«-Zeitung sah man ein Mädchen barbusig im Badeanzug. Ich frage mich: Warum überläßt man das alles den amerikanischen Autoren? Ich gebe zu, auf diesen Roman warte ich noch (was ja nicht heißt, daß ich jedes rezensierte Buch an dieser Erwartung messe). Wünsche an die literarische Form? Da kann ich nur sagen: Vor zwanzig Jahren waren die Autoren einfallsreicher als heute; 1964 erschienen Frischs »Gantenbein«-Roman, Jürgen Beckers »Felder«-Prosa und Ror Wolfs phantastische »Fortsetzung des Berichts«. Wie 1984 ein formal überzeugender Text aussehen könnte, vermag ich nicht zu sagen. Nur: so packend und überraschend wie damals dürfte es gern mal wieder sein.

Der eifrige Leser, heißt es in Fritz Rudolf Fries' Roman »Alexanders neue Welten«, sei derjenige, »der das Buch sucht, das noch nicht geschrieben worden ist«. Mit jedem neuen Buch, das man liest, stellt und verändert sich die Frage: Was willst du von der Literatur? Was erwartest du? Und wenn man noch so viel liest: Eine Antwort wird sich nicht finden. Denn fände sie sich, hätte man genug gelesen.

Dabei sind im Grunde die Fragen doch sehr einfach, die man immer wieder an ein Stück Literatur stellt (und die also als Hoffnungen im Kopf sind): Enthält es etwas von dir und deiner Welt? Zeigt sich diese Welt so, daß du überrascht den Blick vom Buch nimmst und dir an den Kopf schlägst? Spürst du, daß dieser Text nur hier und heute entstehen konnte? Weiß der Text von der Vergangenheit? Ahnst du die Mühe dessen, der mit dir spricht, fühlst du, daß er es sich nicht leichtgemacht hat? Daß er weiß, mit welchem literarischen Kosmos er konkurriert, wenn er deine Konzentration beansprucht? Spürst du zugleich das Unangestrengte, das sich aus dem Einfall, aus der Form, die sich entfaltet, ergibt? Berührt dich die Sprache, die Art des Vortrags so, daß du nach und nach im Rhythmus dieses Textes denkst und träumst? Spürst du deine Ängste heftiger und unausweichlicher, und hältst du sie, da sie aufgehoben sind in diesem Text, doch zugleich besser aus? Wirst du hineingeführt in den unendlichen Text, von dem das Buch nur ein Bruchteil ist, Zwischenstück aus dem Gespräch der Menschheit, das nicht enden soll? Mithin: liest du und wirst gelesen – oder sitzt du nur auf deinem Stuhl und hast ein Buch in der Hand?

(1984)

Statt eines Nachworts

Ein Mädchen, mutig, schön und klug – oder?
Wiederbegegnung mit der roten Zora

Gefragt nach meinem liebsten Kinderbuch, nach meiner ersten atemlosen Lektüre, habe ich stets ohne Zögern geantwortet: »Die rote Zora«. Das war ein so klarer Fall, wie man auf einem Formular seinen Geburtsort einträgt oder seinen eigenen Namen nennt. Und doch: ist es auch wirklich ein prägendes Leseerlebnis gewesen? Was weiß ich heute noch von diesem Buch und von seinen Figuren? Wo habe ich gelesen, was dabei gedacht? Wie viele Tage (oder hat man damals eher Wochen für vierhundert Seiten benötigt?) habe ich damit zugebracht? Fragen, die mir kommen, als ich das Buch jetzt wieder in den Händen halte.

Was mich vor dieser Wiederbegegnung zögern läßt, ist folgende Erfahrung: Als ich den Ort meiner Kindheit einmal nach vielen Jahren mit den Augen des Erwachsenen wiedersah, die Straßen und Ecken der Rollerfahrten und Versteckspiele, war mir alles so anders als in meiner Erinnerung vorgekommen, so klein, überschaubar, ja unbedeutend. Das sollte die breite Straße sein, vor deren Überquerung ich mich immer gefürchtet hatte? Die kleine Backsteinreihe jene Mauer, von der herab mir einmal eine Spielkameradin ihren Fuß auf den Kopf gestellt hatte? Die Kreuzung gleich daneben sollte jener äußerste Punkt sein, an dem alle Nachbarschaftserkundung einst ihre Grenze gefunden hatte? Die Häuser und Gehwege waren kaum verändert, nur mein Blick kam nun von weiter oben, meine Schritte waren größer, mein Sinn für Bedrohungen ein anderer geworden – und alles schien wie zusammengeschnurrt. Was einmal abenteuerlich unendlich gewesen war, erwies sich als rasch zu überblickendes Terrain.

Und nun »Die rote Zora«. Lange habe ich nicht mehr solche Skrupel gehabt, mit dem Lesen eines Buches zu beginnen: tagelang, wochenlang. Die Kollegen in der Redaktion fragen nach: Was die »Zora« mache? Ich solle mir doch einen Ruck geben. Sie liegt auf meinem Nachttisch. Ab und zu nehme ich das Buch wie ein beliebiges routiniert zur Hand und fange dort an, wo man als mit Literatur Befaßter heute beginnt: beim Impressum. Verlag? Jahr der Erstveröffentlichung? Wie viele Auflagen? Alles Dinge, die früher uninteressant gewesen sind. Was hätte einem schon das Ersterscheinungsjahr 1941 gesagt? Mittlerweile ist das Buch in der 19. Auflage (1977), also müssen auch andere es liebgewonnen haben. Und sein Autor heißt Kurt Held? Ich habe nie einen Gedanken daran verschwendet, und es berührt mich etwas eigenartig, daß dieses Buch wie jedes andere einen Verfasser hat. Früher nämlich schienen mir alle Geschichten, die ich las und hörte, aus einer lange vergangenen Zeit zu stammen. Daß so ein Buch zu einem bestimmten Datum, das sich mit einer gar nicht so entfernten Jahreszahl benennen ließ, plötzlich dagewesen sein sollte und vorher nicht – unvorstellbar.

Ich warte auf ein ruhiges Wochenende. Alle Unruhe, denke ich, die der Arbeitsalltag mit sich bringt und noch abends nachhallen läßt, müßte die Lektüre verfälschen. Aber wird sich mit der Erinnerung an das Buch auch eine Erinnerung an das Lesen von damals einstellen? Wird es überhaupt ein Wiedererkennen sein?

Die ersten Seiten dann bringen eine Überraschung. Keine Rede von der roten Zora. Eine alte Frau ruft in den »engen Gassen« einer »kleinen kroatischen Stadt« nach einem Jungen: »Branko! Branko!« (so die ersten zwei Worte des Romans). Und ganz einfach wird dann erklärt: »Branko, dem dieser Ruf galt, war ein großer, zwölfjähriger Knabe.« Seine Mutter ist gestorben. Niemand will den Jungen aufnehmen. Sein Vater, ein Geiger, steckt irgendwo in der Welt. Schon am nächsten Morgen kommt es zu einem Konflikt, als Branko auf dem Markt einen Fisch vom Boden aufhebt und des Diebstahls bezichtigt wird.

In den Streit mischt sich ein Mädchen ein und ergreift für Branko Partei. »In dem festen, derben Gesicht saßen kecke, helle Augen. Sommersprossen liefen über die Nase, brandrotes Haar lohte wie Feuer über ihr.« Die rote Zora, auf Seite 41 taucht sie, ohne daß ihr Name genannt wird, das erste Mal auf. Ich weiß nicht recht, was mich so sicher sein läßt: meine Erinnerung oder die Erfahrung mit erzähltechnischer Dramaturgie? So kommt Zora also fast heimlich ins Bild. Dieses Mädchen muß meine Phantasie als Kind enorm angeregt haben. Als stark und mutig, auch als rothaarig ist es in meinem Gedächtnis. Mit Sommersprossen? Ich weiß nicht recht. War es nicht praktisch veranlagt, dabei schön und klug? Eine Partnerin zum Leben und Träumen?

Was habe ich damals wirklich gedacht? Ich unterbreche die Lektüre. Wie alt war ich überhaupt? Habe ich Zora mehr als Mädchen oder als Frau angesehen? Ich suche in einem alten Karton nach Requisiten meiner Vergangenheit, Überbleibseln, die man zufällig aufgehoben hat, dann mitgenommen von hier nach dort und nun nicht mehr wegwerfen mag. Da: »Lesekarte Nr. g 25« der öffentlichen Bücherhalle am Mundsburger Damm in Hamburg. Und wirklich: am 2. Juni 1960 habe ich sie ausgeliehen: »Die rote Zora« von Kurt Held, Buchnummer »e 37 d«, alles in der eigenen Kinderschrift geschrieben. Fast zwanzig Jahre ist das her. (Kann das möglich sein? Daß eine so lange Zeitspanne zwischen zwei Ereignissen in meinem Leben Platz hat?) Zehn Jahre war ich damals alt. Ich erinnere: in der Schule hatte eine Lehrerin aus dem Buch vorgelesen. Aber das war möglicherweise noch viel früher. Die erste Begegnung läßt sich nicht mehr rekonstruieren.

Am nächsten Tag lese ich weiter – und höre nicht mehr auf bis zum Schluß. Branko ist tatsächlich ins Gefängnis gekommen. Und wird befreit: von der roten Zora, übrigens ganz allein. Ihre Bande taucht später auf (das Buch heißt nicht »Die rote Zora«, wie ich bisher dachte, sondern vollständig: »Die rote Zora und ihre Bande«). Branko soll Mitglied werden. Zunächst ist er verwirrt: Warum hat sie ihn aus dem Gefängnis geholt? Zora gibt keine rechte Antwort. Begründungen liebt sie nicht. Es liegt etwas Zauberhaftes in dieser Situation: alle haben den Jungen allein gelassen, die Erwachsenen ebenso wie die Kameraden und Freunde. Und plötzlich taucht dieses Mädchen auf, von dem der Ruf geht, es sei die Anführerin einer gefürchteten Jugendbande. Das mußte doch die Phantasie eines kindlichen Lesers beflügeln: Was für Triebkräfte stecken wirklich hinter dieser Begegnung zweier sich völlig Unbekannter? Das Wort »Liebe« wird in dem ganzen Buch nicht zwischen den beiden fallen, und doch soll es noch eine überraschende Veränderung in der Beziehung der beiden jugendlichen Kinder geben.

Erzähltechnisch ist das nicht ungeschickt eingefädelt, denke ich zwischendurch. Mit der Figur des Branko führt der Autor den Leser behutsam an jene Gruppe von Kindern heran, die sich mit Diebereien ihren Lebensunterhalt sichern. An einem Fall wird exemplifiziert, was die nackte Not gebietet: den Zusammenhalt der von ihr Betroffenen. Sie erfinden Rituale, Begriffe wie Treue und Rache werden zu Drehpunkten des Handelns. Der Leser ist auf ihrer Seite. Und doch: wie verstellt ist dem erwachsenen Leser die naive Identifikation. Ich sehe, wie das alles arrangiert ist, wie die Figuren mit ein paar einfachen Eigenschaftsworten charakterisiert werden. Ist eine unbefangene Lektüre so unmöglich geworden? Kann man nur noch mit dem Kopf, nicht mehr mit dem Herzen lesen? Nun ja, vielleicht ist es auch schwer, sich selbst einzugestehen, daß man doch nach und nach eingefangen wird, daß man immer weniger bemerkt, *wie* alles erzählt wird, sondern nur noch darauf achtet, *was* da berichtet wird. Je mehr ich lese, desto spürbarer schirmt mich die Geschichte gegen mein Alltags-Ich ab, betäubt sie mein Erwachsenen-Ich, das so stolz auf sein Bemühen ist, alle Erfahrungen in den Griff und auf den Begriff zu bringen. Es stellt sich jetzt auch zunehmend eine intime Vertrautheit ein. Obgleich ich keine direkte Erinnerung an die frühere Lektüre mehr habe, kommt mir doch alles so vor, als könne es nur so sein und nicht anders. Der Ausgang jeden Abenteuers erscheint mir immer als der einzig mögliche. Eine Welt ist vor mir aufgeschlagen, in der alles seine Richtigkeit hat.

Dabei ist es eine Welt der krassesten Gegensätze. Die Reichen und Mächtigen der kleinen Stadt lassen die Kinder unerbittlich verfolgen, wenn sie nicht gleich selbst mithelfen, solange ihre Puste reicht. Oder ihre eigenen Sprößlinge, die Gymnasiasten, sich einen Spaß daraus machen. Sonst müssen sich die Kinder hauptsächlich vor der Polizei in acht nehmen (Polizei, das klingt schon etwas irreführend: im Buch sind es zwei unverkennbare Gestalten, der dicke Begovic und der gutmütige Dordevic). Nur unter den Ärmeren haben die Kinder Freunde: einen Jungen aus der Nachbarschaft, der Aprikosen verkauft, den Bäcker, der ihnen heimlich Brötchen vor die Tür stellt, und schließlich den alten Gorian, einen Fischer – von anderen, die ihre Streiche mit Sympathie zur Kenntnis nehmen, nicht zu reden.

Für diese wenigen setzen sie sich rückhaltlos ein, ohne viel an die Folgen zu denken. Als ihrem Freund von den Gymnasiasten Aprikosen entwendet werden, starten sie einen regelrechten Rachefeldzug. Um an zwei der Missetäter heranzukommen, die sich mit dem Boot auf einen Karpfenteich geflüchtet haben, lassen sie sogar das Wasser ab. Der Schaden an der Karpfen- und Forellenzucht ist so enorm, daß für das Ergreifen der Kinder eine hohe Belohnung ausgesetzt wird.

Es fällt mir auf, wie scharf die sozialen Konflikte herausgearbeitet sind: das hatte ich so nicht in Erinnerung. Konnte man derlei als junger Leser nicht erkennen, da man keine Parallelen kannte? Eine Fischereigesellschaft, an der nicht nur der Bürgermeister der Stadt beteiligt ist, sondern noch andere einflußreiche Größen der Stadt, will die wenigen Fischer, die noch auf eigene Verantwortung arbeiten, einkaufen: als Arbeitskräfte mitsamt ihren Fangrechten. Der alte Gorian widersetzt sich bis zuletzt, obgleich die Firma ihn mit schmutzigen Tricks um die Frucht seiner Arbeit bringt.

Schließlich muß der alte Fischer nachgeben: er kommt mit den Übermächtigen zu einem Kompromiß. Auch die Kinder, die es bis zuletzt den Feinden ihres Freundes heimgezahlt haben (der Bürgermeister wird öffentlich bloßgestellt), finden zurück in die Gemeinschaft. Allerdings nur, nachdem der Fischer sich für sie verwendet hat. In einem Redegefecht mit dem Magistrat der Stadt bewahrt er sie vor dem Gefängnis. Das ist eine der unglaubwürdigsten und zugleich schönsten und rührendsten Szenen des Buches: wie der alte Mann mit ruhiger Stimme, die hohen Herren in einen Spiegel der Selbstgefälligkeit, des Geizes und des Egoismus gucken läßt. Als er geendet hat, kommen mir fast die Tränen. Ach, was soll ich es leugnen: mir stehen sie tatsächlich in den Augen. Wie jemand mit soviel Herz und Geschick sich für eine gute Sache verwenden kann: so sollte es auch im Leben sein! Das bleibt in seiner ganzen märchenhaften Trivialität haften wie der Baiserguß auf einer schönen Torte.

Doch bevor das Buch zu Ende geht, ist noch eine Liebesgeschichte nachzutragen. Nicht etwa eine zwischen Zora und Branko, wie ich es erwarte. Branko verläßt seine Gruppe immer häufiger, um sich mit Zlata zu treffen.

Zlata, ausgerechnet die Tochter des Bürgermeisters, hat ihm einmal mutig bei einem feigen Anschlag der Gymnasiasten geholfen. Völlig überraschend bahnt sich diese Geschichte an: statt der rothaarigen Zora die pechschwarze Zlata. Noch einmal schaltet sich mein Erwachsenen-Ich dazwischen: Wie wird der Autor diese Verwicklung auflösen? frage ich mich. So kann doch Zora nicht behandelt werden!

Er macht es einfach und enttäuscht mich ein wenig: Zlata schlägt sich am Ende auf die Seite ihres Vaters (nach dessen öffentlichem Debakel) und entzieht sich dann allem weiteren, um sich fern in Italien als Sängerin ausbilden zu lassen. Zora atmet auf. Branko und sie wollen beim Fischer Gorian bleiben, die anderen Kinder werden wie in einem Kreuzworträtsel verteilt (alles geht auf). Der eine kommt zum Bäcker, der andere soll auf einem Schiff mitfahren, und einer wird bei einem Bauern wohnen. So kommt alles zu einem gutem Ende, wenn auch die Feinde der Kinder vielleicht etwas schnell einsichtig geworden sind. So ist das in den Romanen.

Und Zora und Branko? Über ihre weitere Beziehung schweigt sich der Autor klug aus. Daß die beiden in meiner Erinnerung ein Liebespaar wurden, spricht dafür, daß auch das, was unsere Phantasie dazutut, zu einem Buch gehört. Zora ist ein moderner Frauentyp, denke ich: sie erkämpft sich eine unangefochtene Position in einer Männergruppe. Ihre Gefühle verbirgt sie. Sie ist der pragmatische Partner, von dem ein Mann nicht schwärmt, aber bei dem er gern bleibt.

Ich klappe das Buch zu. Wann habe ich zuletzt so gern gelesen? Fast ist es ein wenig wie damals gewesen, nicht wahr? Lesen war einmal Expedition, Hingabe. Ganz gelingt es nicht mehr, auch wenn ich meiner Gefühlsseligkeit die Grenzen lockerer gelassen habe als gewöhnlich. Zwanzig Jahre liegen dazwischen. Ich sage mir: Jetzt willst du darüber etwas schreiben, über die neue Lektüre deines liebsten Kinderbuches. Und ich stehe auf und denke: Wie schön muß das gewesen sein, als man lesen konnte, ohne sich dabei selbst zu beobachten.

(1979)

Nachweise

Der nackte Text
Die Zeit, 26. 10. 1990
Literatur am Montag
Erstmals gedruckt in »Sprache im technischen Zeitalter«, Sonderheft »Positionen der Literaturkritik«, Köln 2002
Warum so kritisch?
V. H.: »Propheten im eigenen Land«, München 1999 (dtv); gekürzte Fassung
Die Person des Autors
V. H.: »Alles erfunden«, Reinbek 1988 (Rowohlt); gekürzte Fassung
All die schönen Stellen
»Ich möchte lieber doch. Fernsehen als literarische Anstalt«, hrsg. von Alexander Wasner; Göttingen 2008 (Wallstein)
Im Reich der Sinne und der Wörter
Die Zeit, 19. 9. 1986
Schlurf heimwärts, Engel
Der Spiegel, 29. 12. 1997
Schnee auf Reisen
Der Spiegel, 20. 1. 1997
Wo bleiben die Weiber?
Der Spiegel, 25. 8. 1997
Kein Entkommen
Der Spiegel, 13. 10. 2008
Der verborgene Selbstentblößer
Die Zeit, 9. 10. 1987
Kunstvolle Prosa
Ulrich Greiner: Mangel an Feingefühl
Die Zeit, 1. 6. 1990
Wer hat Angst vor Christa Wolf?
»Es geht nicht nur um Christa Wolf. Der Literaturstreit im vereinten Deutschland«, herausgegeben von Thomas Anz, München 1991 (edition spangenberg)
Hinter dem Rücken des Vaters
»Deutsche Literatur 1986«, herausgegeben von Volker

Hage in Zusammenarbeit mit Adolf Fink, Stuttgart 1987 (Reclam)

Es ist ein einziges Chaos
Der Spiegel, 22. 10. 2001

Jetzt ist es gut
Der Spiegel, 10. 11. 2008 (dort in leicht gekürzter Fassung)

Ludergeruch des Genres
Der Spiegel, 24. 6. 2002

Die Angst muß im Genick sitzen
Der Spiegel, 4. 1. 1999

Ich habe sehr gelitten
Der Spiegel, 5. 1. 2009

Max Frisch, ein Album
Die Zeit, 12. 4. 1991

Jurek Becker, 1937 bis 1997
Der Spiegel, 17. 3. 1997

Gestorben: Ulrich Plenzdorf, 72
Der Spiegel, 13. 8. 2007

Kleine Bürger, großer Stil
Spiegel Online, 28. 1. 2009
http://prod.spiegel.de/kultur/literatur/0,1518,603983,00.html

Eine ganze Sprache, ein ganzes Leben
FAZ, 1. 8. 1985

Drüben bleiben?
Die Zeit, 20. 11. 1987

Deutsch: mangelhaft
Der Spiegel, 17. 10. 2005

Mit Diskretion nichts am Hut
Der Spiegel (Jahres-Chronik 2007), 12. 12. 2007

Fremdheit, Mitleid, Wollust
Der Spiegel, 30. 6. 2008

Das Ende der Beziehungen
FAZ, 9. 9. 1978

Eine Lebensart: Tagebücher
Spiegel special, 1. 10. 1994

Im Wunderland der Triebe
Der Spiegel, 14. 8. 2000

Bleiben ist nirgends
FAZ-Magazin, 18. 3. 1983; hier in der erweiterten Buchfassung, V. H.: »Auf den Spuren der Dichtung«, München 1997 (btb)
Leipzig nickt
Die Zeit, 15. 5. 1992
Autoren hinter Glas
Der Spiegel, 10. 9. 2007
Drei Tage im März
Die Zeit, 9. 3. 1990
Die neuen Leiden des Ulrich Plenzdorf
FAZ, 9. 4. 1976 (Lokalteil)
Auf dünnem Eis
Der Spiegel, 11. 5. 2009
Literarische Handelsbilanz
Spiegel spezial, 26. 4. 2005
Vom Glück in der Hölle
Der Spiegel, 14. 1. 2002
Westreise abgelehnt
FAZ, 24. 3. 1979
Letzte Helden
Die Zeit, 8. 5. 1992
Lara will kein Kind
Die Zeit, 26. 6. 1992
Die fixe Idee Liebe
FAZ, 24. 3. 1984
Jedermann und Jedefrau
Der Spiegel, 8. 6. 1998
Erotisch gewissermaßen
Die Zeit, 28. 8. 1987
Taumel von Wahnsinn
Der Spiegel, 24. 4. 2000
Kein Anfang und ein Ende
Die Zeit, 24. 4. 1992
Daher die Bühne
»Unüberwindliche Nähe. Texte über Botho Strauß«, hrsg. von Thomas Oberender; o. O. (Theater der Zeit), S. 65-66.
Das Mädchen, die Trümmer, der Tod
FAZ, 21. 1. 2006

Heißer Sommer in Karlsbad
Spiegel-Online, 28. 8. 2008
http://prod.spiegel.de/kultur/literatur/0,1518,574998,00.html
Niemand kennt mich
FAZ-Magazin, 19. 10. 1984
Lesen und gelesen werden
»Was Kritiker gerne läsen«, herausgegeben von Jochen Jung, Salzburg 1984 (Residenz)
Ein Mädchen, mutig, schön und klug – oder?
FAZ, 14. 7. 1979